天津社会发展报告

（2023）

主　　编　靳方华　蔡玉胜

执行主编　张宝义

天津社会科学院出版社

图书在版编目（CIP）数据

天津社会发展报告. 2023 / 靳方华，蔡玉胜主编
. -- 天津 : 天津社会科学院出版社，2023.1
（天津蓝皮书）
ISBN 978-7-5563-0869-9

Ⅰ. ①天… Ⅱ. ①靳… ②蔡… Ⅲ. ①社会发展一研究报告一天津一2023 Ⅳ. ①D672.1

中国版本图书馆CIP数据核字(2022)第236189号

天津社会发展报告. 2023
TIANJIN SHEHUI FAZHAN BAOGAO 2023

出版发行：天津社会科学院出版社
地　　址：天津市南开区迎水道7号
邮　　编：300191
电　　话：（022）23360165（总编室）
（022）23075303（发行科）
网　　址：www.tass-tj.org.cn
印　　刷：天津鑫浩林云印科技有限公司

开　　本：787×1092　毫米　1/16
印　　张：19.75
字　　数：300千字
版　　次：2023年1月第 1 版　2023年1月第 1 次印刷
定　　价：108.00元

《天津社会发展报告（2023）》编辑委员会

前　言

2022 年是天津经济社会发展进程中十分重要的一年。中国共产党第二十次全国代表大会的胜利召开，为全面建设社会主义现代化、向第二个百年奋斗目标进军指明了前进方向、确立了行动指南。同时，天津市第十二次党代会也吹响了奋力开创全面建设社会主义现代化大都市新局面的号角。以上重要会议，为天津未来发展提出了部署和要求，擘画了发展蓝图和目标任务，使天津经济社会发展站在了一个新的历史起点上，由此开启了天津高质量发展的新时代、新征程、新局面。

为全面反映天津社会发展的客观进程，《天津社会发展报告（2023）》坚持以人民为中心的发展理念，对天津社会发展成就以及社会各领域发展经验进行全方位的深度分析和系统总结，并对未来形势进行前瞻性预测。本报告主要运用数据统计分析、问卷调查、实地考察调研、专家走访与座谈等多种形式相结合的研究方法，由政府部门、科研机构与各领域专家、学者共同参与完成，对天津社会发展全局与各领域进行系统化、多角度、立体式和全方位审视与思考。

《天津社会发展报告（2023）》收录了“天津社会发展 2022 年十大亮点和 2023 年十大看点”及 20 篇研究报告，分为综合报告篇、社会发展篇、社会治理与社区建设篇、区域合作与开放篇、专题篇五部分。综合报告篇为 2022—2023 天津市社会发展形势分析报告 1 篇；社会发展篇包括人口形势、职业教育、生态环境、慈善事业、卫生服务等报告 6 篇；社会治理与社区建设篇包括社会基层治理、心理健康服务、网络舆情及智慧社区建设等报告5篇;区域合作与开放篇包括津京冀社会协同发展、国际友好城市建设等报告5篇;专题篇包括零工经济服务、涉农义务教育、文学艺术知识产权等报告3篇。

《天津社会发展报告(2023)》由天津社会科学院联合天津市统计局、天津市经济发展研究院、天津市教育科学研究院、天津市卫生健康发展研究中心等单位联合编撰,旨在为天津市委、市政府及相关部门的战略决策提供有价值的参考建议。

展望2023年,天津深入贯彻落实党的二十大精神,落实市委十二届二次全会精神,奋力开创社会主义现代化大都市建设新篇章。

目　录

综合报告篇

社会发展篇

社会治理与社区建设篇

区域合作与开放篇

专 题 篇

天津社会发展2022年十大亮点和2023年十大看点

天津社会科学院课题组①

一、天津社会发展2022年十大亮点

亮点一:持续增进社会民生福祉　实干笃行迎庆党的二十大

天津踔厉奋发、实干笃行,始终坚持以人民为中心的发展思想,坚决兜牢民生底线,落实新发展理念,持续推进社会民生服务提质增效。坚持把实现人民对美好生活的向往作为现代化建设的出发点和落脚点,坚持“双城”新发展格局,大力实施“871”生态工程,持续深化“战区制、主官上、权下放”党建引领基层治理创新。牢记天津之“特”、“卫”城之责,以深入推进京津冀协同发展为战略牵引,迎庆党的二十大。党的二十大的胜利召开为新时代新征程党和国家事业的发展、实现第二个百年奋斗目标指明了前进方向、确立了行动指南。天津以党的二十大精神为指引,对标对表党的二十大关于以中国式现代化全面推进中华民族伟大复兴的战略部署,奋力谱写新时代天津全面建设社会主义现代化大都市新篇章。

亮点二:20项民心工程高质量推进　群众生活品质得到新提升

天津着力做好普惠性、基础性、兜底性民生工作,本着量力而行、尽力而为的原则,连续16年精心安排实施20项民心工程,着力解决群众最急最优最盼

① 执笔人:牛磊

的紧迫问题，用心用情用力满足人民群众对高品质生活的期待。2022 年，天津提速加力推进民心工程落地，多措并举保障项目实施，尤其不断织牢事关千家万户的“一老一小”民生保障网，让朝阳更灿烂，夕阳更美好，托起“一老一小”稳稳的幸福。截至 11 月底，20 项民心工程涉及的 43 项具体工作已累计完成 33 项，为群众带来实惠和便利。各区、各部门为保证年底保质保量交出 20 项民心工程答卷，真正把民心工程办成“暖心工程”，及时兑现年初向群众作出的承诺，筑牢为民情怀，回应群众期盼，全力高质量推进民心工程建设。

亮点三：科学精准持续做好疫情防控　民众生产生活平稳有序

天津在疫情防控中坚决贯彻“三个坚定不移”，全面贯彻落实优化疫情防控二十条措施和第九版新冠肺炎防控方案。按照“疫情不暴发、措施不过度、安全要稳住”要求，从早发现、早排查、早报告、早隔离四方面入手，倾心倾力守护人民群众的生命安全和身体健康，持续做好常态化疫情防控和应急处置。同时，根据国务院联防联控机制及时调整疫情防控政策，有效解决群众的急难愁盼问题。年初首战奥密克戎，行动快、功夫细、人心齐，无论是筑牢群众免疫屏障还是守护首都疫情防控“护城河”，都能迅速有力遏制疫情扩散蔓延，努力做到统一高效指挥、有力有序保障，科学精准、以快制快。在全市人民的共同努力下，天津有效应对疫情冲击，人民群众的生产生活平稳有序，社会运行持续稳步向好。

亮点四：减负稳岗扩就业多措并举　就业服务全方位精准推进

天津出台了“稳就业 14 条”，推出“降”“缓”“返”“补”组合拳，以超常规力度精准施策，全方位不间断强化就业服务。通过降低失业保险费率、缓缴社会保险费、返还失业保险费，向企业发放社保补贴、岗位补贴、一次性吸纳就业补贴等，助力企业纾困解难、稳岗扩岗。组织开展春风行动、春暖农民工专项行动，启动离校未就业高校毕业生攻坚行动，开发遴选社区服务型岗位和公益性岗位，多点发力推动重点群众就近就业、充分就业，实现零就业家庭动态清零。积极服务视频创作、网络直播、网络带货等新就业形态，打造了“金融支持、培训引领、载体支撑、服务促进”四位一体的创业服务工作体系，累计发展2家全国创业孵化示范基地、18家天津市创业孵化基地。构建了政府主导、社会参与的多元化就业服务体系，并积极打造“想就业、找人社”的服务品牌。

亮点五：“三美四乡”建设谱新篇　深入推进乡村振兴战略实施

天津制定了乡村振兴“三美四乡”建设评价指标体系，明确了68项“三美”建设标准和38项“四乡”建设评价指标。加快推进现代都市型农业建设，今年夏粮再获丰收，总产达到73万吨，再创历史新高。统筹乡村基础设施和公共服务布局，持续开展农村人居环境整治提升行动，加快建立健全农村厕所、农村生活污水处理设施长效管护服务体系，开展农村全域清洁化工程“百日攻坚”活动。农业农村绿色发展水平不断提升，全市畜禽粪污综合利用率达到91.7%，地产农产品质量安全抽检合格率稳定在98%以上。创新农村精神文明建设有效平台载体，扎实做好创文创卫、移风易俗、家风家教等各项工作，通过点滴变化感染带动群众，通过耳濡目染提升文明素质。创建完成10个乡村振兴示范村，为推动乡村全面振兴探索路径模式，引领带动全市农村共同发展。真正让农业成为有奔头的产业、农民成为有吸引力的职业、农村成为安居乐业的美丽家园。

亮点六：15分钟中医药健康圈居全国前列　就医服务体系日臻完善

天津着力构建优质高效中医药服务体系，加快中医康复中心、中医治未病中心建设，实施基层中医药服务能力提升工程，致力于推动打造百姓“家门口”的中医，让“简、便、验、廉”的中医特色诊疗服务惠及百姓健康。推进中医药创新平台建设、中医科研创新和人才培养，真正发挥中医科技、人才对中医药事业发展的有力支撑。目前，全市已经基本实现“15分钟中医药健康圈”，走在了全国前列。初步构建起与国民经济和社会发展水平相适应，与百姓健康新需求相匹配，上下联动、区域协同、医防融合、中西医并重、优质高效的公立医院体系。同时，加强基层医院建设，进一步完善分级诊疗模式，建立科学、精准、高效的就医服务体系。完善的就医服务体系不但在抗击疫情中发挥效能，而且在重大疾病防治、推动大健康产业发展中创出新绩。

亮点七：推进“三融”办学特色鲜明　职教创新发展打造新标杆

天津积极深化职业教育改革发展，大力推进职普融通、产教融合、科教融汇，强化行业办学特色。全市70%左右的高职院校和50%左右的中职院校由行业企业举办，形成了“五业联动”的办学模式；遴选产教融合型企业107家，成立了31个产教融合职教集团（联盟），涌现出一批职业学校混合所有制改革典型案例；高职专业设置实现19个专业大类全覆盖，对接“1+3+4”产业体系开设相关专业（点）287个，对接现代服务业相关专业（点）376个。在首届世界职业技术教育发展大会上，形成了“会、盟、赛、展”的职业教育国际交流合作崭新平台和范式。已全面完成国家现代职业教育创新示范区建设任务，正打造“全国真领先、世界有影响”的职业教育改革创新标杆。此外，作为天津原创并率先实践的中外人文交流知名品牌——“鲁班工坊”，已成为中国职业教育走向世界的“国家名片”，正在为世界贡献职业教育“天津方案”。

亮点八：居家养老服务体系优化　创新大城市养老服务新模式

天津推进居家社区机构相协调、医养康养相结合的养老服务体系改革。截至10月底，全市380家养老机构、1357家社区老年日间照料服务中心以及1701家老人家食堂，满足了老年人多样化、多层次养老需求。街镇养老服务综合体将助洁、助急、助浴等养老服务集结在一起，形成15分钟养老服务圈。以河西区居家养老改革试点经验为模板，开展居家社区养老服务设施达标行动，新增养老床位5000张，新增家庭养老床位1000张，培训养老护理员5000人次，街道综合养老服务中心覆盖率实现100%，城市社区日间照料机构覆盖率达到90%以上。开展失能家庭成员照护培训，持续开展“寸草心”“手足情”志愿助老行动，建立公办养老机构“公开轮候、评估入住”机制，进一步完善居家、社区、机构接续养老服务链条，创新大城市养老服务新模式。

亮点九:社工站建设按下“快进键” “五社联动”赋能基层治理

天津通过政府购买服务的方式全面推进街(镇)社工站建设,引导专业力量参与民生服务,提升基本民生兜底保障和基层社会服务质效,社工站建设进度按下“快进键”。截止11月初,全市共建成180个街(镇)社工站,各区均制定下发了社工站建设实施方案,纳入“我为群众办实事”实践活动,各街道(乡镇)将社工站纳入基层社会治理和城乡社区服务体系整体布局,形成“一街一品”服务特色。实现了社工站区级指导中心全覆盖,有条件的街道(乡镇)在社区建立了社工室,逐步形成“市、区、街镇、社区”四级社工站服务体系。同时,聚焦人民群众需求,瞄准基层治理难点,统筹各类社会力量在基层治理中发挥“五社联动”机制作用,形成了“多方参与、共建共治共享”的基层治理新格局,促进基层治理迈出新步伐,民生保障再上新水平。

亮点十:生态环境从量变到质变 促进人与自然和谐共生现代化

天津深入实施污染防治攻坚战“1+3+8”行动方案,生态环境质量持续稳定向好,特别是大气环境质量改善成效显著。1至10月份,全市PM2.5平均浓度为34微克/立方米、同比下降8.1%,为10年来最优水平。稳步推进“871”重大生态工程,绿色生态屏障一级管控区蓝绿空间占比提升到65%以上。坚持“五控”治气、“四措”治水,紧盯12条重点产业链的骨干企业,推动大气和水环境质量持续改善,生态系统碳汇能力明显增强。坚持“三招”治海,持续减少入河、入海污染总量,巩固提升近岸海域生态环境质量。坚持“两控”治土,建立受污染农用地、建设用地名录库,严格做到不安全不利用。全力推动生态环境质量从量变到质变,让天蓝、水清、地绿成为人与自然和谐共生现代化天津的坚实底色。

二、天津社会发展 2023 年十大看点

看点一:聚焦“七做实”民生保障　贯彻党的二十大精神开新局

为推动党的二十大擘画的民生宏伟蓝图落地见效,天津将聚焦抓好“七做实”,即做实开门干民政汇民力,把握人民愿望、尊重人民创造、打开合作之门,为推动新时代民生高质量发展汇聚磅礴力量;做实分层分类救助体系纾民困,推动“人找政策”向“政策找人”转变,织密筑牢兜底保障网;做实津牌养老服务解民忧,加快构建居家社区机构相协调、医养康养相结合的养老服务体系;做实“五社联动”基层社会治理创新惠民生,将社区打造成共建共治共享的和谐家园;做实发展基层民主顺民意,健全基层群众性自治组织体系,切实减轻基层负担,提升服务效能;做实专项社会事务服务暖民心,创新文明殡葬惠民服务,推进婚俗改革实验探索;做实精准民政数字化建设利民事,积极推动数字化治理模式创新。把贯彻落实党的二十大精神转化为人民群众看得见、摸得着、得实惠的实事,加快建设与社会主义现代化大都市相匹配的民生服务保障体系。

看点二:更深层次挖潜拓新赋能　推动京津冀协同发展上新水平

京津冀三地牢固树立“一盘棋”思想,积极推进京津冀优势医疗资源的深度合作,探索建立补齐薄弱学科短板、发挥辐射带动和上下联动协同发展新机制,进一步扩大医疗机构临床检验结果互认和医学影像资料共享制度的覆盖范围。持续深化京津冀养老服务跨地区购买养老服务试点,加强养老服务标准、养老机构等级评定、老年人能力综合评估结果三地互认,探索养老服务资源对接合作新路径。将以减污降碳协同增效为总抓手,继续打好污染防治攻坚战,持续开展秋冬季大气污染综合治理攻坚行动,加强饮用水水源地和重点水域水质保护,构建生态联防联控体系。形成三地之间互通有无、紧密协作的“大交通”体系。促使京津冀协同发展从更大范围优化配置资源,从更多领域

协同互利共赢，从更深层次挖潜拓新赋能，齐心协力、扎实推进协同发展更加深入，共同书写新时代答卷。

看点三："双城"联动提升城市品质　打造"三度"兼具现代化大都市

立足新发展阶段，天津通过"津城""滨城"之间轴向发展，逐渐形成"一市双城多节点"城镇空间格局、"三区两带中屏障"生态安全格局，打造紧凑活力"津城"和创新宜居"滨城"，推动形成优势互补、分工合理、良性互动、协调发展的"双城"联动机制，为天津高质量发展提供"双轮驱动"。津城以"多彩主城"为主题，凸显"古今交融、中西合璧"的城市文化底蕴；滨城以"蓝色海湾"为主题，突出海洋文化、近代工业文化，彰显国际性海滨城市魅力，从而提升城市品质，营造城市特色风貌。同时，优化"滨城"资源布局，增强要素承载能力，出台差异化政策，使双城相映成辉、竞相发展，互联互通更便捷、生活环境更宜居、生态格局更完善。一市双城，比翼齐飞，天津全面建设厚度风度温度兼具的社会主义现代化大都市步伐铿锵有力。

看点四：以"139 行动"部署为领衔　奋力开创乡村建设新局面

天津将根据《天津市乡村建设行动实施方案》中提出的"139 行动"部署，按照"六化""六有"建设标准，深化"百村示范、千村整治"工程和农村全域清洁化工程，提升生态、宜居、美丽的农村人居环境。健全覆盖全民、统筹城乡、公平统一、可持续的多层次社会保障体系和关爱服务体系，建立保障基本、质效优良、城乡均等的农村公共服务体系。完善提升布局优化、承载力强、系统完备、安全可靠的农村公共基础设施体系，逐步建立有制度、有标准、有经费、有队伍、有机制的村庄管护体系。加强乡村文化建设，丰富农民精神文化生活，推动移风易俗，整治天价彩礼、浪费攀比等不正之风。在乡村治理中推广运用清单制，进一步提高乡村善治能力。此外，实施数字乡村发展战略，高标准推进数字乡村试点建设，加快数字新业态赋能乡村现代化，让广大农民过上更加美好的幸福生活。

看点五:向“以健康为中心”转变　构建优质高效公立医院体系

天津将打造一批医疗技术顶尖、医疗质量过硬、医疗服务高效、医院管理精细、满意度较高的公立医院。基本形成国家级区域医疗中心和市级医学中心、市级区域医疗中心为骨干,高水平市级和区级医院为支点,紧密型城市医疗集团和区域医共体为载体的高水平公立医院网络,在老年疾病、疑难疾病、重大疫情的医疗救治、多中心研究、科研成果转化等方面发挥协同作用。同时,推动公立医院“以疾病为中心”向“以健康为中心”的转变,建立患者综合服务中心(窗口),推进健康管理、健康教育、疾病预防、预约诊疗、门诊、住院及出院后健康指导等一体化服务。建立针对疑难复杂疾病、重大突发传染病等的救治与管理制度,构建快速、高效、广覆盖的急危重症医疗救治体系。

看点六:发挥基础教育优质资源引领力　办出公平而有质量的教育

天津将持续落实好《深化基础教育优质资源辐射引领的若干措施》,进一步实施市教委直属学校结对帮扶全覆盖,按照“属地管理、公办属性、因地制宜、品牌输入、团队帮扶”的原则,带动远城区教育质量整体提升。中心城区发挥优质教育资源聚集效应,与环中心城区和远城区结成区域发展共同体,推动区域基础教育高质量发展。开展优质教育资源集团化办学,集团成员校共享优质品牌、学校文化、办学理念、管理模式、硬件设施和优秀师资团队。完善紧密型学区化办学机制,健全“目标明确、职责清晰、运行协调、保障有力”的学区化运行体系,推动全市基础教育学区成员校“捆绑式”高质量发展。利用“教育+互联网”助推农村学校共享优质教育资源。加大优质教育资源均衡配置力度,让孩子们享有公平而有质量的教育。

看点七:发展嵌入式养老服务机构　满足老年人便捷多元化需求

天津印发了《关于深化嵌入式养老服务机构“建管扶用”23 条措施》,将嵌入式养老服务机构发展作为加快居家社区养老服务工作的重要抓手。这是天津积极探索的一种新型养老为老服务综合体,在服务功能上主要包含“三入四嵌一床位”，可以满足老年人就近便捷多元化养老服务需求。2023 年，全市将新增 100 家，实现区域型嵌入式机构覆盖全市 80% 以上街道（乡镇）。此外，天津还将以发展街道层面综合养老服务机构为平台，加快老年人身边养老服务设施建设，开展居家社区养老服务设施达标行动，推进居家社区机构养老“三位一体”，让老年人在“家门口”就能享受到多元化、多层次、一站式的养老服务。积极树培具体包含“三边”“四不离”内涵的“津（金）牌养老”服务品牌，组织落实好津牌养老“兜底、组网、福老、信用、科创”五大工程，努力让老年人享有幸福美满的晚年。

看点八：创设智慧城市生活场景　形成共建共享未来社区新格局

天津将推进智慧城市建设全面优化创新。深化政务服务迭代升级，加强政务数据在政务服务、行政审批、社会治理等方面的融合应用，实现“掌上办、指尖办”。创新教育教学数字模式，推动新型基础设施建设及个性化教育资源汇聚共享，推进智慧教育场景化和智慧校园示范建设。构建医疗卫健数治体系，打造“惠民就医”“疫苗接种态势全感知”等应用场景，推进“互联网 +”与各领域的融合应用，实现线上线下医疗服务有效衔接。促进社会保障便利均等，推动“智慧人社”平台建设，打造“人才直通车”应用场景，聚焦社保转移接续、异地就医直接结算需求，推进社会保障“一卡通”建设。开展未来社区试点示范工程，围绕居民“交往、健康、生活、物业”等领域，逐步构建云端集成、智能生活、科技时尚的社区现代生活场景，形成多元参与、共建共享的未来社区新格局，打造全国智慧低碳的新型智慧城市标杆。

看点九：统筹推进多彩文化惠民服务　群众尽享文化发展新成果

天津坚持与时代同频共振，创作“津派”文艺精品，推出“津韵”文艺活动，以全市各区文化场馆、文化广场、基层文化站为阵地，2023 年继续推出第八届市民文化艺术节，开展乡村村晚、文化志愿服务下基层等各种形式的文化惠民活动，让市民在家门口能享受到文化艺术节、名家经典惠民演出季等丰富多彩的品牌活动。持续强化群众文化活动“一区一品”特色打造，更好地满足人民文化需求。进一步加强智慧图书馆、文化馆建设,探索完善“总分馆制”发展路径,提高公共文化服务的精准供给。创新文化惠民机制和方式,打造“市民文化云客厅”,举办“云演出”“云展览”“云课堂”等活动。此外,加强阅读推广,办好“海河讲坛”“音乐大讲堂”、经典诵读、亲子读书会等品牌活动,创新推出阅读创意活动和沉浸式阅读活动,让群众文化生活更有质感和温度。

看点十:深化拓展国际友城发展　让世界遇见更多“津”彩

2023 年,天津将迎来友城合作 50 周年,以此为发展契机,聚力全球共赢共享智慧成果、聚合天下英才共谋智能未来的第七届世界智能大会,必将成为天津的一张“城市名片”,让我们遇见更多的“津”彩。持续打造“鲁班工坊”职业教育国际品牌,在目前 20 个国家建成 21 个“鲁班工坊”的基础上,扩展更多国家的友城关系网络,提高天津在国际职教领域的影响力。此外,结合“智慧零碳码头”“世界港口城市论坛”等战略资源,传播天津数字化、智能化“海洋强市”形象;推进天津中医药走出去,提升天津中医药国际知名度、吸引力,传扬健康天津形象;依托“一带一路”、高质量伙伴关系、全球发展倡议等,持续推进、激活或深挖友城国际合作,提高天津国际化水平和国际影响力。

综合报告篇

2022—2023天津市社会发展形势分析报告

天津社会科学院课题组①

摘　要： 2022年天津社会总体运行平稳，社会事业健康发展，社会建设稳步推进，社会关系和谐有序。工资性收入"压舱石"作用增强，居民收入稳步增长，劳动人口失业率回落，就业形势有所缓和，教育资源结构优化，教育质量不断提高，优质医疗资源扩容，区域医疗资源布局更为均衡，社会保障层次丰富，社会保障能力持续加强，文旅资源高效开发，文化、旅游和体育事业协调发展，美丽天津建设全面推进，平安天津建设成效显著，社会信用体系建设成果丰硕。2023年天津经济社会发展将更加协调，城市空间格局将更为合理，城乡发展差距将进一步缩小，人群间的发展将更为均衡，社会安全建设预期也将深入推进。与此同时，天津社会发展面临两个局部挑战：一是民生领域还存在一些亟待解决的短板，二是基层社会治理效能有待进一步提升。未来天津应该在收入、就业、教育、医疗、社会保障和文化建设领域采取更为积极的社会政策，以有效应对挑战并实现高质量发展。

① 执笔人：杨政

关键词： 社会发展　总体形势　局部挑战　未来展望

2022年,天津深入贯彻落实习近平总书记对天津工作"三个着力"重要要求和一系列重要指示批示精神,开启全面建设社会主义现代化大都市新征程,积极把握新发展阶段,贯彻新发展理念,构建新发展格局,不断推动经济社会高质量发展。过去一年天津在统筹经济社会发展中做了许多打基础、补短板、利长远的大事,为天津社会的良性运行和协调发展奠定了坚实基础。

一　2022年天津社会发展总体形势

2022年,天津市居民收入稳步增长,就业形势趋于缓和,教育质量不断提高,医疗资源供给充足,社会保障能力持续加强,文化、旅游和体育事业协调发展,美丽天津建设全面推进,平安天津建设成效显著,社会信用体系建设成果丰硕,天津社会总体运行稳定和谐。

(一)工资性收入"压舱石"作用增强,居民收入稳步增长

2022年上半年,天津居民人均可支配收入25,454元,比上年同期名义增长3.4%,扣除价格因素,实际增长1.4%。其中,城镇居民人均可支配收入27,715元,增长3.2%,扣除价格因素,实际增长1.3%;农村居民人均可支配收入14,488元,增长3.4%,扣除价格因素,实际增长1.5%。居民人均工资性收入持续增长,工资性收入"压舱石"作用显著增强。天津市近十年先后6次上调最低工资标准,由2012年的1310元提高到2021年的2180元,增幅达66.4%。2022年上半年,天津居民人均工资性收入16,937元,增长4.8%,人均经营净收入1582元,人均财产净收入2148元,人均转移净收入4786元,增长8.0%。在做大"蛋糕"的同时,天津市还努力切好"蛋糕",充分发挥二次分配兜底线、惠民生、促增收的关键作用,推动居民转移性收入实现大幅度增长。全市连续十年提高离退休金和养老金标准,年均增幅达到7.0%,2021年全市居民人均退休金和养老金收入比2013年增长83.0%。低保户补助标准统一

提高到 1010 元。随着居民工资性收入持续增长，广大居民获得的财产性收入也稳步增长，近十年来天津市居民人均获得的利息、红利、储蓄性保险净收益、出租房屋等收入增长 80% 以上。

（二）劳动人口失业率回落，就业形势趋于缓和

就业是经济的“晴雨表”。2022 年上半年，由于疫情散点多发，对部分居民就业产生较大影响，特别是高校应届毕业生就业难度加大，劳动力市场因而出现较大波动，城镇调查失业率为 5.9%，超全年控制目标 0.4 个百分点，就业形势较为严峻。2022 年初，受季节性用工和疫情双重影响，调查失业率升至 6.0%，环比上升 0.6 个百分点，4 月份疫情影响加重，当月因疫情失业的人口占全部失业人口的 17.4%，拉动失业率上升 1.1 个百分点，失业率升至 6.2%。2022 年天津市高校毕业生人数同比增加 10%，6 月份应届大学生中就业人数占比低于去年同期 3.6 个百分点，导致上半年天津市 20～29 岁人群失业率持续上升，6 月份升至 15.9%，同比上升 4.5 个百分点，拉动调查失业率上升 2.6 个百分点，对全市失业率的影响程度达到 43.3%，上半年失业率均值为 12.9%，同比提高 4.9 个百分点。5 月底，计划就业的应届大学生中仍在找工作的占 46.6%，其中反映“就业困难”和“不太乐观”的占 76.6%。疫情同样对外来人口就业产生不利影响，外来人口失业率同比提高 1.1 个百分点，高出本地居民 1.8 个百分点。面对严峻形势，天津先后出台了“助企纾困 15 条”“稳经济 35 条”“稳就业 14 条”等政策措施，就业基本盘因而明显改善。6 月份 25～59 岁劳动人口失业率回落至 3.9%，回归去年同期水平。稳经济政策措施也稳住了天津就业的基本盘。分行业看，6 月份，信息技术业就业人数占比同比增加 0.4 个百分点，批发零售业就业人数占比恢复至去年同期水平，交通运输业就业人数占比虽略低于去年同期，但较 2 月份已上升 0.1 个百分点，其中借助互联网平台就业人数占比同比提高 0.8 个百分点。天津市人力资源和社会保障局的数据显示，2022 年 1—7 月，城镇新增就业近 22 万人，完成全年计划的 62.7%，就业形势趋于缓和。

(三)教育资源结构优化,教育质量不断提高

积极优化学前教育资源结构,扩大普惠性优质学前教育资源覆盖面,深化幼儿园与小学教育双向衔接。推进集团化办学模式,扩大优质教育资源供给,2022 年新增 3.3 万个义务教育学位。实施“品牌高中”建设工程,重点培育 30 所“品牌高中建设项目培育学校”。实施青少年科技创新拔尖人才培养计划,推动高等院校与普通高中联合开展学生创新素养培育实验。结合学龄人口变化,优化普通高中布局,增加市内六区普通高中学位供给。推进高职本科联合培养改革,主动融入“一基地三区”建设,紧密对接“1 +3 +4”产业体系,促进人才链与产业链有效衔接。校企共建一批应用技术研发团队、工艺与产品开发中心,打造“通用技能 + 专业技能”实训基地集群。全面推行现代学徒制,工学结合,德技并修。实施第四批“1 + X”证书制度试点工作,完善职业技能等级证书质量监管机制。世界职业技术教育发展大会在天津成功举办。推进高校“双一流”建设,提升高等教育服务创新发展能力。持续推进南开大学、天津大学和天津医科大学、天津工业大学、天津中医药大学国家层面“双一流”建设,推进 9 所市属本科高校和 2 所共建高校高水平特色大学建设。实施顶尖学科培育计划,创新学科建设体制机制,为持续提升优势学科专业水平夯实基础。深入实施卓越拔尖人才培养计划,持续推进新工科、新医科、新农科、新文科建设。继续实施大学生创新创业训练计划,建设具有天津特色的创新创业教育生态体系。深化新时代研究生教育综合改革,聚焦“1 +3 +4”产业体系及 12 条重点产业链领域,设立研究生科研创新项目,以大团队、大平台、大项目支撑研究生高质量培养。

(四)优质医疗资源扩容,区域医疗资源布局更为均衡

已建成的天津市第一中心医院新院区、天津市海河医院四期、北京协和医学院天津医院一期项目相继投入使用,正在新建的有天津医科大学总医院空港医院二期,已经完成改扩建的有天津市中心妇产科医院、天津市胸科医院改扩建工程,正在进行改扩建的有天津市第三中心医院新址扩建、天津市环湖医

院原址改扩建、天津市南开医院中西医结合临床中心等项目。加速建设的医疗卫生项目有中国医学科技创新体系核心基地天津基地、天津中医名医堂、天津市中医康复中心、天津市中医治未病中心。积极推动建设综合类、呼吸、心血管等 8 个专业国家区域医疗中心。筹建北京协和医学院天津校区、国家医疗健康大数据研究院,批准成立天津医学健康研究院。推动优质医疗资源向基层下沉,加强全人群全生命周期健康管理和公共卫生服务,实施妇女儿童健康提升计划,累计覆盖 320.4 万人次。国家组织的 6 批次药品集采成果惠及津门百姓,234 种优质药品平均降价 53%。药品安全专项整治“利剑行动”取得阶段性成效,截至 2022 年 7 月底,全市查处药品、医疗器械、化妆品违法案件 922 件,对 518 家企业采取约谈、责令改正等行政措施。以国家集中采购药品、医用防护服、儿童用化妆品等为重点,完成药品、医疗器械、化妆品抽样 3532 批次,检出不合格产品 7 批次。开展执业药师专项整顿,多维度严防执业药师“挂证”风险。加强疫苗监管,强化本市新冠疫苗接种疫苗质量监管和多部门联动。动态更新核酸检测机构、采样点、重点产品及供应商清单,对全市第三方医学检验机构、城市检测基地等核酸检测机构实施常态化检查,对试剂生产、经营、使用环节开展全链条监管、抽验和舆情监测。

(五)社会保障层次丰富,社会保障能力持续加强

截至 2021 年末,全市参加城镇职工基本医疗保险人数为 637.64 万人,参加城乡居民基本医疗保险人数为 537.38 万人。参加城镇职工基本养老保险人数为 765.14 万人,比上年增长 4.7%,参加城乡居民养老保险人数为 171.96 万人,比上年增长 1.3%。参加城镇职工工伤保险人数为 408.41 万人,比上年增长 0.7%,参加城镇职工失业保险人数为 372.30 万人,比上年增长 6.6%。参加城镇职工生育保险人数为 366.05 万人,比上年增长 3.5%。截至 2022 年 9 月,“天津惠民保”参保人数已突破 160 万人,“天津惠民保”紧密衔接基本医保,加强了对参保人员的医疗保障能力;2021 年全年新建养老机构 24 家、照料中心 100 个,新增养老床位 4055 张,街道综合养老服务中心和嵌入式养老服务机构试点达到 70 个,老年人享受助餐服务达 190 万人次。推进农村地区老

年人助餐服务试点,新增机构和社区养老床位 5000 张、家庭养老床位 1000 张,街道综合养老服务中心实现全覆盖。养老、工伤、失业保险和城乡居民基本医疗保险待遇标准进一步提高;职工大病救助力度持续加大,通过价补联动机制,向低保、特困人员和低保边缘户家庭发放资金约 450 万元。市财政通过给予各区 80% 转移支付补助,共向 15 万名困难群众发放困难群众救助补助资金 1502.5 万元。2022 年上半年,全市发放临时救助金 8779.09 万元,救助 33,759人次,发放“点球式”救助金 405.91 万元,救助 2892 人次。截至 2022 年 9 月,11,000 多名困难群众被纳入常规保障范围,全市社会救助资金支出超过 17 亿元。

(六)文旅资源高效开发,文旅、体育事业持续发展

天津市发改委争取到中央预算内资金 1.8 亿元,发行地方政府专项债券 3.9 亿元,重点支持杨柳青大运河国家文化公园(元宝岛)、大运河海河文化旅游带拓展提升改造、大运河生态观光园提升改造等项目。2022 年 7 月,杨柳青大运河国家文化公园(元宝岛)一期项目正式开工建设。周邓纪念馆、平津战役纪念馆完成基本陈列提升改造并对外开放。全国重点文物保护单位天津大运河十四仓遗址考古勘探正式启动;文化事业繁荣发展,文艺精品迭出,正能量不断传递。歌曲《大河华章》和纪录片《过年的画》《大美天津》等作品特色鲜明,深受群众喜爱。“运河记忆”非遗宣传展示、天津妈祖文化旅游节、天津相声节、杨柳青民俗文化旅游节等专题节庆活动精彩纷呈。2022 年全国“行走大运河”全民健身健步走活动天津主会场启动。2022 年 7 月,天津市第十七届人民代表大会常务委员会通过《天津市旅游促进条例》。全市对接文旅、运营、酒店、民俗等相关企业 300 余家,挖掘运河沿线旅游资源,推出运河印象一日游、风情之旅等主题旅游线路。我市体育健儿在东京奥运会和第十四届全运会上创造境外参加奥运会、市外参加全运会最好成绩。全市启动打击网络侵权盗版“剑网 2022”专项行动,对各种侵权行为进行集中整治,加强对网络平台的版权监管,依法查处侵权制品,强化网络新业态版权监管,持续加强对院线电影、网络直播、体育赛事、在线教育、新闻作品的版权保护。

（七）积极打造绿色生态屏障，美丽天津建设全面推进

生态环境建设方面，深入实施“871”重大生态建设工程，推进双城绿色生态屏障区建设，打造“一环十一园”植物园链，不断完善“三区两带中屏障”生态空间格局。生态环境修复方面，全面加强七里海、大黄堡、北大港、团泊 4 个湿地的保护和修复。加快退耕还湿和生态补水工程，七里海湿地恢复浅滩 1.5 万亩，修复湿地植被 1.6 万亩。强化海岸线“蓝色海湾”整治修复，整治岸线 4.78 公里，修复滨海湿地 531.87 公顷。北大港湿地南部水循环区域列入国际重要湿地名录。居住环境改造方面，2021 年全年改造老旧小区 154 个，面积 778.54 万平方米，惠及 10.18 万户居民。持续推进“百村示范、千村整治”工程，启动第二批 150 个农村人居环境整治示范村建设。生活环境改造方面，深化农村全域清洁化工程，开展村庄清洁行动 16.4 万村次，整治违章村庄建筑 2800 余处，建筑立面 240 余万平方米。清理各类垃圾、柴草、杂物等 59 万余吨，整治疏浚河道、坑塘、沟渠 9.2 万公里。碳达峰、碳中和方面，天津市在全国率先出台《天津市碳达峰碳中和促进条例》，生态环境部门深入全市各区近 400 家工业企业开展调研帮扶，推动能耗“双控”向碳排放“双控”转变，分类整治 2.2 万家“散乱污”企业，碳排放强度下降 24.3%，PM2.5 的年均浓度由 69 微克/立方米下降到 39 微克/立方米，空气质量优良天数由 226 天增加到 264 天，重污染天数由 29 天减少到 7 天，林木绿化覆盖率达到 25%，蓝绿空间提升到 65%，碳汇能力提高 15%，12 条入海河流水质全部消劣，近岸海域水质优良比例大幅提升。宝坻区成功创建国家生态文明建设示范区，西青区辛口镇成功创建“绿水青山就是金山银山”实践创新基地。

（八）防范化解社会风险矛盾，平安天津建设成效显著

天津市是全国最安全、最稳定的城市之一。国家统计局的调查显示，2020 年天津市平安建设的群众满意度排名全国第一。天津社会治安状况良好，2021 年底的调查显示，天津市居民对社会治安状况的满意度高达 99.1%。天津有 6 个区被授牌为“平安中国建设示范县”，和平区、宝坻区获得全国社会治

安综合治理最高奖——“长安杯”。截至2021年底,天津市建立街/乡/镇心灵驿站242家,社区/村心理咨询室4733家,提供心理健康服务4万余次。排查化解各类矛盾隐患5.9万件,查处治安案件1.4万余起,全市命案同比下降12%,没有发生影响较大的个人极端案事件,现行命案、枪案、绑架案连续7年100%破获。深化“N+调解”机制,新建专业性人民调解委员会53个,设立36个诉前人民调解组织,组建10个“检调对接”人民调解组织,全年化解率位居全国第一。全市开展安全隐患百日大排查大整治,对危险化学品、食品药品、市政地下管线、燃气、道路桥梁、铁路沿线、公共文化场所、物流、枪支爆炸物等领域开展专项整治,挂牌治理38项重大隐患,行政处罚1.2余万家次,责令550家企业停产整改,对6337家企业警示约谈。道路交通死亡事故数、死亡人数同比显著下降,道路交通健康指数位居全国前列。防范化解金融风险,全面开展私募基金、交易场所、债券债务等风险清整。打击经济领域犯罪专项行动,非法集资发案数、涉案金额、人数下降幅度均超过40%,侦破一批有影响的经济犯罪案件,挽回经济损失51.2亿元,为全市经济营造安心投资、顺心办事、舒心创业的发展环境。

(九)打牢平台建设“基础桩”,社会信用体系建设成果丰硕

天津市社会信用体系建设水平位居全国前列。2022年,天津市在信用制度建设、平台建设、信用应用和示范创建等方面取得了丰硕成果。制度建设方面,《天津市社会信用条例》正式施行,这是继上海、山东、河南之后,全国第四部省级社会信用综合性法规。天津市发改委印发《天津市社会信用体系建设“十四五”规划》,明确新时代天津社会信用体系建设“128”发展思路。平台建设方面,天津市社会信用体系建设在“1+16+N”全市信用信息系统架构基础上,启动天津市信用信息共享平台二期建设。信用信息基础设施建设和平台优化为天津市社会信用体系建设打牢了“基础桩”。在信用应用方面,天津市在交通客运、节能、食品监管、药品流通、劳动保障、安全生产、保安、企业环境、家政、消防、粮食等43个行业(领域)出台了信用分级分类监管办法。天津市信用协会成为全国首家拥有“信用管理师”职业技能等级认定资质的行业协会

类社会培训评价组织。示范创建方面，由国家发展改革委、人民银行联合发布的第三批全国社会信用体系建设示范区名单中，滨海新区榜上有名，成为天津市首个国家级信用建设示范区。根据国家发展改革委、国家公共信用信息中心在“信用中国”网站发布的2022年第六期全国城市综合信用指数排名，在36个省会及副省级以上城市中，天津市排名第二位，社会总体信用状况较好。

二 2023年天津社会发展形势展望

2022年天津社会发展已经站在一个新的历史起点上，展望2023年，随着天津奋力开创全面建设社会主义现代化大都市新局面，天津的社会发展将呈现新的特点和趋势。

（一）天津经济社会发展将更为协调

2021年天津市一般公共预算支出3150.25亿元，与上年持平，其中，教育支出增长9.3%，社会保障和就业支出增长14.8%，卫生健康支出增长2.9%，住房保障支出增长7.4%。近年来，天津经济社会发展中的不平衡不充分问题逐步加以克服。天津作为制造业大市，整体经济结构已经进入工业化中后期阶段，比较而言，社会结构转型相对滞后。未来不管是依靠科技创新、提高劳动者素质，还是立足于扩大内需，都需要经济社会更为协调的发展。社会发展是集政治、经济、社会、文化和科技在内的多维过程。经济发展是基础，没有经济发展，社会发展就是无源之水；社会发展是目的，脱离社会发展的经济增长必然是不可持续的。发展经济就是为了促进社会发展，进而实现人的全面发展。不仅应为经济发展提供良好的市场环境，还要为社会发展提供更多的公共产品和服务，未来天津的经济发展必然促进社会的发展。只有经济社会的协调发展，才能满足人民日益增长的美好生活需要，进而实现共同富裕。

（二）天津空间布局将更为合理

按照天津市“十四五”规划纲要，天津市将构建“一市双城多节点”的城市功能空间布局,打造“津城”“滨城”双城发展格局,空间布局由“单中心”向“多中心”转变,逐步形成优势互补、分工合理、良性互动、协调发展的城市空间发展。未来将打造“津城”中央活力区,形成若干现代服务业标志区,建设更具竞争力的核心承载区。优化“津城”内部空间结构,逐步解决中心城区人口和功能过密问题,提升“津城”活力与现代服务业水平,使之真正成为人民群众高品质生活的空间,以优质公共服务供给满足人民的美好生活需;按照高标准规划建设“滨城”,优化资源布局,着力补齐各项“短板”,增加优质教育、医疗、文化等公共服务供给,推动职住平衡,促进人口和产业集聚,增强要素承载能力,建设生态、智慧、宜居、宜业的美丽“滨城”。预期到 2025 年,天津将初步形成“津城”“滨城”双城发展格局。

(三)天津城乡发展差距将越来越小

经过多年不懈的城乡统筹发展,天津市城乡居民收入差距由 2013 年 1. 89∶1缩小到 2021 年的1. 84∶1,在全国 31 个省区市(港澳台除外)中差距最小,城乡居民的获得感、幸福感显著提升。天津市坚持农业农村优先发展,加快现代化进程,建设美丽田园、美丽村庄、美丽庭院。严格落实耕地保护措施,加强高标准农田建设,不断提升农业综合生产能力。全方位开发食物资源,不断丰富“菜篮子”供给,打造国家种业科技创新和产业发展的重要基地。加速农村一、二、三产业融合发展,努力建设优势特色产业集群和现代农业产业园区,打造产业强镇和现代都市型农业。扎实推进乡村建设行动,持续改善农村人居环境。引导培育新型农业经营主体,探索农村集体经济发展新模式,不断完善城乡融合发展体制机制。精心创建乡村振兴示范村,精准扶持经济薄弱村,统筹城乡共同发展,共同富裕。

(四)天津人群间的发展将越来越平衡

2022 年上半年,天津市城镇居民人均可支配收入名义增长 3. 2% ,实际增长 1. 3% ,农村居民人均可支配收入名义增长 3. 4% ,实际增长 1. 5% ,天津市城镇居民和农村居民的人均可支配收入差距逐渐缩小。未来天津将进一步优化收入分配结构，完善按要素分配政策，健全工资合理增长机制，提高居民的财产性收入，增加低收入群体收入，扩大中等收入群体规模。随着乡村振兴战略的深入实施，天津市农村居民的收入水平也将大幅度提高。同时，在乡村产业振兴框架下还要构建惠及低收入人群的产业、资产和利益关联机制。随着共同富裕推进实施，城镇居民之间的发展差距也将出现逐渐缩小的趋势。天津市在低保、特困供养、专项救助、临时救助方面取得了良好的社会效益，低保标准相对水平长期处于全国前列。今后要通过民生建设，强化对低收入人群、就业困难家庭的就业帮扶，加快打造稳定的“橄榄型”社会结构，进而推进社会各群体的共同富裕。

（五）天津社会安全建设将深入推进

社会安全建设不断深化。社会治安、禁毒、交通安全、消防安全、生产安全等传统社会安全领域的制度建设不断深化。新的社会安全领域将不断拓展。金融消费安全方面，未来将继续开展风险清整，严打违法犯罪活动，全力保障人民群众的金融消费安全。网络安全方面，不断完善网信工作体系，让网络空间更加清朗。社区安全方面，智慧平安社区创建工作已经列入全市“20 项民心工程”，随着智慧平安社区的健康运行，其社会效益已初步显现。家庭安全方面，未来天津社会将更加重视家庭在个人和社会之间的纽带作用，预防化解婚姻家庭纠纷，充分发挥家庭的社会稳定功能，预防青少年违法犯罪，维护青少年合法权益。学校安全方面，校园安全事关家庭、社会的和谐稳定，除了要做好学校的日常安全管理和安全教育，还要对校园霸凌行为进行重点整顿治理，中小学专职保安员配备率、学校封闭化管理率、一键式紧急报警和视频监控系统达标率、学校“护学岗”配备率全部要实现 100%。在学校按标准配备心理咨询教师，加强对学生群体的心理健康服务。医院安全方面，未来要实现二级以上医院警务室建设、保安员配备比例、一键报警装置安全连接、入院人员安检“四个全部到位”，争取在全国三级医院安防系统建设中排名前列。有条件的基层医疗机构要开设精神科特色诊疗服务，尽力为符合条件的严重精神障碍患者免费发放药物。

三　2023 年天津社会发展面临的挑战

稳定和谐依然是2023 年天津社会发展的大局。受疫情及其他不确定性因素影响,天津社会发展将面临一些局部性挑战,这些挑战主要来自民生和基层治理领域。

(一)民生建设短板亟待补齐

天津市历来重视民生建设,坚持每年实施“20 项民心工程”,民生建设成果丰硕。近年天津累计新增就业超过 220 万人,居民人均可支配收入年均增长 6.8%,达到 47,449 元,十年共完成 160 多万平方米棚户区、9400 万平方米老旧小区、2.2 万户农村困难群众危房改造,为 36 万户居民解决了历史遗留的房产证难题。供暖期连续六年延长至 150 天,累计投入补贴资金达 70 多亿元。截至 2022 年 9 月,全市 387 家养老机构拥有各类床位总数 8 万张,建成各类照料中心 1357 个、托老所 16 家、老人家食堂 1701 个,全市有近 3 万名老年人享受居家养老服务补贴。河西区居家养老服务改革试点经验在全国推广。全市新增学前教育学位 16 万个,新增义务教育学位 11 万个。医疗卫生保障能力不断提高,全市人均期望寿命达到 82.03 岁。农村新建、改造户厕 64.4 万个、公厕 4302 座,农村人居环境持续改善。广大市民对民心工程的满意度超过 90%。经过多年坚持不懈推进民生建设,天津的民生福祉已经达到了相对较高的水准。

天津民生领域还存在不少结构性矛盾。2022 年上半年就业人口平均收入较去年下半年降低 1.2%,其中,住宿餐饮业就业人口平均收入较 2021 年下半年降低 4.7%,批发零售业就业人口平均收入较 2021 年下半年降低 4.5%,文体娱乐就业人口平均收入较 2021 年下半年降低 8.2%。2022 年上半年天津居民人均消费支出为 15,203 元,相比上年同期减少了 1070 元,同比名义下降 6.6%。城镇居民人均消费支出为 16,404 元,相比上年同期减少了 1237 元,同比名义下降 7%,居民消费能力减弱,消费需求收缩。受疫情和经济下行的双重影响，民生问题的迫切性和敏感性加剧，在收入、就业、教育、医疗、住房和社会保障等民生领域积累了一些老百姓“急难愁盼”的民生问题，这些民生问题大都具有一定的结构性，其中突出反映了社会发展中不平衡不充分的问题。要想办法补齐这些民生短板，否则它们将成为制约天津经济社会健康发展的瓶颈。要尽快扭转国民收入分配中居民份额下降的趋势，提高劳动报酬在初次分配中的比重，减少因收入分配和保险福利问题引发的劳动纠纷。想方设法解决结构性失业问题，在“有学上”的基础上，争取实现“上好学”，在解决“看病难”的基础上，尽快解决“看病贵”的问题，高度重视人口老龄化的挑战，加速完善现有社会保障网络。

民生既是普通市民基本生存状态的体现，也是全体居民基本发展机会、基本发展能力和基本社会福利实现状况的反映。民生问题不仅是个人安全和社会安全的连接点，也是社会建设的必要条件。社会成员可以通过民生建设从政府、社会和市场中获得生活资源和发展机会，进而支撑起自己的物质和精神文化生活。在新发展阶段，随着经济社会结构和利益格局的调整，社会资源和机会的配置模式发生转变。要解决民生领域的短板，就必须进一步完善基本公共服务体系，推进基本公共服务均等化，通过发展收入、就业、教育、医疗卫生和社会保障等社会事业，让全体社会成员平等地共享各种资源和机会。今后要进一步补齐基础设施短板，有序推进城市更新进程，对老旧房屋、老旧小区进行改造，稳妥推行加装电梯惠民工程，推进供热旧管网和燃气管网改造，实施中心城区内涝和积水片治理，推进保障性住房建设，加快发展长租房市场。这些举措，将助推“发展为了人民，发展依靠人民，发展成果为人民所共享”的社会发展目标的实现。

（二）基层治理效能有待提升

天津市在社会治理领域进行了一些有益探索。坚持系统治理、依法治理、综合治理、源头治理，不断健全自治、法治、德治相结合的城乡治理体系，推进市域社会治理现代化，打造共建共治共享的社会治理格局。持续深化“战区制、主官上、权下放”，突出党建带共建。全面推进村（社区）党组织书记、村

(居)委会主任“一肩挑”,落实“双联系双报到”机制,推动权责下放,资源下沉,形成以上带下、以下促上的四级联动共建体系,通过大事共议、实事共办、要事共决、急事共商、难事共解的“五事联办”推动基层协同共治。努力构建网格化管理、精细化服务、信息化支撑、开放共享的治理服务体系。发展新时代“枫桥经验”,拓宽群众参与渠道,调动市民、单位和社会组织的积极性,发挥多元主体在基层治理效能提升中的合力效应,建设人人有责、人人尽责、人人享有的基层治理共同体。建立“1 名社区民警 +2 名社区工作人员 + N 个社区网格员”的联勤协作模式,4 年累计排查化解矛盾纠纷 86 万余起。在全国率先成立三级社会矛盾纠纷调处化解中心,一大批历史积案清仓见底。建成覆盖全市 64% 居民小区的智慧平安社区。全市社会工作通过“五社联动”方式为基层社会治理赋能,首批建设的 53 个街道(乡镇)社工站和 12 个区级指导中心进入项目结项阶段,和平区“‘智慧 +’让居家养老更安全”成功入选全国居家和社区养老服务改革试点工作优秀案例。

天津基层治理效能还有提升空间。社会主义现代化大都市既是高质量发展的大都市,也是高效能治理的大都市。高效能治理是助力高质量发展,提升高品质生活的重要保障。基层治理效能不高主要表现为基层治理的社会化、法治化、智能化和专业化水平不够高,防范化解重大风险的能力不够强。制约基层治理效能提升的既有客观因素,也有主观因素,既有外部原因,也有自身原因。社会治理与社会矛盾紧密关联,以往的社会管理重在化解社会矛盾,维持社会稳定,而在新发展阶段,社会主要矛盾已经发生根本性变化,主要表现为人民日益增长的美好生活需要和不平衡不充分的发展之间的矛盾,因此,客观的物质文化需求与主观的美好生活需要在新发展阶段交织在一起。许多基层问题不能仅依靠财政投入加以解决,公共服务还必须要协调好各种社会关系和利益格局。此外,基层社会治理效能的提升还有赖于宏观社会治理体系和治理能力的现代化,而经济治理、社会治理和城市治理的统筹衔接也需要不断磨合适应。因此,基层社会治理参与主体应该认清客观形势,发挥主观能动性,主动转变思想认识和工作方式,加强责任心和服务意识,提高工作能力和工作效率,未来基层治理效能的提升必将为整个社会的高效能治理奠定扎实的基础。

四 促进天津社会高质量发展的思路与对策

解决民生短板是未来天津实现高质量发展的重要一环,天津市需要采取更为积极的社会政策,想方设法稳定居民收入,全力化解结构性就业矛盾,进一步完善教育投入保障机制,提高卫生健康服务水平,持续织密社会保障网络,不断丰富市民的精神文化生活。

(一)稳定居民收入,兜牢民生底线

收入是民生之源。未来要重点做好稳定居民收入的工作,继续加大财政支出向民生领域的倾斜力度。逐步健全收入分配调节机制,切实提高居民工资性收入,进而拉动居民可支配收入稳步增长。健全劳动者权益保障制度,提高灵活就业人员和新就业形态下劳动者的社会保障水平。提升线上招聘和职业技能培训服务水平,畅通求职者和用人单位之间的信息沟通渠道,搭建交流平台,提供就业咨询和技能培训服务。稳定市场主体,倾听企业诉求,把企业发展的“堵点”作为主动服务的“靶点”,帮助企业解决实际困难。抓好稳企、惠民、纾困政策的落实,帮助中小微企业及个体工商户恢复经营。完善企业用工调度保障机制,对接企业清单和需求,帮助企业解决用工需求。继续实施发放消费券补贴和减免税政策。积极促进假日消费和夜间消费,进一步激活消费潜力,全面提升居民消费水平。大力发展“互联网 + 服务消费”模式,促进文教娱乐、医疗保健、养老助老、婴幼儿照护、生活日常等服务性消费双轨道融合发展。增强中低收入群体的收入水平,让广大人民群众能消费、愿消费、敢消费。

(二)构建专业精准的就业服务体系,全力化解结构性就业矛盾

就业是民生之本。未来还要强化就业优先导向,不断提升就业服务质量和就业风险应对能力,全力化解结构性就业矛盾。重点解决好高校毕业生等

青年就业问题,做好重点人群就业帮扶,促进更加充分更高质量就业。不断强化企业创新主体地位,鼓励企业加大研发投入,降低创新创业风险。培育更多创新创业类企业,增加更多更优质的就业岗位。建立专业而精准的专项就业服务体系。加大就业信息归集力度,多渠道采集岗位信息,及时更新企业招聘信息,完善就业信息发布机制,降低劳动者岗位搜寻成本。运用大数据、云计算等技术手段,匹配推送符合服务对象需求的岗位信息。支持建设劳务品牌,组建劳务品牌专家库,为劳务品牌发展提供品牌指导推介、发展规划、市场推广等服务。大力发展微经济,鼓励微创新、微应用、微产品、微电影等万众创新,打造多种形式就业格局。积极培育新个体,支持多样化的自主就业和分时就业。引导互联网平台企业降低交易服务费用,从而降低个体经营者融资运营成本。加快推动“技能天津”建设进程,推广终身职业技能培训,打造“海河工匠”品牌。争取未来三年实现城镇新增就业175万人以上,城镇调查失业率争取控制在5.5%以内,全市劳动力市场供求基本平衡,力争城乡、区域就业差距逐步缩小,劳动报酬稳步提高,劳动关系和谐稳定。

(三)完善教育投入保障机制,全面提升教育质量

教育是民生之基。落实教育优先发展战略,确保优先安排教育发展,优先保障教育投入,优先满足教育和人力资源开发需要。完善教育投入保障机制,确保一般公共预算教育投入只增不减,确保按在校学生人数平均的教育支出只增不减。健全学费动态调整机制,完善捐赠教育激励机制,优化资金使用结构,提高经费使用效益;强化法治保障,推进依法治教,完善学校章程和制度,推进学校依法治校和自主办学。加强教育监督评估,完善教育评估制度,开展跟踪监测,及时向社会公布教育发展情况,主动接受家长、社会和媒体的监督。加强市、区、校教育科研组织建设,充分发挥教育科研对教育改革发展的引领作用。建设高水平教育智库,加强教育政策和宏观战略研究,提高教育决策的科学性。继续构建“五育并举”教育体系,推进学校、家庭、社会协同育人,促进学生的身心健康和全面发展。加强师德师风建设,培养创新型教师队伍。优化教育资源,补齐学位缺口,促进学前教育普惠发展,推动义务教育均衡发展,

支持普通高中特色发展，努力让每个孩子都公平享有高质量的教育。深化“产教城”深度融合，强化行业办学特色，增强职业技术教育的适应性。支持南开大学、天津大学等高校加快“双一流”建设，全面提升高校科技创新服务能力。深化教育体制机制改革，扎实做好“双减”工作。完善终身教育体系，鼓励引导市民终身学习，终身发展。

(四)拓展优质医疗卫生资源，提升全周期健康服务水平

健康是民生之根。全面推进并不断深化健康天津建设，继续完善公共卫生体系，织牢公共卫生防护网，推动公立医院高质量发展，为居民提供全方位、全周期健康服务。继续增加优质医疗资源供给，优化现有医疗卫生资源结构。力争未来三年天津市每千常住人口医疗卫生机构床位数从4.36张增加到5.5张，每千常住人口执业(助理)医师数从3.14人增加到3.5人，每千常住人口注册护士数从2.72人增加到4.0人，每万常住人口全科医生数从3人增加到4人。健全医疗卫生服务体系，建设综合类、呼吸、心血管、神经、肿瘤、妇产、儿童、传染病8个专业国家区域医疗中心，努力创建血液病国家医学中心。发展社区医院，加强本地区常见病、慢性病、多发病的咨询、诊断和治疗能力。建立政府主导、资源共享、装备互济的“立体120”院前急救联动机制，优化急救中心布局，加强急救中心站点建设；以定点医院建设为重点，统筹推进定点医院提升改造、中心医院标准化建设、骨干医院能力提升、基层哨点医疗机构功能强化，形成覆盖全市的感染疾病医疗服务体系。建设市级中医康复中心，二级以上中医医院、中西医结合医院全部设置康复(医学)科，逐渐形成以三级综合医院和专科医院为龙头，市级康复指导和培训基地为技术核心，区级康复指导和培训基地为基础，精神病院、妇幼保健机构、老年病医院、护理院、养老机构、残疾人康复托养机构内设医疗机构等为补充的康复医疗服务网络。

(五)织密社会保障网络，完善多层次社会保障体系

社会保障是民生之盾。全力构筑覆盖全民、城乡统筹、权责清晰、保障适度、可持续的多层次社会保障体系。社会保障应保尽保，实施全民参保计划，扩大全民参保覆盖面,推动实现城镇职工基本养老保险由制度全覆盖到法定人群全覆盖。积极促进有意愿、有经济能力的灵活就业人员、新就业形态从业人员等参加企业职工养老保险,城乡居民养老保险基本实现适龄参保人员应保尽保。重点推动中小微企业单位积极参加失业保险,实现工伤保险政策从企业职工向职业劳动者的广覆盖。做好参保资源比对排查,实现全民参保数据动态精准管控。完善社会保障制度体系,继续完善养老保险制度、完善失业保险制度和完善工伤保险制度。完善社会保障待遇调整机制,持续提升养老保险待遇,落实职工基本养老金合理调整机制,统筹安排机关事业单位和企业退休人员的基本养老金调整,全面落实城乡居民基本养老保险待遇确定和调整机制,使广大人民群众平等共享经济社会发展成果,提升人民群众的满意度和获得感。加强社会保险基金监管运营,健全政策、经办、信息、监督"四位一体"的基金管理风险防控体系,健全基金预测预警制度,促进养老保险基金长期平衡。提升社保运行效率和服务效能,整合服务资源,构筑顶层架构,持续完善以业务流程标准化为主线,以服务流程标准化、服务场所标准化为协同,统一协调、运行高效的标准化工作机制。

(六)挖掘历史文化资源,丰富群众精神文化生活

文旅事业发展要坚持把社会效益放在首位,坚持以人民为中心的创作导向,弘扬主旋律、传播正能量,扩大优质文化产品供给。以文旅融合为依托,保护传承文化遗产。深入挖掘天津历史文化、商业文化、航运文化和近代工业文化资源,在保护的前提下实现活化利用,着力传承城市的历史文脉;以重点文旅项目建设带动文旅产业发展,推动大运河国家文化公园(天津段)项目建设,推动长城国家文化公园(天津段)项目建设;以"文旅+"战略推动产业融合发展,加快文化和旅游产业与其他产业的融合发展,创新发展模式,培育全域旅游新业态。完善城市公共文化服务体系,缩小城乡公共文化服务差距,实现城乡公共文化设施均等化配置。推进智慧文旅建设,不断提升天津文旅服务能力;加强对旅行社的监督管理,规范旅行社的经营行为,营造良好的旅游环境;鼓励旅行社推出特色精品旅游线路,鼓励品牌信誉度高的旅行社和旅游车船

公司在天津连锁经营；依托五大道、小白楼、和平路商业步行街等现代都市商业集聚区，鼓楼、古文化街、食品街等特色商业街，扩大“泥人张”“风筝魏”“杨柳青年画”等老字号企业品牌的知名度。继续实施文化惠民工程，推进全民阅读，建设“书香天津”。

说明：本文所使用数据主要来自天津市统计局、国家统计局天津调查总队和天津市政府相关部门网站。

社会发展篇

天津市人口发展研究报告

施美程　天津社会科学院数字经济研究所副研究员

摘　要： 本报告就天津人口的最新变化、人口分布的整体格局及地区差异进行了深入分析，指出天津人口规模和人口分布的基本趋向特征。从天津市人口"十四五"规划"建设人口均衡型社会"的目标出发，提出有关集聚青年人口和优化人口分布的建议，具体包括提高人口集聚能力，扩大年轻人口和技能人才引进；促进京津冀地区人口流动，提升城市人气；加快产业升级和功能疏解，引导人口合理布局；坚持综合决策，统筹解决人口与经济社会均衡发展。

关键词： 天津市　人口分布　地区差异

一　天津人口的新变化

根据天津市统计局发布的2021年天津市国民经济和社会发展统计公报，2021年末全市常住人口总量为1373万人，比2020年末减少13.6万人。尽管同一时期的全国人口也将进入零增长阶段，但是天津作为为数不多的千万级人口城市（见表1），人口增长过早陷入停滞的形势不容乐观。

表 1　2020—2021 年全国 18 个千万级人口城市的人口变化情况

城市	2021 年人口（万人）	2020 年人口（万人）	人口增量（万人）	人口增长率（%）
重庆	3212.43	3208.93	3.5	0.11
上海	2489.43	2488.36	1.07	0.04
北京	2188.60	2189.00	-0.4	-0.02
成都	2119.20	2094.70	24.5	1.17
广州	1881.06	1874.03	7.03	0.38
深圳	1768.16	1763.38	4.78	0.27
天津	1373.00	1386.60	-13.6	-0.98
武汉	1364.89	1244.77	120.12	9.65
西安	1316.30	1295.29	21.01	1.62
苏州	1284.78	1270.75	14.03	1.10
郑州	1274.20	1261.68	12.52	0.99
杭州	1220.40	1196.50	23.9	2.00
石家庄	1120.47	1124.15	-3.68	-0.33
临沂	1101.95	1102.57	-0.62	-0.06
东莞	1053.68	1048.36	5.32	0.51
青岛	1025.67	1010.57	15.1	1.49
长沙	1023.93	1006.08	17.85	1.77
哈尔滨	988.50	1000.10	-11.6	-1.16

资料来源:各城市统计局。

2021 年全国人口比 2020 年末增加 48 万人。在 18 个千万级人口城市中，北京、上海、广州、深圳四大城市的人口增量开始放缓,合计仅增加 12.48 万，其中广州增长 7.03 万人,深圳增长 4.78 万人,上海增长 1.07 万人,北京减少 0.4 万人。形成鲜明对比的是,8 个城市人口增量超过 10 万,分别是武汉

120.12 万人、成都 24.5 万人、杭州 23.9 万人、西安 20.3 万人、长沙 17.85 万人、青岛 15.1 万人、苏州 14.03 万人、郑州 12.52 万人。人口流向的热点在城市间切换和调转的趋势明显。一方面,以北京、上海为代表的超大城市受人口承载空间和人口总量控制政策的限制以及相对居高不下的房价和生活成本等压力的影响,形成人口挤出效应;另一方面,以武汉、长沙为代表的省会城市首位度日益提高,经济增长势头强劲,大量的就业机会和丰富的消费元素受到越来越多年轻人的青睐,形成了人口持续涌入和城市活力不断增强的良性循环态势。相比之下,天津人口总量减少最多、同比增长降幅仅次于哈尔滨。

天津市人口死亡率从 20 世纪 70 年代就已经进入一个非常稳定的低水平状态,而 2019 年户籍人口预期寿命已经达到 81.91 岁。接下来人口老龄化将进入加速阶段,生育意愿也将长期维持在较低水平,生育率持续下降和长期的低生育率水平将成为人口负增长的主要原因。除了少子化和长寿化这一人口发展规律之外,天津常住人口净增长量下降的另一个重要因素就是外来人口流入的大幅减少,其背后是经济社会发展的深层次影响。对此,当务之急是通过提高人口吸引力扭转人口增长不利的态势,同时针对未来人口局面的可能变化做好足够的政策储备和预期。

二　天津人口分布格局与特征

一直以来,天津人口分布随着城市总体规划和城市空间发展战略演变而不断变化调整,先后经历了向中心城区集中、向环城四区扩散、重心东移等不同特征阶段,人口分布由集中转向分散,增长最快的地区不断轮换,人口密度区域间级差由扩大转向缩小。

(一)人口分布由中心城区向外扩散

在城市总体规划和城市空间发展战略引导下,天津人口从高度聚集在中心城区逐渐环绕着中心城区向外围扩展。在 20 世纪 80 年代表现为人口集中的趋势,到 20 世纪 90 年代,随着中心城区人口密度越来越高,生活成本压力上升,加上政府调控力度加大,中心城区人口增长速度开始趋缓,环城四区、滨海新区和远郊五区的人口增速超越中心城区,环城四区成为人口增加最为迅速的地区,城市新增人口开始向中心城区外围扩散。

进入21世纪后,滨海新区加快开发开放,特别是被纳入国家发展战略后,新区人口开始了爆发式增长。2000—2010年,新区人口增长了117.9%,远高于其他区域的人口增速。第六次全国人口普查数据显示,2010年市内六区常住人口达到434.32万人,滨海新区常住人口总量为248.22万人,分别占全市常住人口总量的33.57%和19.18%,市内六区与滨海新区两个区域在城市东西两部分形成相对独立的人口聚集区,两个区域在功能上形成了以金融商贸、文化娱乐和港口物流加工制造为特色的互补型分工,双城布局初步形成。

2010—2020年全市人口空间分布总体上仍延续中心城区人口减少、比重下降,环城四区人口增长、比重上升的趋势。中心城区人口持续向外疏解,人口数量占全市总人口的比重下降至29.2%。市内六区中,除和平区人口比重上升了0.4个百分点外,其他五区全部下降。同时期,环城四区人口增长最多,占全市比重上升了8.7个百分点。远郊五区人口占全市比重达到27.8%,其中武清和静海两区人口比重上升,宝坻、宁河、蓟州三区人口比重下降。2020年滨海新区总人口占全市总人口比重下降了4.2个百分点,虽然仍以超过200万的常住人口总量位居第一,但是仅占全市常住人口的14.9%,与“津城”“滨城”双城发展战略对人口均衡分布的要求严重偏离。

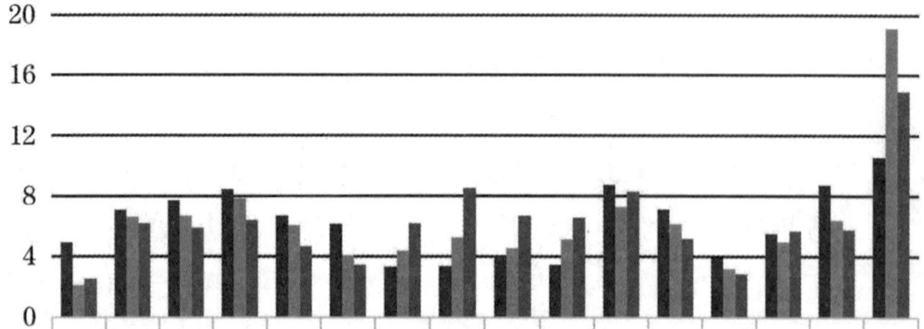

	和平区	河东区	河西区	南开区	河北区	红桥区	东丽区	西青区	津南区	北辰区	武清区	宝坻区	宁河区	静海区	蓟州区	滨海新区
■2000	4.93	7.07	7.73	8.49	6.71	6.17	3.34	3.36	4.02	3.47	8.77	7.13	3.90	5.51	8.71	10.5
■2010	2.10	6.62	6.70	7.84	6.06	4.09	4.39	5.26	4.57	5.14	7.31	6.15	3.20	4.98	6.40	19.1
■2020	2.52	6.20	5.91	6.41	4.68	3.46	6.20	8.57	6.70	6.56	8.29	5.19	2.88	5.69	5.76	14.9

图1　2000—2020 年天津市各区人口占全市人口比重

资料来源:第五、六、七次人口普查。

(二)人口增长最快的区域发生轮换

不同时期天津人口增长的重点区域是有差异的,增长最快的区域发生着轮换。1982—1990 年中心城区人口增量占全市人口增量的 50%,市域人口向中心城区集中的势头仍然很强;1990—2000 年环城四区人口增量占全市人口增量的比重达到 41.3%,中心城区人口增量占全市人口增量的比重则下降到 19.5%,人口增长出现了由中心城区向外蔓延的趋势。2000—2010 年区域间人口发展变化可以概括为中心城区向外扩散,滨海新区高速发展,人口聚集效应显著。滨海新区人口增量占全市人口增量的比重上升到 45.8%,而环城四区和中心城区人口增量占全市人口增量的比重分别下降到 25.4% 和 15%,人口增长的重点区域再次发生转移。滨海新区开发开放跨越式发展和经济高增长的人口带动效应终于表现出来了,人口密度由 510 人/平方公里增至 1112 人/平方公里,反映了人口聚集的结果。在这几个时期,外围五区县的人口增长都很慢,对全市总人口增长的贡献较小。2010—2020 年,环城四区和远郊五区成为人口增长的重点区域，人口分别增加了 137.3 万人和 26.4 万人，分别占全市人口增量的 147.32% 和 28.33%，而中心城区和滨海新区的人口数量减少了 29.3 万人和 41.2 万人，部分抵消了人口增长地区的贡献。滨海新区从人口增长重点区域转变为人口减少重点区域。

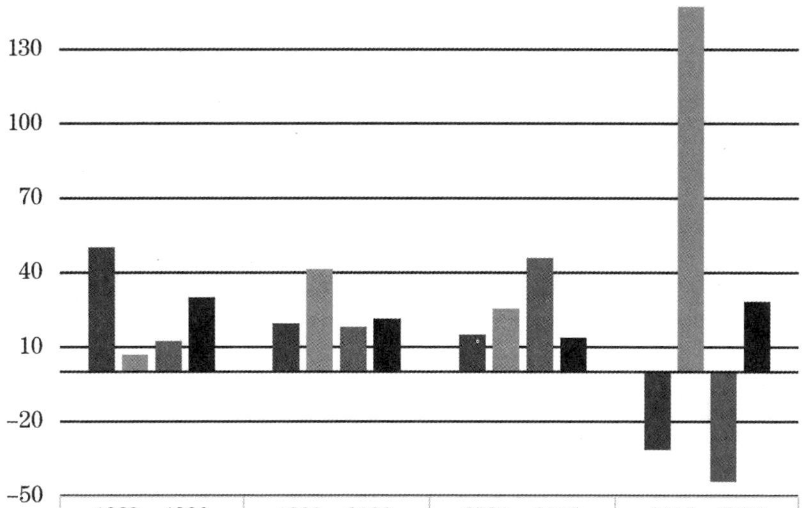

	1982—1990	1990—2000	2000—2010	2010—2020
■ 中心城区	50.05	19.52	15.02	-31.44
■ 环城四区	7.03	41.26	25.36	147.32
■ 滨海新区	12.49	18.05	45.84	-44.21
■ 远郊五区	30.05	21.49	13.79	28.33

图 2　1982—2020 年天津各区域人口增量占全市人口增量比重

数据来源：第五、六、七次人口普查。

（三）滨海新区人口增减变化最突出

进入 21 世纪以来，滨海新区常住人口经历了快速增长和快速减少两个时期。2010 年滨海新区常住人口为 248.21 万人，比 2000 年增加 129.31 万人，年均增长 7.6%，远高于全市年均 2.6% 的速度。这十年间滨海新区常住人口表现出从缓慢增长到快速增长的过程。2000—2004 年，滨海新区的常住人口、户籍人口和外来常住人口均保持缓慢增长，从 2005 年开始增速加快，到 2010

年增加了 123.4 万人,占 2000 年以来全部增加人口的 95%,年均增长率达 12.1%。特别是外来常住人口由 2005 年的 33 万人增长至 2010 年的 128 万人,五年增加了 95 万人,年均增长率达到 31%。到 2010 年末,外来人口占滨海新区总人口的比重已超过 50%。随后十年,滨海新区的常住人口增长逐渐减速直至负增长。到 2020 年,滨海新区常住人口占全市人口的比重从 2010 年的 19.18% 下降到 2020 年的 14.9%。

经济减速带来的就业损失是滨海新区人口流失的主要原因,但是城市功能缺失导致的只能工作而不适宜居住的情况是无法长期留住人口的重要因素。社会事业发展滞后,特别是教育、医疗等公共服务资源相对匮乏滨海新区,没有形成吸引劳动者长期居住的效应。2010 年滨海新区常住人口中"人户分离"情况超过 60%,超过一半的外来人口没有将户口迁到天津。这部分人口长期居留的稳定性相对较低,在面临经济波动和遭遇失业的情况下选择迁出居住地的概率也就较大。可喜的是,随着滨海新区社会事业补短板不断取得成效,公共服务资源配置逐渐完善,人居环境得到了极大改善。2010—2020 年户籍人口保持增长态势且增速有所提升,年均增长率达到 3.06%,相比上一个十年提高了 1.77 个百分点,占全市户籍人口比重从 11.25% 提高到 13.24%。"人户分离"的状况有所改善,2020 年滨海新区常住人口中"人户分离"的情况比 2010 年有所缓解,但仍有三分之一的外来人口没有将户口迁到天津。

表2　两个十年间滨海新区人口规模及占全市比重

滨海新区	常住人口(万人)	占全市比重(%)	户籍人口(万人)	占全市比重(%)	外来人口(万人)	占全市比重(%)
2000 年	118.90	11.88	97.48	10.69	—	—
2010 年	248.21	19.10	110.79	11.25	128.28	42.88
2020 年	207.00	14.93	149.70	13.24	68.79	19.46

资料来源:第五、六、七次人口普查。

(四)人口密度级差由扩大转向缩小

为了避免中心城区人口过于集中引发“城市病”,天津不断调整优化中心城区的用地布局,采取危楼平房棚户区拆迁、医院学校向外疏散等措施,加快地铁、轨道交通等城市基础设施建设,疏解中心城区人口,重点发展现代服务业,提升服务载体功能,中心城区在全市总人口中的比重一直呈下降态势。2000 年中心城区与环城四区人口密度的倍数从 1990 年的 31 倍下降到 24 倍,2010 年进一步下降到 19 倍,2020 年更降至 11.17 倍。中心城区与远郊五区的人口密度的倍数也一直保持下降趋势。2000—2010 年滨海新区人口密度大幅提升,10 年间人口密度翻一番,中心城区人口密度与滨海新区人口密度的倍数从 2000 年的 43.21 倍下降为 2010 年的 22.05 倍,下降了近一倍。由于 2020 年中心城区和滨海新区人口数量相比 2010 年均出现了下降且后者降幅更大(中心城区减少 29.2 万人,滨海新区减少 41 万人),二者密度的倍数回升至 24.64 倍。尽管不同阶段的数据存在波动,但总体上天津市域人口分布疏密不均的状况在不断改善(见表 3)。

表 3　2000—2020 年天津中心城区人口密度与各区人口密度的倍数

年份	环城四区	滨海新区	远郊五区	全市
2000	23.67	43.21	51.37	25.90
2010	18.56	22.05	50.77	22.29
2020	11.17	24.64	44.11	19.39

资料来源:第五、六、七次人口普查。

总的来看,天津市人口密度梯度分布的格局并未发生根本性改变,人口和经济活动仍然高度密集,中心城区以占天津 1.52% 的面积,承载了全市 29.2% 的常住人口、24% 的 GDP、34% 的服务业生产总值,人口密度为 22,868 人/平方公里,分别是环城四区、远郊五区和滨海新区的 11.17 倍、24.64 倍、

44.11 倍,经济密度为 18.85 亿元/平方公里,分别是环城四区、远郊五区和滨海新区的 13.6 倍、65.58 倍、7.16 倍。

作为中心商务区的和平区,人口密度出现了先下降后上升的趋势,2000—2010 年在中心城区整体人口密度提高的情况下,和平区人口密度出现了 15% 的显著下降。然而到了 2020 年,和平区人口密度不降反升,提高了 28 个百分点,成为中心城区中唯一一个人口净增长地区,占全市总人口比重上升了 0.4 个百分点。和平区之所以表现出较强的人口集聚效应,主要是因为优质的教育医疗等公共资源赋予本地户口的吸引力(入学政策采取按户口归属分片就读的方式,而和平区的中小学教育资源相比其他地区集中且优越,对户籍人口产生了较强的吸附作用)。

(五)人口跨区域流动更趋活跃

第七次人口普查数据显示,天津常住人口中“居住地”与“户籍地”不一致的现象已经非常普遍,常住人口中“人户分离”人口为 647.97 万人,比第六次人口普查时提高了 8.43% 。其中市内“人户分离”人口为 294.49 万人,跨省流动人口为 353.48 万人。“人户分离”流动中的本市户籍人口跨区流动,既有因城市改造、拆迁安置的被动流动,也有想选择更适合自己的环境居住的自愿流动。这类流动大多发生在中心城区户籍人口中,因各种原因选择搬迁到其他城区居住。2010 年中心城区户籍人口总数是 392.87 万人,常住人口为 434.3 万人,外来人口为 62.27 万人,按此推算至少有 20 万中心城区户籍人口流动到中心城区之外居住。2010—2020 年中心城区的户籍人口进一步向外围城区流动,流出规模最大的是河西、南开、河东三区,其次是滨海新区,滨海新区的户籍人口流出规模仅次于河西区,武清区和宝坻区的流出规模也比较大。环城四区成为这些流出人口的承接地。随着中心城区制造业向环城四区和远郊五区转移,新城区、近郊区积极发展高端产业、新兴产业,带动大量就业和外来人口增长,新市民对住房的需求与日俱增。生活水平提高使人们对于居住环境的要求也随之提高,本地居民也有“小房换大房”的刚需,相比中心城区的“老破小”,城市居民特别是年轻一代更喜欢周边城区新建小区的电梯楼,年龄逐渐增长的老年人也希望换到有电梯的住房居住。而且比起中心城区高昂的房价,环城四区还有很多房子单价较低。交通方面包括地铁、市域铁路在内的城市轨道交通快速发展,轨道交通具有快捷、准时等特点,加之汽车日益普及,大大缩短了郊区与中心城区的距离。这些都是吸引人口往外转移的一大拉力。

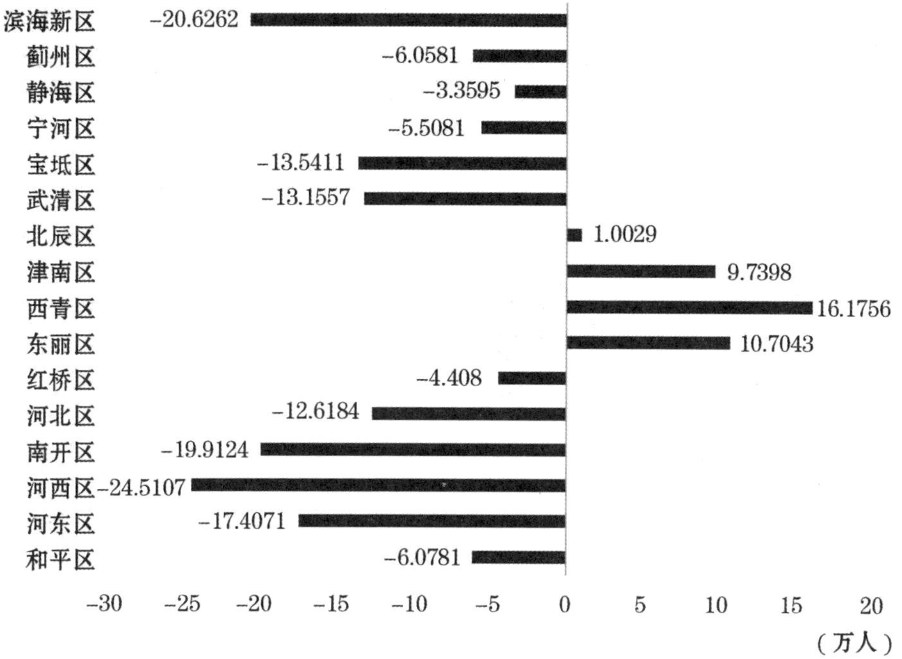

图 3　2010—2020 年天津市各区户籍人口外流推算情况

资料来源:根据第六、七次人口普查数据推算。

三　建设人口均衡型社会的几点建议

人口问题是影响经济社会发展的基础性、全局性和战略性问题。天津要落实“一基地三区”功能定位、打造“津城”“滨城”双城发展格局、实现经济社会高质量发展,离不开良好人口条件的支撑。天津市人口“十四五”规划提出

“建设人口均衡型社会”的目标。人口均衡发展除了强调人口与自然环境均衡、人口与社会经济发展均衡外，还存在人口内部的均衡问题，包括人口性别结构、年龄结构、人口健康和受教育程度以及人口空间分布等方方面面。从人口第六次人口普查到第七次人口普查的十年间，天津人口发展的内部和外部状况均已发生巨大的改变，要把这些变化与做好人口均衡发展工作结合起来，正确认识人口发展的新特征，适应人口发展的新变化，预判人口发展的新形势，制定实施与之相匹配的政策措施，这对于实现人口均衡型社会目标具有极其重要的意义。

(一)提高人口集聚能力，扩大年轻人口和技能人才引进

虽然天津市近几年密集出台一系列优惠政策吸引人口、引进人才，但是多数人选择天津的理由可能只是为了落户买房、子女入学，真正想留在天津发展创业的人并不多。未来应该考虑如何推进传统优势产业转型升级和新兴产业培育，不断增强发展动能，提升发展能级，创造更多的优质产业和高质量就业岗位，同时提高城市发展的包容性和软实力，以此来吸引和留住人才。《天津市人口发展“十四五”规划》提出，到 2025 年常住人口达到 1500 万人左右，户籍人口净增长 80 万人以上。按照目前常住人口数量计算，实现该目标需要未来三年至少再引进 100 万人口。建议重点瞄准高校毕业生、高端专业技术人才、高级职业技能人才及各类经营管理人才、进城务工新市民等群体，从政策、产业和公共服务配套等方面加快推出政策和举措。

1. 面向海内外集聚高端人才

天津自 2018 年实施“海河英才”计划以来，在集聚高端创新人才方面取得积极成效。但是，调查中也发现，天津优秀青年人才总量储备不足，引进渠道偏窄，人才引进后的跟踪服务、反馈和绩效评价机制缺失，特别是市场化的人才中介机构、社会组织的作用发挥得不够。因此建议，深入实施“海河英才”行动计划升级版，面向海内外实施更加开放包容的人才政策，打造引才聚才比较竞争新优势，在引才数量上再上一层楼。

第一，围绕重点产业链科学规划布局人才链，通过推动产业链、供应链升

级和完善,加速高端人才聚集。主动适应产业转型升级需要,围绕天津重点产业链建立引才目录,衔接市、区、高校、企业和各类人才,推动城市创新链、人才链、政策链和资金链深度融合,形成人才成长与产业发展彼此促进、互相强化的良好态势。进一步壮大产业人才创新创业联盟,链接更多的国内外高校科研院所和领军企业,鼓励人才多层次空间跨界发展,加快推动引才模式向集聚泛人才资源转变。

第二,创新引才工作方法,建立主动、柔性的合作引才机制。目前全国各省市在挖掘人才方面,政策大同小异,主要拼的是环境和服务,靠的是工作和方法。要千方百计开辟招才引智的新渠道,进一步提高针对性。建立市区两级领导带队、相关部门负责人组成的队伍,坚持定期、多批次"走出去"主动揽才。充分利用遍布主要发达国家的留学生组织机构,发挥它们专业化、便利化和联系面广的优势,赋予它们招才引智的职能和任务。与国内"九校联盟"院校建立更加紧密的市校合作机制,争取更多人才流入津门。启动高端人才中介体系建设,支持建立具有国际水准的高端人才猎头公司,打造全方位、专业化、职业化的高端人才猎头体系。设置企业引才奖励方法,鼓励用人主体通过市场化手段积极为天津招才引智,加大柔性引才的支持力度,不看时间只看业绩,吸引更多人才"候鸟"往天津飞。

第三,优化人才发展生态,为顶尖人才提供全方位个性化服务。针对高端人才创新思维特异化规律,建立以信任为前提的高端人才负责制。由高端人才特别是科研人员自主选择技术路线,磋商形成研发项目,并享有在资金使用、团队组建等方面的自主权。经费管理实行包干制和负面清单制,建立分类评价、中长期评价和外部第三方国际同行评价考核机制。在强调自发性兴趣基础研究的同时,兼顾有组织的科技攻关,两种模式并举,实现自由探索与目标导向的平衡。为顶尖人才提供"量身定制""一人一策"待遇,打造最适宜人才成长成才的路径和发展环境,促进各类人才在天津建功立业、施展才华。

2. 提高本市高校毕业生留津率

近年来高校毕业生留津就业率呈逐年下降趋势,从 2019 年的 41% 降至 2021 年的 33.6%。主要是经济发展对就业的拉动作用减弱,导致高校毕业生的就业压力持续加大。另外,部门间的协调机制、就业服务、招聘信息的精准性和实习岗位的可及性都有待改进与完善。做好高校毕业生留津就业工作,必须转变观念和工作模式,从大学生步入校园、走进职场工作、留在城市生活直至融入社会发展的全生命周期维度,完善留津就业服务工作,针对不同阶段的需求和痛点,解决好大学生的学习、就业、安家等一系列问题,才能实现长久留人。

第一,加强政府部门协作,共同做好高校毕业生留津就业工作。完善相关部门协作机制,人社部门牵总,教育和产业部门为主,宣传部门提供支持,共同配合做好留津就业工作。根据学生求职意向提早谋划、提前部署,依次安排好各种类型岗位的投放,尽可能为天津用人单位招录毕业生争取先机。人社、教委等有关部门与高校要做好相关事项的协调配合,保障毕业生的学业与就业从容对接。在疫情防控允许的条件下,创新线下招聘模式,引导人力资源服务机构进校园代理招聘工作,解决用人单位与求职者无法面对面交流的问题。

第二,加大宣传力度,提高大学生对天津城市和企业的知晓度。整合全市优质企业,面向高校毕业生举办开放日活动,为在校大学生提供更多深度接触企业的机会。邀请企业高管走进校园担任就业导师,帮助大学生做好就业择业和职业生涯规划,通过设立引才奖、育才奖等荣誉形成激励机制。政府组织宣讲团,邀请各领域的“明白人”向大学生介绍天津城市发展,宣传留津就业的优惠政策,增强学生对天津的认知特别是文化认同。

第三,完善实习制度,让大学生通过服务本地企业融入天津。各区人力资源服务产业园成立实习基地平台,加大区内企业实习岗位归集力度,广泛联系高校招聘实习生。平台统一负责实习生的日常管理、企业用工行为监督等工作。教育部门与高校共同研究,提高实习经历在学业考核中的权重比例,鼓励大学生参加实习的积极性。加快就业服务平台信息化升级,形成全面有效的就业大数据,高效链接用人单位招聘需求和毕业生求职需求。

第四,适应大学生“慢就业”节奏,用好自主创业和灵活就业两大蓄水池和缓冲器。免费为大学生创业项目提供载体、资金、技术、人才支持,安排创业导师陪跑,实施发放创业贷款担保的容错免责机制。加强新就业形态的从业者身份认定和权益保障方面的研究，探索适应新就业形态的政策支持体系、社会保障体系。帮助灵活就业大学生做好职业发展规划，让毕业生边打零工、边学习技能、边找工作，最终在天津安居乐业。

第五，解决住房紧要需求，允许大学毕业生先安居后就业。在天津相对较低的薪酬水平下，如果能给高校毕业生提供租金低廉、交通便捷、生活便利的租赁住房，相当于提高了工资的性价比，同样可以达到提升留津愿意的目的。建议借鉴先进城市经验，如武汉市充分利用普惠金融政策，盘活城市各类房源，转化为保障性租赁住房供大学生租住；福州市为毕业三年内（含毕业年度）有意在榕求职、创业和实习、见习的全日制高校外地生源毕业生提供最长不超过一年的免费住宿。

3. 增强职业教育资源的辐射能力

天津作为全国职业教育和职业培训创新示范区，已经走出了一条具有天津特色、国内领先的现代职业教育发展之路，在全国很有影响力，具有做大做强职业教育培训的能力和潜力。

第一，挖掘职业教育的潜力，扩大招生培训规模。从释放天津职业教育资源的能级入手，将高职和中职基础设施建设纳入新基建计划，加大软硬件建设投入，充实师资力量，最大限度地扩大招生规模，做到应招尽招，应录尽录。大力开展职业教育合作办学，面向中西部地区延伸职业教育的触角，实行“1＋2”或“2＋1”定制、定向、项目委托制等联合办学模式。在招生的同时签订可招工协议，在学业期满考核合格的同时颁发职业资格证书，在签订劳动合同的同时给予社会保险补贴。

第二，推动企业和社会力量开展职业培训。行业办学是天津特色，要继续鼓励企业以独资、合资、合作等方式举办职业教育。降低准入门槛，简化审批手续，给予政策扶持。开办前三年，财政按公办职业学校生均经费的50%给予支持，房租、煤水电气与公办院校一视同仁。鼓励企业培训中心与职业院校共建共享生产性实训基地，被认定为公共实训基地的，根据培训数量，给予建设费补贴和培训费补贴。鼓励企业深度参与职业教育，对开展合作培训的企业，按照职业培训成本目录标准给予相应的培训补贴。

第三,进一步办好职业技能大赛,以赛促学促训,以赛聚人聚才。天津已连续举办 11 届全国职业院校技能大赛,2022 年又首次举办世界职业院校技能大赛,2023 明年还将举办第二届全国技能大赛。目前,天津拥有全国领先的职业培训制度和全国最大的公共实训中心,构建了以国家级公共实训中心和 5 个世界技能大赛中国集训基地为引领,100 家职业院校为依托,200 家社会培训机构为补充的职业竞赛服务保障体系。要发挥竞赛场地、设施设备、检测维护,师资、教练、裁判和竞赛管理的优势,让“技能天津”成为唱响全国的品牌,让天津成为技能人才成长向往之地。

第四,提高技能型岗位的“性价比”和技能人才的社会地位。完善技能人才薪酬分配激励机制,从政府激励引导、企业主体作用、社会资源倾斜等全方位提高技能人才的报酬和待遇,鼓励企业建立技能人才评价体系,结合行业特点和自身岗位需求,自主开展相关技能人才评价。将岗位贡献与福利待遇、晋升通道相结合,切实发挥专业技术职称对于技能人才的引领作用。打通企业科技人才、能工巧匠的职业成长通道。开展技能人才的奖励表彰工作,对技能人才做出的贡献给予多种奖励,提高技能人才的政治待遇,在高技能人才中评选劳动模范。

4. 以公平就业和社会包容促进“新市民”融入

城镇化进程将进一步推动外来务工群体向经济发展水平较高的城市群和中心城市聚集,想方设法吸引并留住他们,对于支撑城市基本生活业态、拉动消费、缓解劳动密集型行业用工荒等具有重要意义。对于这些“新市民”而言,创造公平的就业机会和营造包容的城市环境是影响他们长期居留决策的关键。

第一,加大就业支持力度,为外来务工人员营造公平的就业环境。外来务工人员大多从业于个体、小微企业以及灵活、碎片的新形态就业,工作岗位流动性大、收入水平低,容易遭受失业冲击,再就业能力弱。政府有关部门应为外来务工人员提供更多便利化、人性化的职业信息、创业项目、劳动保障、法律咨询等服务,建立促进就业带动就业、多渠道灵活就业机制,增强劳动力市场的包容性。加大对吸纳就业能力强的服务业、中小微企业和劳动密集型企业的扶持力度，并从服务和保障方面为这类企业发展创造良好的政策、社会和市场等微生态经济环境。

第二，鼓励发展生活性服务业和零工经济，为外来务工人员提供更多就业岗位。支持与居民生活密切相关的社区超市、便利店、菜店和美容美发、洗染、维修等社区生活性服务网点的发展，不断扩大市场主体。支持依托互联网平台的新就业形态从业人员规模扩容，发挥吸引“新市民”的就业蓄水池作用。持续拓展挖掘高端生活性服务业发展的空间潜力，把文化旅游、健康体育、养老托幼等新兴行业作为促进消费结构升级的重点和扶持对象，将进城务工人员纳入这些行业就业创业重点培训对象，分类实施职业技能培训，缓解劳动者素质结构与技能需求不相适应的矛盾。

第三，加快外来人口市民化进程，深入推进基本公共服务均等化。对积分落户指标进行精准修订，提高举家迁移的积分分值，明确支持有长期居留意愿的外来人口落户的正向激励导向。针对外来务工人员推出积分入住公共租赁房项目，满足条件者享受廉价公租房待遇。推动教育、医疗、社会保障等公共资源按常住人口规模配置，消除外来人口与本地户籍居民的福利差距和隐性门槛，有序推进“租售同权”。提升外来人口在城市中的经济社会地位和身份认同感，弘扬包容精神，增强他们在城市永久居住和生活的信心。

（二）促进京津冀地区人口流动，提升城市人气

决定一个城市人气的不仅是人口存量，更重要的是流量。天津以制造业立市，同时也需要发展服务业来兴市，特别是建设国际消费中心城市和区域商贸中心城市，充足的人口流量是不可或缺的条件。京津冀协同发展战略实施以来，北京对域内要素形成了强大的虹吸效应，相比之下，天津的优势资源对周边地区的辐射作用较弱，人口聚集效应不强。目前，京津冀“一小时”交通圈基本形成，为域内人口流动提供了便利条件。根据第七次人口普查数据，北京市人口总量为2189.31万人，2019年入境旅客达3.2亿人次，此外还有大量从事商务活动、求学就医、走亲访友人员。如果能将这些人口吸引到天津观光旅游、休闲度假，将带来可观的流量和消费。

第一,加强文旅协同。将北京本地居民和外地来京游客作为天津的重要客源,积极扩大两地文化旅游资源联动,发挥津城洋楼、滨城海洋和蓟州生态等特色旅游资源优势,谋划融入北京精品旅游路线,建立文旅协同和服务一体化机制。文旅部门共建共享旅游景点信息库,整合自然风貌、人造公园、特色小镇、文化博物馆等文旅资源,加快建设线上数字博物馆、档案馆和文化体验平台,共同推出“畅游京津”“惠民一卡通”等产品。推动两地旅行社开展广泛合作,面向北京本地居民开发“天津周末游”,面向外地来京游客开发“京津双城游”,推出“高铁+景点+酒店”快捷旅游产品。加强交通部门协调配合,重点对接北京故宫、颐和园、环球影城等流量景区,搭建来津绿色通道,实施旅游景区通票等互惠联网制。

第二,完善公共服务共享机制。依托北京国际资源承办或与北京合办一些具有全球影响力的国际会议、国际会展、国际赛事、国际文化交流等活动,积极承接北京重大展会的分会场落户天津。采取合作办院、设立分院、组建医院联盟、远程医疗协作等形式,加强与北京优质公共服务的资源共享、政策协同,提升天津公共服务供给质量,疏解赴京看病求医人群。大力发展健康医疗服务等健康产业,推动优质医疗资源、现代医药产业与养老产业融合发展,建设一批区域专业化的健康医疗服务、康养小镇、养生养老基地,承接京津冀地区养老消费群体。鼓励有条件的城区积极引进北京优质学前教育、中小学教育、大学教育,通过设立分校、建立联盟、共建校长和教师培训交流平台等方式,在联合创新、人才培养、成果转化等方面全面合作,联手打造学科联合体和教育联合体。

(三)加快产业升级和功能疏解,引导人口合理布局

通过产业布局调整、疏解中心城区功能、增强新城综合功能、加强区域合作,引导人口居住和就业在各区域内相对平衡,推动人口空间布局优化,逐步形成规模适度、结构优化、分布合理、与城市可持续发展和城市功能相适应的人口发展格局。

第一,持续深入推进经济结构调整,以就业引导人口流动。发挥中心城区的区位优势、文化优势、教育优势等,积极发展金融服务、科技研发、电子信息、

文化创意旅游等高端、高效、高辐射服务产业，挖掘低效载体、低效用地潜力，创新现代都市产业经济发展模式，引进高新技术产业研发中心和企业总部，吸引高端人才落户。逐步将部分过剩的批发零售业、交通运输和物流业等低产值服务业转移到环城四区和远郊五区。深化老城与新城之间在产业布局、基础设施建设、城镇发展等方面的合作，促进周边区域的共同发展，以就业引导人口流动，促进流动人口在周边区域就业，减缓人口流入城区的压力。

第二，强化规划和政策引导，着力缓解中心城区人口过度集聚压力。和平区户籍人口与常住人口倒挂现象在第六次人口普查期间就已经存在，第七次人口普查期间更加严重，大量不在和平区工作生活的人口占用了区内的公共服务资源。虽然近年来已经转移了部分医疗、教育、文化等机构和设施，环城四区和远郊五区的基本公共服务水平大幅提高，但是高等级的公共服务供给仍严重依赖于中心城区。建议从全市层面进行统筹规划和布局，将中心城区空间发展受到严重限制的市级三甲医院，结合规划逐步将医院主体向外迁移，同时将新增医疗能力布局到城市发展新区域。特别是优质的教育资源，环城四区和远郊五区现有市重点小学和中学数量较少，优质民办学校不足，难以满足广大学生和家长对多元化教育的需求，应继续大力支持优质教育资源向中心城区以外倾斜。

第三，在城市空间布局调整、中心城区人口和功能疏解，新建城区和产业功能区建设过程中，加快建设定向安置房，完善基础设施和公共配套，为外迁人口提供便利服务。提高中心城区老旧小区人口外迁安置房的质量和社区配套设施，引导更多居民外迁。对接受搬迁安置生活的居民给予政策支持，保障合法权益。加快人口疏解安置房小区公共服务设施建设，引入卫生、养老、托幼、社区服务等公共资源，解决迁移人口的后顾之忧。严格执行国务院关于保障性租赁住房要安排在产业园区、轨道交通站点附近、城市建设重点片区的要求，结合天津实际，在新建城区轨道交通站点周边优先规划建设公共租赁住房。将保障性租赁住房项目重点安排在中心城区商业集聚区、环城四区等人口导入区域、轨道交通站点、战略性新兴产业聚集区、工业园区及周边等，为产业发展和人才引育提供有力支撑，满足产业职工就近居住需求，实现职住平衡、产城人融合。

(四)坚持综合决策,统筹解决人口与经济社会均衡发展

鉴于人口调控对经济发展和改善民生的战略意义,应将人口发展融入经济社会发展政策,在经济社会发展战略规划计划、城市空间发展战略规划、经济结构战略性调整、投资项目和生产力布局等重大决策中,充分考虑人口因素,不断健全人口与发展综合决策机制,实施重大决策人口影响评估制度,从规划、法律和组织等方面落实对人口发展的保障措施。

第一,做好人口发展规划与产业发展规划、区域发展规划、教育发展规划、人才发展规划等一系列专项规划的协调和对接,在各领域发展过程中实现人口发展目标。比如在产业规划基础上,研究相配套的住房、交通、教育医疗设施等建设规划,发挥产业规划引导人口流动和布局优化方面的积极作用,把就业管理与优化人口分布结合起来。

第二,统筹劳动就业、人才管理、产业发展、城市建设、教育卫生等社会服务、社会治安等各方面工作,做好人口发展宏观决策和政策实施。建议建立相关部门共同参与的人口调控领导小组,由市政府主要领导任组长,由市卫健委、人力资源和社会保障局、发改委、规自局、统计局、水务局、国土局、教育局、卫生局、科委、公安局等部门为主要成员单位,共同决策,责任分解。通过领导小组加强各部门之间的沟通,提高对人口问题的认识;建立对重大决策和事项的人口影响进行评估的制度,以提高人口规划与社会经济发展规划互动的时效性。

第三,加强部门之间的工作联动和信息共享。建立人口管理和产业、就业、教育等管理部门之间的协同工作机制,创新工作方式,把人口管理与其他经济社会管理领域结合起来。以滨海新区为例,目前常住人口按居住地统计,功能区统计的是就业人口,由于职住分离,功能区的常住人口与就业人口一般相差很大,加强行政区与功能区相关部门的信息沟通对把握人口与就业动态就非常重要。加强就业管理和服务可以起到合理引导和调控外来人口增长的效果。政府部门可以通过就业信息发布和就业培训,影响外来劳动力迁移决策和用人单位的用工行为。

天津市职业教育产教融合发展研究报告

芮志彬　天津市教育科学研究院助理研究员

摘　要： 2022年天津市职业教育产教融合工作成效显著，整体保持高位发展，坚持“五业联动”办学模式，实现专业与产业深度对接、人才培养模式多元发展、职教集团建设取得佳绩，混合所有制探索实现突破。但在专业对接战略性新兴产业、双师型教师队伍建设、产教双方在目标与实施内容等方面仍然存在问题且面临挑战。建议持续深化高质量发展方式与路径研究，加快完善专业建设与产业发展的精准对接，实现构建适应新发展阶段的产教融合发展新生态。

关键词： 职业教育　产教融合　校企合作

党的二十大报告中明确提出，“坚持教育优先发展”“办好人民满意的教育”“加快建设高质量教育体系”等重要要求。职业教育作为独立的教育类型，与经济社会及产业发展密切相关，关乎就业与民生，是高质量教育体系的重要组成部分。回顾党的十八大以来的十年，党和国家高度重视职业教育，习近平总书记曾多次就职业教育工作做出重要指示批示，为职业教育高质量发展指明了方向，特别是党的十九大报告中提出“完善职业教育和培训体系，深化产教融合、校企合作”，锚定了新时代职业教育高质量发展的核心任务。天津作为国家职业教育示范区和新时代创新发展标杆，全面贯彻落实习近平新时代中国特色社会主义思想，按照党中央、国务院高质量发展职业教育的决策、部署，围绕落实立德树人根本任务、推动改革发展提升人才培养质量等重点工作,不断打造职业教育服务区域实体经济和社会贡献能力,积极响应“一带一路”倡议和各项国家战略,推动天津职业教育产教融合、校企合作向纵深发展,为构建具有中国特色、世界水平的现代职教发展体系贡献天津方案。

一 2022年天津市职业教育产教融合发展概况

天津作为国家产教融合型试点城市,贯彻落实《天津市产教融合型试点城市建设实施方案》,多部门协同联动,提出“金融+财税+土地+人才”组合激励政策22条,先后发布三批《关于征集培育产教融合型企业的公告》,制定《天津市产教融合型企业认定评价指标体系》,截至目前,已有两批(107家)企业入库并对社会公示,第三批认定工作正在进行中,经过遴申报选,报送的152家企业中有86家企业通过审核予以公示。① 落实津城、滨城“双城”发展,天津市滨海新区人民政府制定《关于落实支持“滨城”建设若干政策措施的工作方案》,推动“滨城”职业教育产教城融合发展基地建设。② 随着天津交通职业教育集团、京津冀模具现代职教集团进入国家第二批示范性职业教育集团(联盟)培育单位名单,全市国家级示范性职业教育集团培育单位增至6家,涵盖制造、交通、石化、经贸、卫生、服务等领域。推动新时代职业教育创新发展标杆智库建设,发挥天津市产教融合研究院研究智库功能,聚集域内外优质职教资源,共同举办高端学术论坛。2022年8月,首届世界职业技术教育发展大会的重要活动之一——世界职业教育产教融合博览会在天津举行,博览会以“大力发展适应新技术和产业变革需要的职业教育”为主题,设置云展馆、云场景、云视界等8大板块和数字经济等9个专题展,全面展示新时代职业教育高质量发展成就。

① 《天津市发展改革委、天津市教委关于公布第三批产教融合型企业名单的公告》,天津市发展和改革委员会网,2022年10月10日,https://fzgg.tj.gov.cn/xxfb/tzggx/202210/t20221010_6005189.html。

② 《天津市滨海新区人民政府关于印发滨海新区落实支持“滨城”建设若干政策措施的工作方案的通知》,天津市滨海新区人民政府网,2022年8月22日,http://www.tjbh.gov.cn/government/contents/11160/270381.html。

（一）职业教育产教融合工作高质量发展

2022 年是落实部市共建新时代职业教育创新发展标杆的开局之年，结合新修订的《中华人民共和国职业教育法》，天津积极推进标杆建设，形成革新机制、创新模式、更新专业的产教融合发展新格局。结合国有企业混合所有制改革整体工作要求，混改后仍为国有控股的市级企业，所属职业学校隶属关系不变，混改后国有资本不再控股的，职业院校优先划转到其行业主管部门管理，70% 左右的高职院校和 50% 左右的中职院校调整后隶属行业企业举办，行业企业办学优势明显。强化政府在推动职业教育产教融合、校企合作发展中的主导作用，不断提升统筹规划能力，对校企合作中参与度高、贡献度大的企业予以大力支持。借鉴订单培养、职教集团等成功融合经验，天津积极探索政府引导、行业参与、社会支持、企业和职业学校双主体育人的现代学徒制试点人才培养模式，截至 2022 年 3 月，获批并持续开展教育部现代学徒制试点 17 个，探索开展市级学徒制试点 18 个，天津 21 所职业学校共 113 个专业、10，111 名学生参加学徒制试点，试点专业毕业就业对口率高达 93.96%。[①] 天津职业院校不断将企业的新技术、新工艺、新规范有效融入专业、课程和教学建设，整体就业质量持续提升，社会认可度持续增强。基于"1 +3 +4"现代工业产业体系，实现专业围绕产业动态调整，结合区域经济社会发展，对接战略性新兴产业、现代服务业，调整专业布局，实现专业和产业深度契合，助力天津职业教育产教融合工作高质量发展。

（二）坚持"五业联动"的产教融合办学模式

产业、行业、企业、职业、专业"五业联动"职业教育办学模式秉承着多元并举、合力推进的现代职业教育改革发展思路，2020 年"五业联动"被国务院纳入《关于推广第三批支持创新相关改革举措的通知》"推广改革举措"事项。

① 《天津深化职业教育产教融合》，天津市教育委员会网，2022 年 3 月 7 日，https://jy.tj.gov.cn/JYXW/TJJY/202203/t20220307_5822183.html。

“五业联动”办学模式进一步推动了天津教育教学改革与产业发展的同步升级,进一步推进了企业深度参与各职业院校人才培养全过程,同时也进一步提升了天津市职业教育服务区域经济社会发展的能力。统计数据显示,目前仅高职专业对接天津主导产业设置专业点660余个。近五年间,天津职业院校累计培养合格毕业生超26万人,留在本地就业人数约占58%,技术服务产生的经济效益达2.2亿元。①

天津各职业院校坚持“五业联动”的产教融合办学模式,取得良好发展成效。一是天津职业大学还原企业真实的生产场景,构建校内实训基地与课程,教师团队既有学院专业教师,也有企业骨干工程师。授课采用“1+1”联合模式,学院教师讲解原理,企业教师负责实际操作,双方共同设置课程。② 二是天津电子信息职业技术学院坚持对接产业发展最新方向,深入了解国家信息技术的发展趋势,在不断深化产业、行业、企业、职业、专业“五业联动”的办学模式中,积极探索校企订单班、现代学徒制等产教融合人才培养模式,培养出大批行业企业所需的“与市场零距离的技术技能人才”。③ 三是天津轻工职业技术学院借助国际一流的精密加工和检测设备,与海鸥集团联合打造国内高职院校首条精密模具智能制造生产线。经学校模具专业骨干教师与海鸥技术人员共同努力,海鸥手表机芯零件加工高速精密级进模具研发成功,第一块应用该零件组装的海鸥手表成功问世。④

① 《五业“联动”办学人才“贯通”培养书证“融通”评价——我市职业教育十年探索发展写就“天津经验”》,天津市教育委员会网,2022年9月28日,https://jy.tj.gov.cn/JYXW/TJJY/202209/t20220928_5998077.html。

② 《五业“联动”办学人才“贯通”培养书证“融通”评价——我市职业教育十年探索发展写就“天津经验”》,天津市教育委员会网,2022年9月28日,https://jy.tj.gov.cn/JYXW/TJJY/202209/t20220928_5998077.html。

③ 《校企共建实训基地 虚拟仿真应用教学 订单式精准培养——我市职业教育以“标杆式”产教深度融合服务经济社会发展》,天津市教育委员会网,2022年9月19日,https://jy.tj.gov.cn/JYXW/TJJY/202209/t20220919_5990836.html。

④ 《天津积极打造职业教育产教融合新范式》,中华人民共和国中央人民政府网,2022年8月16日,http://www.gov.cn/xinwen/2022-08/16/content_5705520.htm。

（三）专业建设与产业发展实现深度对接

天津中等职业学校专业建设紧密服务产业发展，整体专业设置持续优化，中职学校设置了涵盖《中等职业教育专业目录》的 17 个专业大类和 95 个专业，覆盖率为 89.47%。设置了与第二产业对接的 7 个专业大类，专业 33 个，专业点 90 个，占比 28%；开设学校 43 校次。设置了与第三产业对接的 9 个专业大类，专业 57 个；专业点 233 个，占比 71%；开设学校 142 校次。围绕"1+3+4"现代产业体系，天津市中职学校专业加大调整，目前，新试办工业机器人技术应用、数字媒体技术应用、数字影像技术、食品安全与检测技术、物联网技术应用、新能源汽车运用与维修、会展服务与管理等相关专业。统计显示，设置与智能科技相关专业点 9 个，与生物医药、新能源和新材料相关专业点 15 个，与航空航天、装备制造、石油化工、汽车工业相关专业点 36 个。①

天津高等职业教育招生专业共计 742 个，其中 23 所独立设置高职院校招生专业 700 个。从专业招生布局分析，其中，电子与信息大类占比最高（17.36%），其次是财经商贸大类（16.39%）、装备制造大类（15.79%）和交通运输大类（10.99%）占比较高。围绕国家发展战略和天津市"一基地三区"城市功能定位、主动服务京津冀协同发展和天津市"1+3+4"产业发展需求，天津各高职院校精准对接人工智能、新一代信息技术、高端装备制造、数字经济等战略性新兴产业领域，通过持续优化专业布局，2022 年全市高职院校共撤销拟招生专业 20 个，新增备案专业 42 个，其中，对接"1+3+4"现代工业产业体系及现代服务业专业 34 个。②

（四）产教融合人才培养模式呈现多元趋势

天津各职业院校长期坚持产教融合、校企合作办学方式，形成了一系列行

① 《2021 年度天津市中等职业学校质量年度报告》，天津市教育委员会网，2022 年 4 月 14 日，https://jy.tj.gov.cn/ZTZL_52246/ZTZL7482/ZDZYJYZLNDBG3237/202204/t20220414_5857360.html。

② 《天津市高等职业教育质量年度报告（2022）》，中国高职高专教育网，2021 年 12 月，https://www.tech.net.cn/column_rcpy/info.aspx?nd=2022&sf=%E5%A4%A9%E6%B4%A5%E5%B8%82&lx=0。

之有效的经验及做法,特别是在产教融合技术技能人才培养模式上呈现出多元发展趋势,为中国特色职业教育发展,构建现代职业教育体系提供了多元化、可借鉴的实践例证。

第一,“五方联动、精准对接、三程五段”养老人才培养模式。天津职业大学针对养老行业社会认可度低而需求量大的问题,组织实施第三学期下企业学徒,四、五学期按课程回原单位1—2周实习,企业师傅持续互动跟进,第六学期二次学徒,创新职业认知、职业认同、职业热爱、职业坚守和职业发展的“五个阶段”递进成才途径,践行“大爱、慎独”职业道德与职业操守,将传统文化与理论技能序化成型为全新养老教学理念。

第二,“校企协同、三级贯通”面向先进制造业的技术技能人才培养模式。天津轻工职业技术学院联合相关企业打破领域界限、地域界限,协调一致,校企合作董事会、校企合作执行委员会和专业建设委员会“三级贯通”,学校联合行业龙头企业,针对传统制造业向信息化、智能化转型升级需求,面向先进制造业,在“三级贯通式”体制机制保障下,共同完成适应先进制造业需要的技术技能人才培养全过程的探索与实践。

第三,“以赛促创、产教融合、课证赛岗”三融通的“津电模式”人才培养模式。天津电子信息职业技术学院与电商这一时代“宠儿”同向同行,举全校之力改革职业教育培养体系,抓实学生培养质量,提升毕业生的社会竞争力,逐步探索出一套“以赛促创、产教融合、课证赛岗”三融通的“津电模式”人才培养模式,为电商行业发展培养出一批具有较高创新创业意识和水平的优秀学生。

第四,“五双五定”现代学徒制的中国高端制表人才培养模式。天津现代职业技术学院与我国钟表领军企业天津海鸥表业集团联合申报的“精密机械技术(钟表方向)”,经过多年探索形成了“五双五定”高端手表制造人才培育的现代学徒制模式,即明确“双主体、双身份、双导师、双基地、双评价”和实现“定协议、定标准、定师傅、定岗位、定项目”。学院已向海鸥集团输送了百余名高质量技术工人,十余名毕业生走上技术管理岗位并获各类技术荣誉。

（五）打造多元主体参与的职业教育集团

天津着力构建多元主体参与的职业教育集团发展模式，推进形成教育链与产业链融合发展局面。已经先后建成了28个中高职教育教学相衔接，学习教育与职工培训相结合的行业型、区域型职教集团。各牵头建设单位基于自身集团特点，综合京津冀协同协作及行业发展需求等实际情况，搭建了一批跨区域、跨行业的职业院校联盟，相互学习、相互借鉴、相互支撑，通过协同协作谋求共同发展。

全市28个产教融合职教集团中，天津渤海化工职业教育集团、天津城市职业学院职教集团、天津商务职业教育集团、天津卫生职业教育集团入选国家第一批示范性职业教育集团（联盟）培育单位名单，天津交通职业教育集团、京津冀模具现代职业教育集团入选国家第二批示范性培育单位名单。同时，拥有服务市内六区的天津城市职业学院职教集团，服务环城四区的天津市环城职教集团，服务城郊五区的天津市城郊职教集团，服务“滨城”的天津市滨海职业教育集团，实现了区域型职业教育集团的全覆盖。

（六）积极探索混合所有制产业学院建设

基于国有企业混合所有制改革的时代背景，天津在坚持产教融合、校企合作办学的基础上，不断调整发展思路，顺应现代职业教育发展建设新趋势，通过推动混合所有制产业学院建设，积极构筑多元主体参与职业教育建设与发展的新格局。同时伴随着产业学院的运行与发展，天津打破了原有职业院校治理体制，实现多元共治的现代职业教育治理体系，激发职业教育产教融合的内生动力，促进职业院校建设质量和人才培养质量的双提升。

一是天津职业大学依托滨海新区16家产业联盟资源，新增4个特色产业学院，与360安全科技股份有限公司共建“360网络安全产业学院”，与爱尔眼科医院集团合作共建“爱尔视光产业学院”，与天津瑞普生物技术股份有限公司共建“瑞普生物产业学院”，与华住集团共建“华住产业学院”。

二是天津中德应用大学对接本市十大产业人才创新创业联盟，与天津津南区政府、荣程集团、麒麟软件共建“碳中和应用技术与职业创新研究院”“天津金属材料与质量管理工程产业学院”“天津国产化信息平台信创产业学院”等5个产业学院。

三是天津电子信息职业技术学院联合华为、麒麟、长城等信创企业和域内外职业院校,牵头成立了天津职业教育信创产教联盟,与商汤科技、中国新一代人工智能发展战略研究院组建“人工智能+产教融合发展联盟”,与华为共建“津电—鲲鹏产业学院”。

二 天津市职业教育产教融合发展面临的主要挑战

(一)专业对接战略性新兴产业研究有待加强

《关于推动现代职业教育高质量发展的意见》中明确提出,职业院校要围绕国家重大战略,紧密对接产业升级和技术变革趋势,优先发展先进制造、新能源、新材料、现代农业、现代信息技术、生物技术、人工智能等产业需要的一批新兴专业。为区域战略性新兴产业提供人力资源支撑是经济发展和社会转型升级对职业教育提出的本质要求。近两年来,伴随着《教育部天津市人民政府关于深化产教城融合打造新时代职业教育创新发展标杆的意见》的发布,天津高度重视专业对接产业发展研究工作,但由于整体工作仍然处于起步阶段,各院校和研究机构对于新兴产业的标准、职业要求和就业导向的调研及数据积累不足,对于职业教育体系与新兴产业结构之间的关系与变动规律还需进一步加以验证,整体研究能力还有很大提升空间。

(二)高素质的双师型队伍建设工作有待加强

双师型教师队伍建设是职业教育产教融合工作的重要组成部分,结合目前天津“双师型”教师队伍建设情况,在评定体系和资格内涵方面有较大的提升空间。行业企业日益更迭的新材料、新技术、新工艺与现行的“双师型”教师“一证定终身”资格界定条件之间依然存在着发展不相适应的问题。同时目前仍有一定比例的院校在推动校企合作教师实践能力培养工作中流于形式，重结果而忽视整体实施过程及考核，企业实践多以看、听式学习为主，受时间影响存在着“走马灯”现象，缺乏动手实践的成长过程，尚未形成知行合一，导致教学授课过程中的质量提升有限。

（三）产教融合双方目标与实施内容存在差距

部分院校与企业在实施产教融合的过程中，工作定位不明确，协调机制不完善，管理制度不成熟。双方融合仅限于点位与要素间的融合，尚未实现院校建设的专业群与多家企业组成的产业链的深度融合，导致课程建设、实习实训建设发展受阻。由于缺乏对产教融合、校企合作的长期规划，企业经常从经营成本等自身发展角度，去研究和考虑用人的问题，且视角多聚焦于短期市场变化，缺少对产业发展和行业趋势的基本判断、远景分析。目前产教融合、校企合作工作成效考核的量化指标体系不健全，同时各院校的校企双方运行机制、管理体系不尽相同，导致考核量化的指标难以统一，很难对工作主体形成有效的刺激和激励。

三　天津市职业教育产教融合发展建议

（一）持续深化基于高质量发展的产教融合、校企合作

一是持续深化“五业联动”办学模式。天津实施的产业、行业、企业、职业、专业“五业联动”是现代职业教育创新发展的新范式，发展成效显著，需要长期坚持。伴随“五业联动”形成的“政、行、企、校、研”五方携手推进职教发展机制，在产教融合、校企合作运转发展过程中，五方通过更加准确清晰的权责和定位，形成事业发展的命运共同体，有效保障了资源共享、责任共担、过程共管、互利共赢的“五业联动”办学模式。进一步深化“五业联动”，持续创新，将校企合作中存在的问题，通过五方协同进行协调和解决，有效促进学生、学校、企业、产业以及相关各方利益诉求的表达和实现。

二是健全教学指导平台的功能作用。截至 2022 年 3 月,市教委会同相关委办局成立了 7 个市级行业大类职业教育教学指导委员会,对相关行业职业教育教学工作进行研究、咨询、指导和服务。充分发挥天津市职业教育教学指导委员会的平台作用,是进一步健全完善政府主导、行业指导,院校与企业联合主办的职业教育办学机制的重要要求。强化行业在现代职业教育体系建设和改革发展中的指导作用,是推动天津各院校产教融合、校企合作高质量发展的基本思路,对于构建紧密型校企合作命运共同体将发挥重要作用。

(二)加快完善专业建设与产业发展精准对接深度融合

一是加强产教融合效能的体制机制建设。建立职业院校专业建设对接产业发展监测评价指标体系,不断优化专业建设与产业发展对接图谱,引导职业院校在专业设置、教学资源配置、师资队伍建设、人才培养目标等方面与产业发展同频共振。建立职业院校专业分类规划体系,依据产业发展需求,制定专业发展中长期规划。健全产业结构与专业设置优化的驱动和调控机制,鼓励支持学校充分发挥自身优势,推进专业设置、教学内容与产业发展、职业标准紧密对接。发挥行业协会的桥梁作用,打通信息资源等沟通渠道,实现产业整体需求和专业人才培养完整对接,将行业企业的共性需求纳入专业建设规划中,并根据不同职业院校的办学特色,开展定制化培养。加强专业设置备案制的引导性,允许职业院校依据专业目录自主开设、调整和停办专业,鼓励院校主动融入、支持、推动地方产业发展。

二是提升职业院校对战略新兴产业技术技能人才供给能力。坚持立足本市“1 +3 +4”现代工业产业体系,紧密依托战略新兴产业发展趋势,为职业院校专业赋能、师资赋能、学生赋能。进一步明确全市各职业院校的办学定位,专业布局或调整要适应域内外战略性新兴产业的发展趋势,人才培养目标要面向战略性新兴产业市场的需求,资源建设要服务于战略性新兴产业的持续发展。

三是完善职业院校“双师型”教师培养机制。全面准确贯彻落实国家和天津市各项职业教育政策的要求,破解职业院校在教师聘用中存在的问题,破除唯学位、唯学术用人倾向，重视职业院校教师生产一线的实践经历，真正实现企业与职业院校人员的双向流动。明确职业院校教师的上岗要求，如须具有规定年限的工程师职业经历和一定的技术开发成就等方可获得任教资格。推动落实职业学校名师、名校长培训工程，加强专任教师五年一轮次的全员培训，全面提升新入职教师“入岗、适岗、胜岗”的专业能力和教学能力。鼓励企业技术和管理人才到职业院校任教，探索企业一线工程师在学校任教、学校教师能在企业从事技术开发和相关管理的“双栖型”师资培养。

（三）加快构建适应新发展阶段的产教融合发展新生态

一是优化天津职业教育产教融合发展布局。高质量打造新时代职业教育创新发展标杆，促进天津产教城深度融合发展。通过“双高”建设项目、创优赋能项目等全面提升天津职业院校建设，促进全市职业教育资源优质均衡发展，推动构建具有中国特色、世界水平的现代职业教育体系。完善形成“一园（海河教育园区）：发挥新时代职业教育创新发展全国标杆的示范窗口作用；两区（中心城区、滨海新区）：中心城区推动职业教育与普通教育融合发展，与社区教育、老年教育协同发展，滨海新区整合现有资源，加快推动职业教育产教城融合发展基地建设；多中心（职业教育集团或服务中心）：城市职教集团、环城职教集团、城郊职教集团、宝坻产教融合职教集团等联动发展”的职业教育产教融合发展总体发展布局。

二是实现产业链与专业链的深度对接。天津“十四五”发展规划中明确提出要“坚持制造业立市，推进产业基础高级化、产业链现代化，着力构建‘1+3+4’现代工业产业体系，建设制造强市。”产业链现代化建设，不能缺少职业教育专业链的有效支撑与对接。面向天津智能制造、生物医药、新能源、新材料、高端装备、新一代信息技术、现代农业、节能环保，以及研发设计、数字创意、现代交通运输、高效物流、融资租赁、电子商务、服务外包等产业发展新要求，职业教育应迅速启动产业链对接专业链深度对接调研，研究并明确两条链路之间的对接点位，以对接点位为切入口，优化专业配置，建立对接规则，实现资源共享。通过产业链与专业链的深度对接，促进产教双方实现良性互动，从而为形成产教融合发展新生态奠定坚实基础。

三是建立健全天津职业教育产教融合工作评价考核机制。产教融合生态系统的形成需要配套健全相关绩效评价和监督考核机制,结合发展各项任务要求,充分运用"政、行、企、校、研"五方携手机制,发挥政府主导,发改、人社、财政、教育等多部门联动,邀请多家行业主管部门,针对企业、院校特点分别制定推动产教融合工作评价绩效指标,厘清在推动产教融合工作中,学校和企业各自的工作边界,以及在推动融合和合作过程中,各方应拥有的权利、责任和相关义务,结合指标定期开展绩效测评工作。绩效测评结果可以纳入对企业的综合评价中,同时也可作为企业相关税费减免的重要依据;对于院校方面,该测评结果可以综合运用到办学水平评估等工作中,作为监测院校办学质量的重要指标。通过上述考核监测等手段的综合应用,不断增强企业与院校的深度融合,在新发展阶段营造促进校企共赢的深度融合发展新生态。

天津市生态环境发展研究报告

牛桂敏　天津社会科学院生态文明研究所研究员

席艳玲　天津社会科学院生态文明研究所副研究员

唐丽丽　天津市生态环境科学研究院工程师

摘　要： 2022年，天津以改善生态环境质量为核心，统筹推进绿色发展、深化污染治理、保障生态安全、强化能力建设，环境治理成效显著，环境质量从“量的积累”向“质的飞跃”稳步迈进。2023年面对多方压力和挑战，仍需聚焦难点、困点，重塑美丽天津建设体系，强化环境治理攻坚克难，做好场景打造示范引领，持续提升环境治理效能，加快建设人与自然和谐共生的美丽天津。

关键词： 美丽天津　生态环境　污染防治　生态安全

2022年6月5日，习近平总书记在致2022年六五环境日国家主场活动的贺信中指出，生态环境是人类生存和发展的根基，保持良好生态环境是各国人民的共同心愿。天津高度重视生态文明建设和生态环境保护工作，深入践行“绿水青山就是金山银山”理念，以“减污降碳协同增效”为总抓手，坚定不移走生态优先、绿色发展之路，聚焦人民群众身边的突出生态环境问题，深入打好蓝天、碧水、净土保卫战，生态环境质量持续改善，为推动经济社会高质量发展擦亮了绿色底色。

一　2022年天津生态环境质量状况分析

2022年，天津生态环境质量改善成效稳中有固、稳中加进，从“量的积累”

向“质的飞跃”迈进。

(一)大气环境质量改善成效显著

2022 年 1—9 月,全市优良天数比率达到 71.1%,同比增加 0.8 个百分点;SO_2、NO_2、PM10、CO 四项主要污染物分别为 9 微克/立方米、28 微克/立方米、61 微克/立方米、1.4 毫克/立方米,均低于国家相应年平均标准;PM2.5 累计浓度降至 34 微克/立方米,同比改善 8.1%,阶段性达到国家标准。从区域来看,各区环境空气质量持续巩固,PM2.5 平均浓度均实现了同比下降。同时,除静海、北辰、宝坻外,市内六区及西青、东丽、津南、武清、宁河、蓟州、滨海新区等 13 个区空气质量实现了达标。

(二)水环境质量保持稳中有升

2022 年 1—9 月,全市 36 个地表水国控断面中,Ⅰ-Ⅲ类优良水体断面 17 个,占比 58.3%,同比提高 19.4 个百分点;无劣Ⅴ类水体同比下降 2.8 个百分点,高锰酸盐指数、化学需氧量、氨氮、总磷浓度分别同比下降 19.0%、14.5%、9.7%、4.3%。12 条入海河流水质稳定消劣,近岸海域环境质量基本保持稳定。

(三)生态环境风险得到有效管控

一是农耕地、建设用地继续保持安全利用。农用地和重点行业企业用地土壤污染状况详查结果显示,全市农用地土壤环境质量总体良好。2021 年,国家土壤环境监测网例行监测结果表明,天津农用地土壤环境质量总体良好。二是辐射环境质量总体良好。通过对环境气溶胶、沉降物、地表水、地下水、土壤、海水、海洋生物等介质中放射性核素采样分析以及陆地辐射剂量率、电磁环境综合电场强度等项目的监测,结果表明“十三五”期间天津市辐射环境质量总体保持稳定,无明显变化。2021 年,全市环境电离辐射水平处于本底涨落范围内。

（四）自然生态状况实现总体改善

天津兼有森林、湿地、海洋三大生态系统，山水林田湖草海生态要素齐聚。天津秉承“山水林田湖草是生命共同体”的生态保护与修复理念，划定生态保护红线1393.79平方公里，升级保护875平方公里湿地自然保护区，退耕还湿、退渔还湿；规划建设736平方公里双城间屏障区，蓝绿空间达到65%；严格保护153公里海岸线，修复滨海湿地500多公顷，全市生态状况指数从2014年的一般提升到目前的良好，生物多样性逐步恢复，候鸟种类和数量明显增加，观测记录鸟类452种，较2014年增加了36种，曾经消失10余年的震旦鸦雀、中华攀雀、文须雀等近危鸟类重现津门。

二　2022年天津生态环境保护与建设成效

2022年1月，天津市人民政府办公厅印发《天津市生态环境保护“十四五”规划》，明确了未来五年天津生态环境保护与建设的总体目标、重点任务，为“十四五”生态环境保护工作提供了行动指南。一年来，天津坚定不移实施“十四五”生态环境保护规划，统筹推进绿色发展、深化污染治理、保障生态安全、强化能力建设等工作，取得显著成效。

（一）绿色发展基础不断夯实

2022年，天津持续把结构调整作为重中之重、关键环节，编制减污降碳协同增效实施方案、碳普惠方案，一体推进减污降碳。在产业结构上，严控新增钢铁、水泥产能，坚决遏制高耗能、高排放项目盲目发展，以静海大邱庄镇等规模较大集群为治点，制定产业集群规模化绿色化发展方案，推动产业集群综合治理。在能源结构上，持续推进49台燃煤锅炉改燃并网整合，巩固居民清洁取暖改造成果，支持钢铁企业氢能源开发和利用，荣程钢铁集团建成全市首个氢能运输示范应用场景，累计引进40辆氢能源车辆，减少二氧化碳排放493.39吨。在运输结构上，推进公共领域机动车新能源化，按时序停用稀薄燃烧技术老旧燃气公交车,加力推进智慧绿色港口建设,持续推进“公转铁”,建设天津港远航南货场等 3 条铁路专用线,天津港清洁运输比例持续保持 64.4%。在用地结构上,坚持重点产业向重点园区聚集、重点园区向特色产业聚集,持续推进长期治理园区撤销取缔,启动产业主题园区建设,融合发展提升工业园区质量。

(二)环境污染治理不断深化

2022 年 4 月,天津印发《天津市深入打好污染防治攻坚战行动方案》,蓝天、碧水、净土 3 个保卫战行动计划,以及重点打好重污染天气、臭氧、柴油货车、黑臭水体、入海河流、渤海、农业农村以及群众身边的突出环境问题等 8 个标志性战役作战计划,着力推动污染攻坚向纵深发展。一是深入打好蓝天保卫战,开展秋冬季大气污染综合治理和夏季臭氧污染专项治理行动,强化细颗粒物(PM2.5)和臭氧(O_3)协同治理,保留的 4 家钢铁企业全部完成超低排放改造,强化挥发性有机物(VOCs)全流程、全环节综合治理,淘汰老旧车 2.3 万辆,新增新能源汽车 5.4 万辆,试行《天津市恶臭污染分级技术指南》,集中力量解决群众身边的突出环境问题。二是深入打好碧水保卫战,强化陆海统筹、河海共治,加强于桥水库等水源地保护与治理,地级及以上集中式饮用水水源地水质达标率 100%;推进张贵庄、津沽三期等污水处理厂建设,实施金钟河、永定河等一批水生态修复工程,累计生态补水 14.01 亿立方米,保障重点河湖生态水位;“一口一策”规范整治 68 个入海排口,全市 30 家工厂化海水养殖企业全部完成尾水处理设施升级改造,实现达标排放。三是深入打好净土保卫战,严守“不新增污染土壤”“受污染土壤不安全不利用”两条底线,更新发布土壤污染重点监管单位名录,建立“企业自查、各区检查、市级抽查”的隐患排查机制,推进典型污染地块治理修复;调查评估典型工业集聚区、垃圾填埋场周边地下水环境状况调查评估,推进农村环境整治和黑臭水体治理工程,全面加强农业面源污染治理。

（三）生态安全保障持续增强

生态安全是指一个国家具有支撑国家生存发展的较为完整、不受威胁的生态系统，以及应对内外重大生态问题的能力。近年来，习近平总书记在多个场合强调“生态安全”的重要性，2022 年，更是将生态安全提高到了一个新高度。天津始终坚持从生态系统整体性出发，大力实施“871”重大生态修复工程，推进矿山修复，做好生态创建，连续三年成功创建国家生态文明建设示范区、“绿水青山就是金山银山”实践创新基地，生态质量指数逐年提高。强化生态保护监管，实施“三线一单”生态环境分区管控，科学优化生产空间、生活空间、生态空间，持续开展“绿盾”自然保护地强化监督专项行动。强化环境风险隐患排查，以危废、核与辐射、医疗废物、医疗废水等领域为重点，全面开展安全生产隐患排查，摸清底数、查清问题、督促整改、严格监管，健全环境应急体系，完善应急预案，开展防汛桌面推演，有效防范和化解环境风险。特别是针对新冠肺炎疫情，做到了医疗废物应收尽收、应处尽处，医疗废水全消杀、全处理，坚决筑牢防疫安全底线。

（四）环境治理现代化加速推进

推进生态环境领域治理体系和治理能力现代化，重在坚持和完善生态文明制度体系。2022 年，天津坚持改革引领、创新驱动，多措并举深化制度体系建设，坚实有力推动政策制度落实，为深入打好污染防治攻坚战提供了制度支撑。围绕减污降碳协同增效，强化法治、市场、监管、科技四个手段，出台《天津市碳达峰碳中和促进条例》《天津市碳达峰实施方案》以及《2022 年度天津市碳达峰碳中和工作要点》，明确 125 项重点任务时间表、路线图；创新碳资产抵押金融产品，完善碳市场交易机制，不断扩大碳排放权交易试点企业范围；以煤电、钢铁等行业为重点，以工业园区为单元，创新开展碳排放、污染排放强度评价，强化总量、强度双控，校准绿色发展标尺；打通移动执法、排污许可、工况用电、污染源在线监测等九个业务系统，着力提高环境监管效能。

三　2023 年天津生态环境保护与建设面临的形势分析

党的二十大报告提出:以中国式现代化全面推进中华民族伟大复兴。并明确:“人与自然和谐共生的现代化”是中国式现代化的核心内涵之一;“促进人与自然和谐共生”是中国式现代化的本质要求之一。这就对新时期生态环境保护与建设工作提出了更高的要求。

“十四五”是我国经济增长速度换挡期、结构调整阵痛期、前期刺激政策消化期“三期叠加”的关键时期,也是实现碳达峰目标的关键时间窗口。我国生态文明建设进入了以降碳为重点战略方向、推动减污降碳协同增效、促进经济社会发展全面绿色转型、实现生态环境质量改善由量变到质变的关键时期。做好“双碳”工作对大力实施节能减排、全面推进清洁生产、加快发展循环经济、加快形成绿色生产生活方式、不断促进生态文明建设提出了更高的要求。

近年来,天津生态环境质量虽然取得了明显改善,但是生态环境保护面临的形势依然严峻复杂,特别是生态环境结构性、根源性、趋势性压力还未根本缓解,资源能耗消耗还将刚性增长,实现生态环境根本好转和碳达峰碳中和的目标,挑战巨大、任务繁重。

(一)绿色低碳发展转型任重道远

与京沪等地相比,天津工业结构依然偏重,《2021 年天津统计年鉴》显示,天津三次产业增加值占 GDP 比重为1.4:37.3:61.3,第二产业比重分别是北京、上海的 2.07 倍、1.41 倍;能源消费强度依然偏高,“十三五”末,能源消费量占全市能源消费总量比重达 67%,其中煤炭、石油、天然气占比分别达 99%、59%、73%,电力、钢铁、石化、化工等行业能耗占比接近 80%。此外,简约适度、绿色低碳的生活方式仍未广泛形成,餐厨垃圾占生活垃圾比重超过 50%,推动绿色低碳发展转型仍面临较大挑战。

（二）环境污染治理难度不断增加

生态环境质量改善依然处于量变阶段，大气环境质量仍未摆脱“气象影响型”，水环境质量仍属于“资源约束型”，近岸海域环境质量仍然呈现“季节波动性”，环境质量改善成效还不稳固，特别是夏季区域性臭氧污染问题逐渐凸显，汛期河道水质明显下降，水和大气主要污染物单位面积排放强度依然较高。同时，环境质量改善边际效应逐渐递减，多领域、多类型、多层面的污染问题累积叠加，环境治理的艰巨性、复杂性愈发凸显，生态环境质量改善的难度越来越大。

（三）生态环境风险隐患不容忽视

近年来，全国环境安全事故、环境污染和生态破坏事件频发，给环保安全工作敲响了警钟。天津石化企业较多，且其他涉危险废物企业分布广、数量大、种类多、产生量高，日常管理挑战大，防范化解环境风险任务艰巨。同时，自然生态空间占比较低，生态系统总体比较脆弱，特别是森林覆盖率远低于23%的全国平均值，天然芦苇湿地、自然岸线保护压力较大，水生态流量匮乏、地面沉降等问题依然比较突出。

（四）生态环境治理能力有待提升

生态环境保护的政策激励和约束作用发挥得还不够充分，有利于调整产业结构、能源结构的宏观政策不足，用能权、碳排放权交易衔接不够，财税、价格、金融等惠企政策力度还需加大。科技支撑作用还不足，减污降碳科技创新平台还不健全，特别是数字赋能生产绿色转型、园区循环改造的应用场景还不够多，缺乏试点示范效应；无人机、卫星遥感、热点网格等现代化执法手段还需加强，溯源排查能力有待提高。

四　2023 年天津生态环境保护与建设的重点任务

面对更高的要求、更大的压力和挑战,聚焦突出难点困点,2023 年天津仍须持续用力、久久为功,重点做好以下工作:

(一)加快推进经济社会发展全面绿色转型

生态环境问题归根结底是发展方式和生活方式问题,促进经济社会发展全面绿色转型是解决生态环境问题的基础之策。一要协同推进“双碳”工作,加快推进碳达峰碳中和试点示范建设,稳步推动煤电、钢铁、石化、建材等行业有序达峰;深化碳市场建设,推动重点排放企业开展碳排放权交易。二要全力推动结构调整优化,强化“三线一单”成果应用,坚决遏制“两高”项目盲目发展;稳妥控制煤炭消费总量,禁止新建燃煤工业锅炉及工业炉窑,提高外受电能力;持续推进“公转铁”,推进绿色港口建设,推动港作机械清洁化、大宗货物清洁运输。三要统筹推进资源能源节约循环利用,加快构建新型资源循环利用体系,攻克资源循环利用重点、难点,守牢产业园区“主阵地”,畅通城市循环“微通道”,深挖生活垃圾“新宝藏”,开发大宗固废“大矿山”,下好循环产业“先手棋”,开展传统产业集群及园区循环化改造、企业清洁化改造,稳步推进“无废城市”建设,持续提升资源能源利用效率,以更少的资源能源消耗和碳排放污染物排放,实现更多的经济社会效益,助力“双碳”目标实现和生态环境质量改善,促进人与自然和谐共生。

(二)深入打好污染防治攻坚战

集中攻克老百姓身边的突出生态环境问题,让老百姓实实在在感受到生态环境质量改善。一要坚持工业、燃煤、机动车、面源“四控”治气,持续深化重点行业超低排放改造和深度治理,优化挥发性有机物(VOCs)原辅材料和产品结构,持续巩固散煤清洁取暖改造成果,深化油气治理和油品管控,加快淘汰高排放车辆;持续开展扬尘、堆场专项治理,“一园一策”“一企一策”治理恶臭异味，妥善应对重污染天气。二要坚持控源、治污、扩容、严管“四措”治水，推进饮用水水源地规范化建设，实施雨污管网混接串接点改造，新建、扩建一批污水处理厂，加快补齐污水处理设施短板；严格管控养殖、船舶、港口等涉海污染源排放，“一河一策”治理入海河流总氮污染；实施一批水生态修复工程，加强河湖生态补水；开展二级河道入河排污口排查溯源，有效削减入河污染。三要坚持农用地、建设用地风险“两控”治土，强化耕地和农产品协同监测，动态更新公布土壤污染重点监管单位名录，探索“土壤修复＋开发建设”模式；划定地下水污染防治重点区，实施分区管理、分类防控；推动农村环境综合整治和农村黑臭水体治理，稳步提升农村生活污水处理设施治理效率。

（三）全面加强生态风险防范

生态环境安全是国家安全的重要组成部分，是经济社会持续健康发展的重要保障。一要坚持留白、留绿、留璞，统筹生态保护、修复、建设，推动湿地保护修复、矿山生态修复，强化生物多样性保护，开展重要海岸带区域生物多样性调查观测，提升生态系统质量和稳定性。二要加快推进国家生态文明建设示范区、“绿水青山就是金山银山”实践创新基地建设，树立生态文明建设先进典型。三要强化生态保护监管，开展生态保护红线人类活动遥感监测与年度评估，加强生态红线监管，持续开展“绿盾”行动，牢牢守住生态红线。四要坚持统筹预防，必须“图之于未萌，虑之于未有”，聚焦固废、重金属、危废医废、核与辐射、新污染物等重点领域，建立环境风险源清单，健全环境应急体系，提高环境安全本质度。

（四）持续推进生态环境治理体系建设

习近平总书记强调，保护生态环境必须依靠制度、依靠法治，要加快制度创新、增加制度供给，完善制度配套，强化制度执行，让制度成为刚性约束和不可触碰的高压线。一要完善法规标准，加大帮扶指导、服务惠企等正向激励力度，更加注重差异化执法、非现场执法、全过程监管，严厉打击环境违法行为。二要健全市场机制，切实落实重大投资项目环评服务保障，强化碳排放、污染排放强度和总量双控，推进碳排放权、排污权市场化交易。三要加强技术创新,开展海洋污染防治、海洋生态修复、新污染物治理等方向科学研究,研发推广减污降碳、污染治理新技术新模式,加快建设智慧监管平台,实施科学精准溯源治污。四要引导公众参与,完善环保设施向公众开放工作机制,建立生态文明教育工作机制,组织开展科技周、科普日等各类主题宣传活动。

五 2023 年生态环境保护与建设的对策建议

党的二十大报告中强调"必须牢固树立和践行绿水青山就是金山银山的理念,站在人与自然和谐共生的高度谋划发展"。这就要求在新的历史阶段,天津须持之以恒大力推进生态文明建设,统筹结构调整、污染治理、生态保护、应对气候变化,协同推进降碳、减污、扩绿、增长,推进生态优先、节约集约、绿色低碳发展,努力建设人与自然和谐共生的现代化美丽天津。

(一)重塑美丽天津建设体系

近年来,党中央大力推进美丽中国建设,以美丽省份、美丽城市、美丽城镇、美丽乡村、美丽海湾、美丽河湖等为依托,积极打造各类美丽中国建设样板,初步形成了美丽中国建设示范的行动体系。党的二十大报告再次明确,要推进美丽中国建设,天津更需充分发挥示范作用,加快推进美丽天津建设。建议聚焦美丽天津建设的整体性特点,编制美丽天津建设纲要,强化系统设计,统筹推进美丽天津建设各领域相关工作;要重塑美丽天津建设机制,从组织领导、推动落实、监测评估、激励约束和宣传引导等方面,系统构建美丽天津建设示范一体化推进机制,更好地发挥整体效能。

(二)强化环境治理攻坚克难

打好污染防治攻坚战从"坚决打好"转向"深入打好",意味着触及的矛盾问题层次更深、领域更广、要求也更高。要聚焦主要矛盾、突出问题,细化量化,稳步攻坚。要抓住能源结构偏煤这个主要矛盾,统筹燃煤效率高低、清洁能源供给,分步有序压减煤炭消费总量;抓住产业结构偏重这个关键制约,增量上坚决遏制“两高”项目盲目发展，存量上坚持“亩产论英雄”的绿色导向，统筹产值税收、能耗水耗、二氧化碳和污染物排放，强化单位经济产值排放强度约束。要抓住治理设施效能这个重点环节，以氮氧化物、挥发性有机物（VOCs）协同治理为突破口，服务指导重点行业改造升级治理设施，加强城乡统筹、厂网并重，推动污水、垃圾处理设施高效运行；抓住群众身边的油烟、噪声、异味等突出问题，从健全法规标准、创新治理技术、严格执法监管、调整优化布局等方面入手，解决好群众的堵点、痛点。

（三）做好场景打造示范引领

实现人与自然和谐共生的现代化，是一个需要付出长期艰苦努力的过程，需分步分批、稳步推进。坚持试点先行、以点带面、示范引领、整体推进，重点推进双城生态屏障区、中新生态城碳中和示范区建设，打造资源循环利用、能量梯次利用的绿色化循环化示范工业园区，培育创建一批氢能冶金、新能源开发、碳捕集及综合利用等试点企业，建设一批节约型低碳型绿色机关、绿色社区，打造一批美丽河湖、美丽海湾样板，指导服务更多区街镇创建“绿水青山就是金山银山”实践创新基地、生态文明建设示范区。

（四）着力环境治理效能提升

提高环境治理效能，是推进环境治理体系和治理能力现代化的重要内容，要善将制度优势转化为治理能力。健全生态产品价值实现机制，深化生态保护补偿制度改革，运用财税政策激励各区各街镇共抓高水平保护、高质量发展。推进排污权、用能权、用水权、碳排放权市场化交易，运用价格手段倒逼企业工艺革新、产品升级、排放降低。聚焦节能减排降耗、生态修复、污染来源解析等领域，开展生态环境领域科学技术基础性、跟踪性、战略性、创新性研究。聚焦数字化绿色化融合，组织研发推广减污降碳的新技术、新模式、新机制，支撑经济社会发展全面绿色转型。

天津市慈善事业发展研究报告

高　原　天津社会科学院政府治理和公共政策评估研究所副研究员

摘　要： 从2022年的发展现状来看，天津慈善组织总量延续保持低速增长，法治建设继续为慈善事业保驾护航，党政引领志愿服务融入天津发展，各类慈善组织积极参与乡村振兴，助推共同富裕，慈善氛围逐渐浓厚，先进典型层出不穷。此外，天津慈善事业还呈现出坚持走社会主义慈善事业发展道路、依法治理、大局意识、守正创新等特点。据此，本报告提出，为巩固天津慈善事业高质量发展成果，一方面，慈善事业必须继续坚持中国特色，以人民为中心的基本原则；另一方面，还要加快完善慈善事业发展路径，通过延伸慈善服务触角，提升慈善运作效率，打造更多精品慈善公益品牌。

关键词： 天津　慈善事业　发展

一　2022年天津市慈善事业发展基本情况

（一）慈善组织总量保持低速增长

民政部统计数据显示，截至2022年第一季度，全国社会组织总量为90万个，较2021年同期增长0.047%，增速明显低于2021年同期（3.30%）。其中，社会团体37万个，社会服务机构（民办非企业单位）52.1万个，基金会8959个，分别较2021年同期增长-1.60%、1.65%和4.91%，增速同样明显低于

2021 年同期(分别为 1.08%、4.89%、9.21%)[①]。另据民政部公布的信息,截至 2022 年 9 月,我国认定登记的慈善组织已经超过 1 万个。

截至 2022 年 10 月,天津市社会组织总量 6422 个,较 2021 年同期增长 5.83%,增速低于 2021 年同期(6.72%)。其中社会团体 2555 个,民办非企业单位3758个,基金会 109 家,分别较 2021 年同期增长 7.40%、4.86%、3.81%,除社会团体外,其余增速均低于 2021 年同期(分别为 4.30%、8.44%、5%)[②]。另据天津市民政局发布的数据,全市认定登记基金会、慈善协会等慈善组织 163 家。

(二)法治建设为基,为初心保驾护航

2016 年《中华人民共和国慈善法》的颁布实施,开启了中国公益慈善的新时代,为中国慈善事业的健康、有序、规范化发展提供了有力保障。为贯彻中央和市委相关要求,进一步促进社会组织在经济社会发展中更好地发挥作用,天津市出台了一系列与社会组织相关的政策,具体包括《天津市人民政府办公厅转发市民政局关于促进我市慈善事业健康发展实施意见的通知》《天津市民政局关于慈善力量参与社会救助的实施办法》《天津市慈善信托管理办法》《天津市民政局关于全面推进我市基金会诚信建设的指导意见》《天津市民政局关于全面推进社区基金会建设的指导意见》《关于进一步强化慈善募捐行为规范与监管工作的通知》等一系列制度规定,并在全国率先由省级人大立法出台《天津市志愿服务条例》,与国务院《志愿服务条例》同步实施,为慈善初心和公益使命保驾护航。上述一系列政策制度的出台,为天津市慈善事业的发展营造了良好的制度环境,强化了制度支撑,进一步激发了慈善组织的活力和创新力,引导慈善组织的健康发展,促进慈善组织在第三次分配中更好地发挥作用。

① 民政部:《2022 年 1 季度民政统计数据》,https://www.mca.gov.cn/article/sj/tjjb/2022/202201qgsj.html,最后检索时间:2022 年 10 月 19 日。

② 民政部:《2022 年 1 季度民政统计分省数据》,https://www.mca.gov.cn/article/sj/tjjb/sjsj/2020/20200717001.html,最后检索时间:2022 年 10 月 19 日。

2022 年 7 月,民政部等部门印发《新冠肺炎疫情社区防控志愿服务工作指引》,对社区疫情防控志愿服务工作做出了系统性的指导。为进一步贯彻落实市、区关于新冠肺炎疫情防控工作的决策部署,广泛动员志愿服务组织和志愿者科学有序参与社区(村)疫情防控,津南区文明办出台《津南区新冠肺炎疫情社区(村)防控志愿服务工作指南》,对疫情防控志愿服务的重点环节以及具体内容进行了规范,指导志愿团体和个人科学有效开展服务,为志愿组织在疫情中的健康平稳发展提供支持。

(三)党政引领大局,志愿服务融入天津发展

志愿者队伍是志愿服务事业的基本保障,截至 2022 年 10 月,天津在"天津志愿服务网"实名认证注册志愿者达 288.56 万人,比上一年度增加 16.49 万人,增长 6.06%,占常住人口的 21.02%,注册志愿服务团队 18,610 支,比上一年度增加 1721 支,增长 10.19%。截至 2022 年 10 月,全市 82.34% 的社区综合服务平台建成社志愿服务站点(3992 个),全市志愿服务体系得到进一步完善。

天津是"全国社区志愿者组织发祥地",习近平总书记来津考察时对志愿服务工作的重要指示精神时刻激励鼓舞着天津人民,把实现高效能基层治理作为推进社会主义现代化大都市高质量发展的题中要义,在党建引领基层治理创新中积蓄高效能治理之力。中国特色社会主义新时代,群众对志愿服务的需求发生了翻天覆地的变化,志愿服务提供的项目也随之改变,但一切从实际出发、为人民服务的志愿精神不会变。从之前的"老三送"到"新三送"再到"新新三送",天津社区志愿服务水平不断提高。

天津市和平区新兴街朝阳里社区开展志愿服务已有 30 多年,是全国第一个开展志愿服务活动的社区志愿组织。经过这些年的培育和发展,朝阳里志愿服务团队已经从原来的 13 名志愿者发展成为拥有 12 万注册志愿者、700 多支志愿团队的社区志愿服务组织。优良传统不断发扬光大,激励志愿服务在社会治理中发挥更多积极作用。

(四)参与乡村振兴,助推共同富裕

为了全面实施乡村振兴战略,促进农业全面升级、农村全面进步、农民全面发展,加快农业农村现代化,全面建设社会主义现代化国家,2021 年 4 月,《中华人民共和国乡村振兴促进法》正式出台,2021 年 11 月,《天津市乡村振兴促进条例》开始实施,乡村振兴工作开始驶入法治化轨道。

2022 年 6 月,天津市乡村振兴基金正式启动,基金规模为 25 亿元。乡村振兴基金的设立,为天津农业农村领域构建了财政优先保障、金融重点倾斜、社会积极参与的多元投入格局,为天津乡村振兴战略的实施发挥了重要的支撑作用。天津市乡村振兴基金重点支持农业科技创新、前沿科技应用与产业化提升项目,以及面向农业、农村、农民的新品种、新流通、新金融、新科技或新服务类项目。投资方向包括现代种业、现代农业基础设施和生产设施、农村电子商务、农产品交易和仓储物流设施建设、智能农业发展、一二三产业融合平台建设、数字乡村、美丽乡村建设、农文旅融合等。

2022 年,天津市坚持智力支援、聚力发展,通过输送高素质干部、产业合作、消费帮扶等有效措施推动西部及民族地区经济社会发展,全面推进乡村振兴工作由顶层设计转向实施阶段。人才是第一资源,天津计划全年选派 243 名干部人才赴对口支援地区工作,帮助培训干部不少于 11,400 名,并引进专业技术人才到受援地区参与乡村振兴,着力打造“带不走”的高素质干部人才队伍。同时,聚焦教育事业发展,做好“全链条”式教育帮扶、“组团式”支教、“讲师团”送教和大学生支教,优化教育资源,预计选派各类高素质人才 1761 名。产业合作方面,天津找准剩余劳动力就业需求,着力发展当地林果、民族手工、畜牧养殖和农产品加工等特色产业促就业,并建设一批特色产业园区,强化以援助项目带动就业发展。此外,天津市以消费帮扶为抓手,畅通国内大循环,为脱贫地区农产品销售开辟新通道,帮助脱贫地区销售农产品,为农民群众脱贫致富提供新助力。通过持续开展“津城献爱心·消费助振兴”等特色活动,强化统筹协调,加强供需对接,逐步扩大受援帮扶地区特色产品的影响力。

(五)慈善氛围日益浓厚,先进典型层出不穷

慈善事业的发展需要培育慈善的土壤,营造人人做公益的社会氛围,天津的开放包容孕育了海河儿女的热情质朴、乐善好施,随着慈善理念深入人心,慈善生态环境步入内生良性发展,涌现出一批优秀慈善组织和慈善项目。

1. 天津市慈善协会

在首届"天津慈善奖"中,市慈善协会荣获"优秀慈善组织奖",其中天津市慈善协会抗击新冠肺炎疫情项目"抗击疫情 · 众志成城"和"津陇慈善情 · 助力乡村振兴"项目分别荣获"优秀慈善项目奖"。天津市慈善协会始终坚持高举习近平新时代中国特色社会主义思想伟大旗帜,坚持以人民为中心的发展思想,着力构建大慈善格局,树立大慈善理念,不断开创天津慈善事业发展新局面。坚持以群众的实际需求为导向,广泛动员社会各界参与慈善事业,积极推动慈善组织有序发展,在打赢脱贫攻坚战、全面建成小康社会、助力乡村振兴和新冠肺炎疫情防控、支持民生公益事业等方面发挥了积极作用。创立了"慈善情 · 暖万家""爱心成就梦想""守护希望""生命之光""慈善光明行"等十大品牌、四十多个慈善项目,同社会各界和爱心人士一起把党和政府的温暖送到千家万户。

"抗击疫情 · 众志成城"项目。新冠肺炎疫情发生后,市慈善协会全体动员、全力以赴参与新冠肺炎疫情防控的人民战、总体战、阻击战。2020—2021年,市慈善协会接收全市社会各界捐赠的抗疫款物 5552. 88 万元,其中资金 3612. 76 万元,物资价值 1940. 12 万元(包括评估后价值 380 万元)。向湖北省、天津市、甘肃省、河北省以及海外侨团侨社拨付社会捐赠资金 3608. 17 万元。对于募集的全部资金和物资,协会做到两个 100%:募集的资金和物资 100%在网上进行公示;资金的使用和分配,以及用于抗击疫情一线的情况 100%进行公告。市慈善协会积极发挥在疫情防控工作中的枢纽型社会组织作用,得到天津市委、市政府领导的充分肯定,受到了受援地区党委、政府和当地人民群众的高度评价。2022 年 1 月 8 日以来,奥密克戎病毒引发的本土疫情袭击津门。协会坚决贯彻落实习近平总书记重要指示,按照市委、市政府要

求，把人民至上、生命至上落实于具体行动，第一时间发出支援疫情防控工作的倡议书，得到社会各界的积极响应，协会接收捐赠款物共计4700余万元，全部用于疫情防控工作。

“津陇慈善情·助力乡村振兴”项目。天津市慈善协会深入贯彻落实党中央、国务院和天津市委、市政府关于巩固拓展脱贫攻坚成果同乡村振兴有效衔接的部署要求，按照国家乡村振兴局、民政部关于社会组织助力乡村振兴专项行动方案有关精神，将乡村振兴工作作为慈善工作的重中之重，充分发挥慈善事业在第三次分配中的作用，坚持“工作力度不减、募集规模不减、帮扶任务不减”，为精准助力对口帮扶地区乡村振兴贡献慈善力量。协会与甘肃省慈善总会始终保持密切联系，交换意见，反复研究，精准选点，实施好“津陇慈善情·助力乡村振兴”系列项目。在2021年完成的112个项目基础上，确定2022年天津对口帮扶甘肃的乡村振兴示范村，再建设老年人活动站、电子阅览室、关爱儿童之家、光明小屋项目100个，实现天津对口帮扶甘肃省34个县全覆盖。截至2022年10月，平凉、甘南57个项目已开工建设，所需资金物资已拨付到位。

2.天津市妇女儿童发展基金会

天津市妇女儿童发展基金会的前身是儿童少年福利基金会，2004年，市妇联将有关困难妇女救助的职能部门与儿童少年福利基金会进行整合，并更名为天津市妇女儿童发展基金会。2021年，天津市妇女儿童发展基金会获“全国脱贫攻坚先进集体”荣誉称号，是全国基金会队伍中为数不多的五个获此殊荣的单位之一，为天津赢得了荣誉。近年来，天津市妇女儿童发展基金会坚持以“拾遗补缺救急难”为原则，以“精准扶贫促发展”为措施，响应号召扎实开展各项脱贫攻坚工作，累计为贫困地区和困难群众捐款捐物超亿元，帮扶困难群众超30余万人次。

2021年，为广泛发动社会力量，天津市妇女儿童发展基金会灵活运用“互联网+扶贫”，通过网络募集渠道累计吸引55万人次参与爱心捐赠，募集善款超千万元。为了让天津的爱心家庭走进甘肃和青海贫困家庭，天津市妇儿基金会创新慈善项目，设计出“津甘家家亲”“津青家家亲”等爱心旅游助学项目,将家庭工作与扶贫工作有机结合。为聚焦精准扶贫,天津市妇女儿童发展基金会开展了针对不同需求人群的慈善项目,包括面向新疆、甘肃、河北等地的妇女“两癌”筛查和救助,对千个帮扶村中罹患“两癌”的妇女全部进行救助;面向天津市单亲困难母亲群体的救助;面向新疆地区及在津就读新疆内高班学生的“恒爱行动”等,累计发放救助款超千万元,惠及万人。

除此之外,天津市妇女儿童发展基金会坚持“造血”与“输血”并重,扶贫与扶智扶志紧密结合,力图从根本上解决帮扶地区的贫困现状。2021 年先后为新疆和田地区于田县阿热勒乡阿热勒村修建羊圈 500 平方米,支持甘肃省妇联创建“巾帼扶贫车间”2 个,支援建设“巾帼家美积分超市”27 个,提升贫困妇女从业技能,改善就业条件。开展“春蕾计划”助学行动,资助新疆和田地区于田县、策勒县共计 175 名高中女学生,甘肃镇原县 75 名高中女学生,鼓励困难家庭女生通过教育改变人生。

二　天津市慈善事业发展基本特征

(一)坚持走社会主义慈善事业发展道路

总结天津慈善事业的发展历程,天津是在探索一条具有中国特色的社会主义现代慈善道路,这条道路具有鲜明的时代特征。天津突出将“政治引领”“两个作为”做好慈善事业的重要法宝,坚持党对慈善组织的全面领导,形成政府、企业和社会资源互补互动的良性模式,为培育发展高质量慈善组织蓄积“红色动能”。并且将党的建设全部纳入慈善组织章程,实现了党的组织和党的工作有形有效全覆盖。与此同时,强化党建工作与慈善组织业务工作同部署、同研究、同推进,推动建立党组织参与议事决策机制,完善党组织议事规则和程序,确保党的领导贯穿慈善组织自我管理和业务活动全过程,始终保证慈善组织发展有正确的政治方向。这些不仅是天津开放包容精神的集中体现,也是天津今后慈善事业发展需要继续坚持的重要原则。

（二）坚持依法治理，完善慈善法规体系建设

在推进慈善事业发展中，天津始终坚持法治思维，真正将法律法规作为规范慈善行为、推动慈善工作、评判是非标准的准绳。在打击整治非法慈善组织，净化慈善组织生态空间方面，天津市严格履行责任，对有慈善活动支出比例不合规、违规向企业提供借款的，予以行政处罚。此外，社会组织政策与法律法规是慈善法治非常重要的制度配套，在深入贯彻党和国家有关法律法规政策制度的同时，天津结合本地实际情况，逐步细化和落实《中华人民共和国民法典》《中华人民共和国慈善法》等已明确的各项慈善促进措施，除了出台一系列的办法和指导意见外，还广泛开展普法宣传和教育引导活动，进一步增强政府、慈善组织和社会公众知法、懂法、守法的意识，形成依法治善的良好局面。

（三）坚持大局意识，提高慈善资源配置能力

习近平同志指出，必须牢固树立高度自觉的大局意识，自觉从大局看问题，把工作放到大局中去思考、定位、摆布，做到正确认识大局、自觉服从大局、坚决维护大局。天津市采取多种形式，引导鼓励慈善组织结合自身特点，积极服务党和国家大局和中心工作，在脱贫攻坚、乡村振兴、疫情防控以及其他民生保障等方面精准对接、精准发力，发挥自身专长优势，有针对性地开展公益慈善项目，倾力把项目做专做精，用实干实效实绩践行慈善初心。各类慈善组织在工作中创新慈善项目和服务，顺势而为引导慈善力量向帮扶地区农业农村倾斜，向教育、科研、公共卫生、环境保护倾斜，并建立慈善资源供给和需求对接机制，自下而上逐步打造困难群众需求信息和慈善资源供给信息的对接平台，提高慈善资源配置效率。

（四）坚持守正创新，助力慈善组织高效运作

天津始终坚持将慈善事业的发展和马克思主义相结合，同中华优秀传统文化相结合，坚持守正创新，既不迷信他人的经验，也不局限固有的教条，用马

克思主义理论指导慈善事业发展。慈善事业既需要热情,也需要引导,成千上万的“活雷锋”需要严密组织起来,才能发挥更大的作用。天津将慈善事业融入党和国家工作大局和我市经济社会发展全局,坚持守正创新,统筹推进慈善事业发展,服务与监管并重,倡导透明、规范、专业、高效的慈善运作方式。创设“天津基金会沙龙”平台,面对面、手把手教方法、讲政策、说纪律,提升慈善组织规范化、专业化水平,同时制定出台《天津市基金会内部管理基本制度指引》《天津市慈善组织章程示范文本(基金会试行)》,强化慈善组织依法自治自律,得到民政部肯定并推荐各地借鉴学习。

三　天津市慈善事业发展对策建议

(一)创新慈善平台,延伸慈善服务触角

目前,基层慈善主体实现多元发展,社区服务需求成为慈善发展新动力,社区慈善将是慈善领域下一个增长热点。慈善事业可以进一步与社区街道、居委会等基层治理体系相结合,加强民生领域互动合作,提供经常性的社会服务,延伸慈善触角,在解决社会问题、激发社区活力方面创新慈善平台。截至2022年9月,天津市已建成街道(乡镇)社会工作服务站203个,覆盖率达80.55%,依托全市社区综合服务设施建立的社区志愿服务点已达3992个,覆盖率达82.34%,打通了社区慈善的“最后一公里”。下一步就是制定明确的规范措施,找好抓手,充分激发社区慈善热情,向群众提供家门即可慈善的便利。

(二)聚焦精准对象,提升慈善运作效率

做好慈善事业的关键在于如何精准施救,好钢用在刀刃上,只有把优势资源集中用在最需要、最紧急的地方,才能产生更好的效果。聚焦精准对象,提高慈善资源分配和使用效率是慈善事业发展的关键。首先,新时代、新技术,赋予慈善新动能。在互联网迅速发展的同时,互联网慈善也成为热门话题。

与传统慈善相比,互联网慈善在发掘慈善资源、对接慈善需求、扩大慈善项目覆盖面等方面有着明显的优势。慈善行业需要借用互联网技术统筹协调、整合慈善资源,聚焦精准对象。其次,加强慈善组织能力建设。慈善组织是募集、分配和使用慈善资源的主体,提高慈善资源效率的关键在于提升慈善组织的能力,为此,政府应加大孵化和培育力度,通过购买服务等方式支持慈善组织发展,同时发展枢纽型具有横向辐射能力的慈善组织,整合区域慈善资源。

(三)注重文化营造,打造慈善公益品牌

慈善事业的发展离不开慈善文化,慈善文化既是社会发展文明程度的重要标志,又是慈善事业的根基。为了进一步普及慈善文化和理念,弥补传统慈善文化的不足,构建和创新适应现代社会的慈善文化。天津不仅要利用原有优势,继续开展“天津公益行”“中华慈善日”“天津慈善奖”等慈善宣传活动,办好“大手拉小手共奔振兴路”“红十字博爱送万家”“单亲困难母亲救助”“陌上花开计划”“格桑花爱心行动”“奔跑西藏”等优秀慈善项目,还要通过科学创新公益慈善项目着力发展各类国企、民企等为募集对象,以项目吸引更多爱心企业、行业协会、公益慈善组织、爱心人士的参与,扩大慈善资金来源。通过线上线下相结合的方式,开辟慈善资源,将单一的慈善项目转变为慈善品牌,以品牌为抓手,引导感召更多社会力量积极投身社会慈善事业,筑牢慈善事业的社会基础。

参考文献:

[1] 杨团、朱健刚:《中国慈善发展报告(2022)》,社会科学文献出版社,2022。

[2] 上海市浦东新区民政局主编:《浦东慈善公益事业发展报告(2021)》,社会科学文献出版社,2021。

[3] 天津市民政局:《汗水浇灌收获 实干笃定前行——天津慈善事业“津”彩这十年》,2022 年 9 月 5 日,https://mz.tj.gov.cn/XWZX289/MZXW1235/202209/t20220905_

5980104. html。

［4］天津市慈善协会:《第七个“中华慈善日”市区慈善协会慈善项目情暖人心》,2022 年 9 月 9 日,http://www. tjcharity. org. cn/News/202209/2022090919015l6. htm。

［5］张琼文:《105 家基金会认领乡村振兴帮扶项目 92 个 帮扶资金 1100 万元 涵盖教育助学、医疗救助等多个领域》,《天津日报》2021 年 7 月 21 日。

天津市家庭医生签约服务发展研究报告

龚　超　天津市医学科学技术信息研究所天津市卫生健康发展研究中心助理研究员
杨思秋　天津市医学科学技术信息研究所天津市卫生健康发展研究中心研究实习员
刘春雨　天津市医学科学技术信息研究所天津市卫生健康发展研究中心助理研究员
张立红　天津市医学科学技术信息研究所天津市卫生健康发展研究中心高级统计师

摘　要： 国家以及地方政府多次下发文件,积极推进家庭医生签约制度,进一步彰显了家庭医生签约服务制度作为重要民生工程的意义和地位。本研究结合定性访谈和数理分析了解目前天津市家庭医生签约服务的现实情况,深度挖掘签约服务高质量发展背景下面临的障碍和挑战,就提升天津市家庭医生签约服务提出建议和策略,旨在为进一步做实做细签约履约服务,有效促进天津市家庭医生签约服务向纵深高质量发展提供参考。

关键词： 家庭医生　签约服务　高质量发展　签约服务立法

一　天津家庭医生签约服务发展现状

(一)管理层面

1. 签约服务资源均衡程度

截至2021年底,天津能够开展家庭医生签约服务的机构共有2532家(含社区卫生服务中心、社区卫生服务站、乡镇卫生院、村卫生室等),全市共建立家庭医生服务团队2475个,签约医师4702人,每万人拥有家庭医生数为3.4

人。2021 年底,天津家庭医生签约总数为 398 万人,签约服务覆盖率达到 32%,优先覆盖老年人、高血压、糖尿病、严重精神障碍、结核病患者、残疾人、孕产妇、儿童、计划生育特殊家庭等 10 类重点人群 250 余万人,重点人群签约服务率达到 60% 以上。

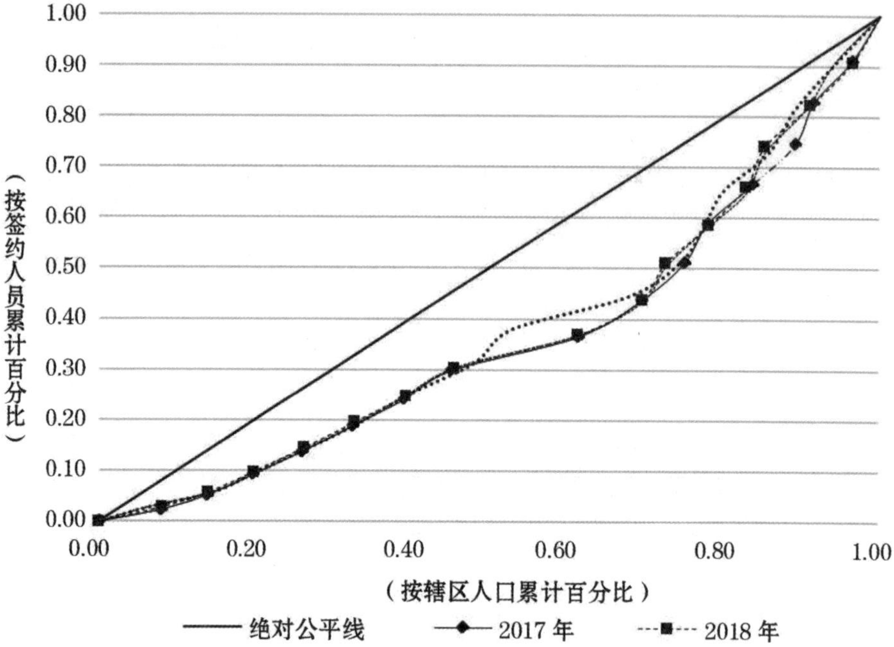

图 1　2017—2020 年天津市家庭医生签约服务人员按人口分布的洛伦兹曲线

本研究利用基尼系数、泰尔指数等方法,对近年来天津家庭医生签约服务涉及的机构和各项人力资源分布与配置的公平性、区域差异程度进行分析评价。从签约服务机构和参与签约服务的人员按人口分布的公平程度计算,签约服务机构分布(0.52)公平程度高于警戒线水平(0.40),签约服务人员的公平程度均在 0.20 左右,处于分布比较公平的程度。签约服务机构的数量和分布的公平性保障了签约服务基础,由图 2 可知,近年来,天津签约服务机构的分布处于公平性较差的程度,且此类情况逐年加深。

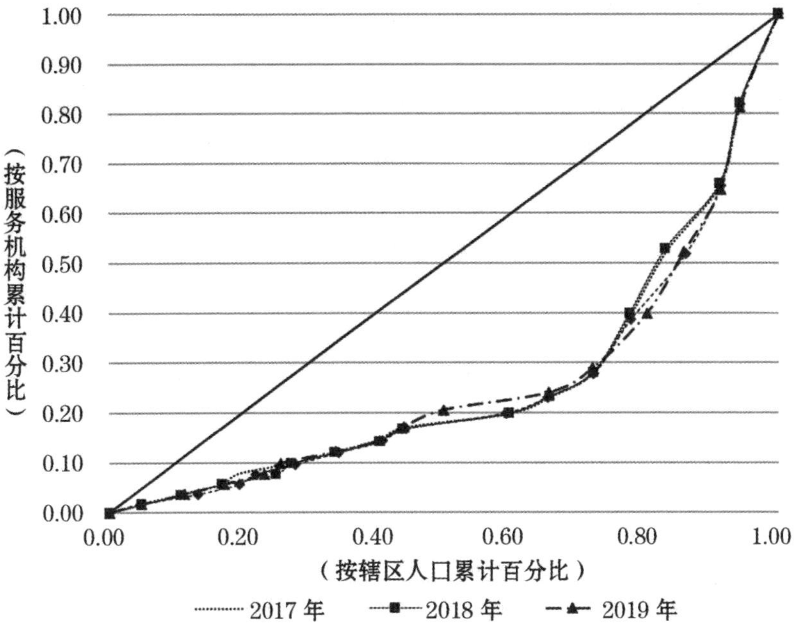

图 2　2017—2020 年天津市家庭医生签约服务机构按人口分布的洛伦兹曲线变化趋势

利用泰尔指数对签约服务机构公平性较差的情况进行分解，以探究引起公平性问题的原因。表 1 显示，2017—2020 年天津家庭医生签约服务机构的总泰尔指数不断增大，该结果与前述基尼系数呈现的结论一致，说明按人口分布的签约服务机构不公平程度逐渐加剧。不公平程度加剧的原因主要是各区域间机构布局存在差异，即远郊地区以及环城四区签约服务机构的布局不合理。

表 1　2017—2020 年家庭医生签约服务机构泰尔指数分解结果

Theil	Tpi 市内六区	TPi 滨海新区	TPi 环城四区	TPi 远郊五区	TWR	贡献度	TBR	贡献度
0.3633	0.0056	0.0000	0.0564	0.0129	0.0173	4.76%	0.3460	95.24%
0.3577	0.0081	0.0000	0.0655	0.0122	0.0182	5.08%	0.3395	94.92%
0.3396	0.0094	0.0000	0.0659	0.0222	0.0251	7.38%	0.3145	92.62%
0.4002	0.0113	0.0000	0.0066	0.0231	0.0180	4.51%	0.3822	95.49%

2. 签约服务便捷程度

由前述分析可知,天津提供签约服务的机构存在公平性差距问题,全市的机构布局情况将直接影响签约服务的覆盖以及居民签约服务的便捷性。本研究收集天津市行政区域图、签约服务机构点位信息、居民点信息(POI)以及路网数据,绘制我市15分钟以内签约服务圈覆盖范围。

通过分析可知,全市15分钟以内的签约服务机构覆盖率在75%左右,其中和平区可以达到100%覆盖,市内六区其余地区覆盖率均在80%以上。环城四区覆盖率较低,平均在65%左右,远郊地区覆盖率在56%左右。市内六区15分钟签约服务的覆盖程度较高,平均覆盖率超过88%,其余地区均存在不同程度的签约服务机构覆盖不足的问题。

3. 签约服务供需保障

通过对签约服务团队、签约医师和参与签约服务人员的分析可知,签约服务的人力资源公平性较好,但较高的公平性并不意味着签约服务供需关系得到保障。因此本研究引入"卫生资源集聚度"的概念评价签约服务的人力资源是否能满足服务人口的需求。从上述分析结果来看,天津家庭医生签约服务仍然面临着人员队伍不足的问题,以环城四区尤为明显。其中,市内六区部分地区和环城地区均在一定程度上存在签约服务人员总体数量不足的情况,环城四区、和平区、滨海新区则在签约服务团队数量上存在不足。随着乡村全科执业助理医师考试政策推进和乡村医生签约服务准入机制进程不断加快,可以预见未来远郊地区签约医生队伍将得到极大扩容和补充,而市内六区部分地区和环城四区签约医生队伍则仍存在缺口,签约医生队伍与辖区人口签约服务需求的矛盾将逐渐凸显。

表2　2020年天津家庭医生签约服务人力资源配置集聚度情况

地区	PADi	签约服务人员		签约服务团队		签约医师	
		HARDi	差值	HARDi	差值	HARDi	差值
和平区	29.3	34.5	5.2	16.4	-12.9	25.7	-3.6
河东区	18.5	16.7	-1.8	20.2	1.7	13.7	-4.7

续表

地区	PADi	签约服务人员		签约服务团队		签约医师	
		HARDi	差值	HARDi	差值	HARDi	差值
河西区	18.6	13.3	-5.3	20.0	1.5	19.0	0.5
南开区	19.1	15.7	-3.4	22.8	3.7	18.9	-0.2
河北区	20.2	21.6	1.5	23.1	2.9	20.5	0.3
红桥区	19.1	27.8	8.6	22.1	3.0	26.0	6.9
东丽区	1.6	0.7	-0.9	1.0	-0.5	0.9	-0.6
西青区	1.8	0.9	-0.9	1.0	-0.8	0.9	-0.9
津南区	1.9	1.5	-0.4	1.1	-0.9	1.0	-0.9
北辰区	1.6	1.8	0.2	1.7	0.1	1.8	0.2
武清区	0.6	0.6	0.0	0.6	0.0	0.4	-0.2
宝坻区	0.4	0.6	0.2	0.7	0.3	0.6	0.2
滨海新区	0.9	1.0	0.1	0.6	-0.3	1.2	0.3
宁河区	0.2	0.3	0.0	0.4	0.1	0.4	0.1
静海区	0.4	0.5	0.1	0.6	0.1	0.5	0.0
蓟州区	0.4	0.7	0.2	0.7	0.3	0.6	0.1

(二)机构和人员层面

1. 工作内容与工作强度

从基层医务人员诊疗负担来看,2021 年天津基层医师日均诊疗人次为 9.3 人次,且略高于二三级医院医师日均诊疗负担(8.0 人次)。对家庭医生签约服务的内容和工作量进行分析,以每个家医团队由 3 位成员组成,签约居民 2000 人为例。开展签约服务后,团队每年额外增加工时 962 小时,平均每人每年增加工时 320.67 小时。以每年 256 个工作日计算,每人每个工作日增加 1.25 小时工作时长。

在此基础上,若增加健康及亚健康人群健康管理、主动健康问询等签约服务,保守计算团队每年额外增加工时 1462 小时,平均每人每年增加工时 487.33 小时。以每年 256 个工作日计算,每人每个工作日增加约 1.9 小时工作时长。加之疫情防控工作,基层医务人员的工作量严重超过负荷。

表 3　工作人员新增签约服务工作内容及所需时间统计

工作内容	工作量（人次）	单位工作时间（小时）	总工作时间（小时）
签约居民	2000	0.17	340
团体健康教育筹备	12	16	192
团体健康教育	12	3	36
团体健康教育总结	12	4	48
微信、短信健康科普内容制作与推送、答疑	12	4	48
个体健康教育、中医治未病等各类指导	200	0.33	66
随时电话医疗咨询	200	0.08	16
随时微信医疗咨询	200	0.08	16
居家医疗服务	100	2	200
小计			962
健康及亚健康人群健康管理服务	600	0.5	300
电话或入户主动健康问询	2,000	0.1	200
合计			1462

2. 签约服务效果

为评价天津家庭医生签约服务取得的效果,本研究采用分层整群抽样,共抽取 2014—2021 年全市 8 个区共计 642 万余人的记录进行统计分析(见图 4)。自实施家庭医生签约服务后,主要慢性疾病在 2017 年前后出现患病率下降的“拐点”,并呈逐年递减趋势。考虑到政策执行和实施对患病趋势时间的滞后性,基本可以认定实施家庭医生签约服务对主要慢性病患病率起到了重要干预作用,通过签约服务有效地预防了人群罹患慢性病的可能性,家庭医生签约服务对促进慢性病防治工作起到了重要作用。

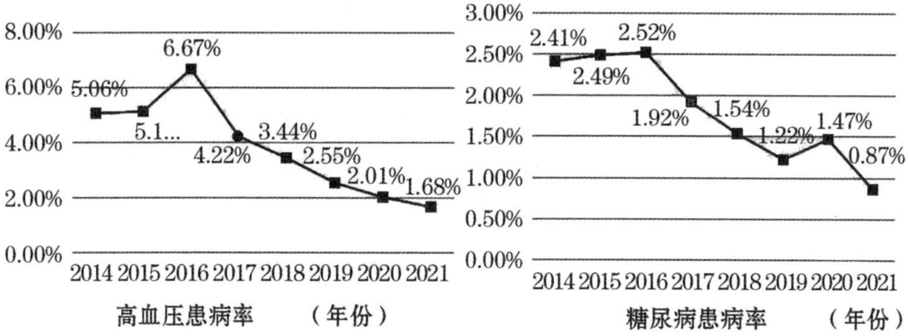

图 4　2014—2021 年天津主要慢性病患病趋势分析

3. 签约服务质量

本研究发现，以往对于签约服务质量的考量大多以考核式指标评价为准，且具有较高的重复度，不能真实反映服务质量。因此，本研究汇集了 300 余位家庭医生签约服务一线医务人员和 2700 余名社区居民意见（见表 4），建立了家庭医生签约服务质量指标评价体系，通过模型评价印证家庭医生签约亟待改善和提升的内容（见表 5）。

表 4　天津市家庭医生签约服务质量评价量表

一级指标	编码	二级指标
有形性	Q1	家庭医生的着装整洁、专业
	Q2	家庭医生诊疗环境舒适、整洁、方便
	Q3	家庭医生拥有匹配的医疗设备和检查仪器
	Q4	家庭医生的服务态度良好

续表

一级指标	编码	二级指标
可靠性	Q5	家庭医生会定期为您测量血压、血糖,开展健康宣传
	Q6	身体不适首先去家庭医生处看病
	Q7	家庭医生能正确记录您的信息,对您的隐私保密
	Q8	针对您个人的治疗计划,家庭医生会考虑您家庭成员的想法和意见
	Q9	家庭医生能够与您充分交流病情
	Q10	家庭医生知道您正在服用的所有药物
	Q11	家庭医生能够有效对老年人进行健康管理
	Q12	家庭医生能够跟踪治疗和用药的效果
	Q13	家庭医生能够合理制订慢性病计划
	Q14	家庭医生诊疗解释容易理解
	Q15	家庭医生操作技能水平熟练,让您感到放心
	Q16	患者能够主动联系签约医生就诊
响应性	Q17	家庭医生能快速处理您的健康咨询
	Q18	家庭医生处看病流程简单、快捷
	Q19	家庭医生重视并能快速处理您的意见、建议或投诉
有效性	Q20	家庭医生能够规范管理高血压患者
	Q21	家庭医生能够规范管理糖尿病患者
	Q22	家庭医生对重点人群进行有效签约
	Q23	家庭医生对非重点人群进行有效签约
	Q24	家庭医生诊疗准确、有效
连续性	Q25	家庭医生帮助您预约挂号,联系转诊
	Q26	家庭医生讨论并推荐可以给您进一步治疗的上级医院
	Q27	写下详细就诊治疗,以供对方医院参考
	Q28	家庭医生了解您去上级医院治疗检查后的情况和结果

续表

一级指标	编码	二级指标
移情性	Q29	开药时,他们会向您和您家人介绍可供选择的药品,最后征询您的意见和想法
	Q30	家庭医生会嘱咐您家人可能要注意的健康问题
	Q31	家庭医生提供心理健康指导

表 5　天津市家庭医生签约服务提升和改进要素分析

改进要素感知质量				全科诊疗水平及规范化	健康管理能力提升及规范化	团队规范化建设	优化诊疗流程	转诊能力与流程	家庭医生人文素养
一级指标	相对权重	二级指标	相对权重						
有形性	0.10	Q1	0.02		△	◎			
		Q2	0.02		○	◎			△
		Q3	0.03	○	◎	◎	△	△	
		……							
可靠性	0.47	Q5	0.08	△	◎	◎	◎	△	○
		Q6	0.01	◎	◎	○	○	○	○
		Q7	0.09	△	◎	△		△	○
		Q8	0.02	◎	◎	△	△	◎	◎
		Q9	0.03	△	○				◎
		……							
响应性	0.06	Q17	0.02	◎	◎		○	○	○
		Q18	0.02		△		◎	◎	◎
		Q19	0.02	◎	△	○			◎

续表

改进要素感知质量				全科诊疗水平及规范化	健康管理能力提升及规范化	团队规范化建设	优化诊疗流程	转诊能力与流程	家庭医生人文素养
一级指标	相对权重	二级指标	相对权重						
有效性	0.24	Q20	0.07	◎	◎	△	△	△	△
		Q21	0.04	◎	◎	△	△	△	△
		Q22	0.06	△	◎	○	○	○	
		Q23	0.02	△	◎	○	○	○	
		……							
连续性	0.06	Q25	0.01	○	△		◎	◎	△
		Q26	0.02	◎	△		○	◎	
		Q27	0.01	◎	○			○	△
		……	0.02	○	◎		△	○	△
移情性	0.07	Q29	0.02	◎	○				◎
		Q30	0.04	○	◎	○			△
		……							
绝对重要性				3.28	3.99	1.56	1.57	1.41	2.37
相对重要性（%）				23%	28%	11%	11%	10%	17%
重要性排序				2	1	5	4	6	3

注：◎为相关度非常高；○为相关度比较高；△为有一定相关度

由表4可知，居民对于签约服务感知明显，且关注度较高（权重较高）的项目主要集中在可靠性和有效性两个层面，如“家庭医生会定期为您测量血压、血糖”，“开展健康宣传”，“家庭医生能正确记录您的信息，对您的隐私保密”，

“家庭医生操作技能熟练，让您感到放心”和“家庭医生诊疗准确、有效”等方面。结合专家对改进服务质量措施的建议关联程度的评分，若要提升居民对于签约服务的可靠性和有效性，主要应从完善全科诊疗水平及规范化、健康管理能力提升及规范化和强化家庭医生人文素养等方面入手。

（三）居民层面

1. 居民签约服务投诉

对 221 条投诉记录逐一进行归纳总结、提炼问题，居民对于家庭医生签约服务的投诉主要体现在不知情下被签约、签约服务解释工作不到位、解决手续烦繁琐等共 29 项内容，涉及服务过程、服务效率、服务流程、签约规范性、政策认知和宣传等 8 个维度（见图 5）。

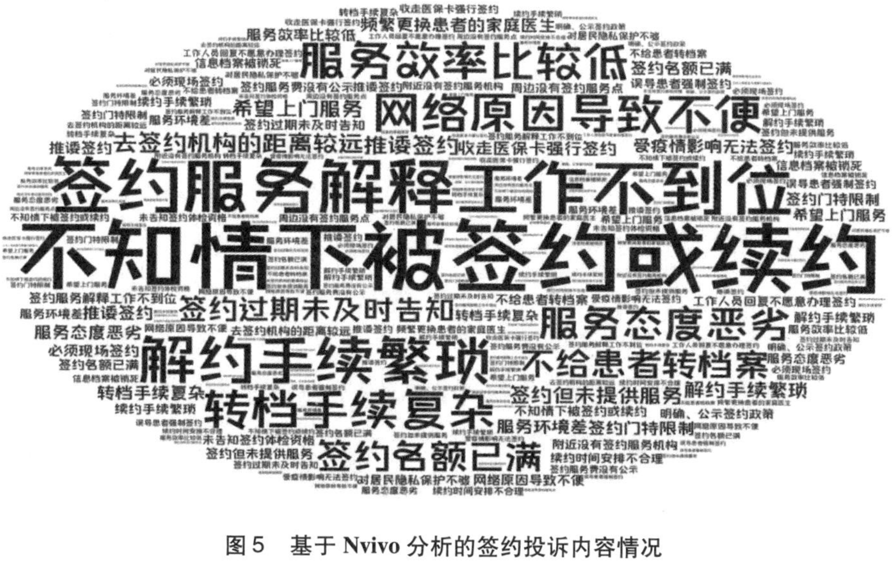

图 5　基于 Nvivo 分析的签约投诉内容情况

表6　2019—2022年居民家庭医生投诉具体内容与频次分析

投诉原因	相似问题投诉频次	占比
不知情下被签约	46	20.8%
签约服务解释工作不到位	29	13.1%
解决手续繁琐	22	10.0%
转档过程繁琐	15	6.8%
网络故障导致签约不便	15	6.8%
服务效率低下	14	6.3%
签约名额有限	9	4.1%

2. 居民感知服务质量

利用前述建立的家庭医生签约服务质量指标评价体系分析居民对于签约服务工作的期望—感知差距,从居民角度了解家庭医生签约服务应当重点提升的问题,以问题为导向,逐渐提升居民对签约服务工作的获得感和满意度。

利用签约服务质量评价体系中的各指标权重(反映居民认为该项服务的重要程度)和期望—感知差距(居民期望家庭医生签约服务达到的程度与实际获得的感受之间的差距)构建重要性分析矩阵。

分析结果表明:居民对签约服务改善健康程度的有效性比较重视,但该维度中的指标同样存在较大差距,如在家庭医生能够规范管理高血压(糖尿病)患者、对人群进行有效签约等方面居民相对重视,但获得感尚有不足。同时居民对于家庭医生签约服务中保障诊疗准确、有效,家庭医生能够在服务中照顾家人的健康问题等方面持怀疑态度或获得感不足。提示未来应在以上方面加以改进(见表7)。

表7　基于居民感知的签约服务质量亟待改善的项目

项目	重要程度	感知差距
家庭医生重视并能快速处理您的意见、建议或投诉	2.0%	-0.3%
家庭医生能够规范管理高血压患者	7.0%	-0.2%
家庭医生能够规范管理糖尿病患者	4.0%	-0.2%
家庭医生对重点人群进行有效签约	6.0%	-0.3%
家庭医生对非重点人群进行有效签约	2.0%	-0.4%
家庭医生诊疗准确、有效	6.0%	-0.2%
写下详细就诊治疗，以供对方医院参考	1.0%	-0.1%
开药时，他们会向您和您家人介绍可供选择的药品，最后征询您的意见和想法	2.0%	-0.2%
家庭医生会嘱咐您家人可能要注意的健康问题	4.0%	-0.3%

二　家庭医生签约服务高质量发展面临的挑战与障碍

前面从管理层面、机构和人员层面、居民层面对天津家庭医生签约服务的现状进行了深度调查和分析，现将调查分析中发现的主要问题汇总如下。

（一）签约服务机构区域间布局不均衡

通过对签约服务机构、团队、签约医生和参与签约服务的人员按人口分布的公平程度和集聚程度的测算可知，目前天津签约服务机构按辖区人口分布的公平程度尚有不足，主要是远郊地区以及环城四区签约服务机构的数量相对辖区内人口数量存在一定程度的不足。天津15分钟家庭医生签约服务圈仅在市内六区覆盖率较高（88%），其余地区均存在不同程度的签约服务机构覆盖不足的问题。

(二)签约服务人员及团队数量存在缺口

通过对团队、签约医生和参与签约服务人员集聚程度的分析可知,市内六区部分地区和环城地区均在一定程度上存在签约服务人员总体数量不足的情况,主要表现为环城四区、和平区、滨海新区在签约服务团队数量上存在不足;市内六区部分地区和环城四区签约医生队伍则仍存在缺口,签约医生队伍与辖区人口签约服务需求的矛盾将逐渐凸显。

(三)家庭医生团队工作负担和劳动强度较大

通过统计分析发现,基层医务人员的日均诊疗人次数尚高于二三级医院医师的诊疗负担,同时在新增家庭医生签约服务后,团队及成员需要额外增加1~3小时才能保证签约服务工作顺利完成,加之目前新冠肺炎疫情背景下,基层医务人员承担大量的疫苗接种、核酸采样、集中隔离点保障等工作,签约服务工作的开展难以获得有效的时间保障。

(四)居民签约服务获得感不足

基于调查建立的家庭医生签约服务质量指标评价体系对居民感知的签约服务质量进行评价分析,结果表明:居民对签约服务改善健康程度的有效性感知不足,同时对于家庭医生签约服务中保障诊疗准确、有效,家庭医生能够在服务中照顾家人的健康问题等方面持怀疑态度或获得感不高,在一定程度上暴露了目前天津家庭医生签约服务在全科诊疗水平和健康管理能力方面存在短板。

(五)签约服务综合管理方面仍有漏洞

根据市公立医院评价与指导中心家庭医生签约服务投诉情况反馈,家庭医生签约服务的投诉量由2019年的87条降至2022年(上半年)的18条。对投诉内容进行分析发现,投诉多集中在签约的规范性、签约服务流程和服务过程,具体表现为签约服务中存在大量居民不知情下"被签约"的情况(21%),

此外，签约服务解释工作不到位（13.1%）、解决手续繁琐（10.0%）、转档过程繁琐（6.8%）、网络故障导致签约不便（6.8%）、服务效率低下（6.3%）等问题成为居民投诉的主要热点问题。

三 提升天津家庭医生签约服务的建议和策略

（一）完善签约服务机构规划布局

以天津医疗卫生机构空间规划布局为指引，结合实际情况，合理配备相应的医疗资源，以更方便、更广泛地为居民提供签约服务为目的，严格落实城市社区医疗卫生网络建设要求，推动形成高质量的15分钟家庭医生签约服务圈覆盖范围；对于常住人口较少、交通半径大的地区，要通过加强巡回医疗、上级机构驻村服务、发展移动智慧医疗，“互联网+签约服务”等方式，提高群众签约服务的可及性。

（二）有序扩大家庭医生来源，实现签约团队扩容

鼓励各类医生到基层医疗卫生机构提供不同形式的签约服务，促进二三级医疗机构、乡村医生、退休临床医师以基层医疗卫生机构为平台，开展签约服务；探索建立“3+1+N”团队服务模式，在保证每个家庭医生团队中至少有1名家庭医生、1名护理人员和1名公共卫生医师（或公共卫生人员）的基础上，在团队中增加1名上级医院临床专家，提高团队服务的专业技术水平，广泛吸纳康复医师、保健医师、健康管理师、心理咨询师、药师、公共营养师、护理员（社工）等服务人员加入团队，满足多元化的健康服务需求。鼓励社会办医疗机构的医师根据执业范围参与团队服务，满足居民个性化、多元化的医疗健康需求。

（三）强化全周期的签约服务队伍人才培养

充分发挥医学大专院校的教育资源优势，通过提升学历教育、探索订单定

向免费医学生培养等补齐人才短板;持续推进全科专业住院医师规范化培训、助理全科医生培训、转岗培训、乡村全科执业助理医师考试,形成学历教育、岗位培训和继续教育有效衔接的全周期人才培养机制。

(四)强化家庭医生团队能力建设

以医疗卫生服务能力和家庭医生团队实用技能为重点,持续推进天津市全科医学培训与管理平台建设,加强全科医学教育培训基地建设,形成市、区、基地三级基层医疗卫生人员培训培养体系,实施基层医护基础培训和适宜技术专项培训,进一步提高家庭医生团队的诊疗能力。

按照城市医疗集团、县域医共体、专科医联体等建设的网格化布局,引导二、三级医院采取"包干分片"方式,促进优质医疗资源下沉,支持基层医疗卫生机构壮大签约服务力量,共同做好家庭医生签约服务。

加强全专结合、医防融合,利用专科医生直接参与、家医绿色通道优先转诊等方式,为签约居民提供"一站式"全专结合服务。建设一批社区疼痛、儿科、呼吸疾病等家庭医生特色服务团队,配备专科医生或具备特色诊疗能力的全科医生,提供多样化的特色诊疗服务。

(五)完善薪酬保障机制,激发家庭医生发展活力

在人员绩效薪酬改革方面,借鉴先进地区经验,探索"一类保障、二类管理"实施路径,明确财政保障责任,如将基层医疗机构基本建设、设备配置等纳入财政预算,实行对医务人员的定向补偿,对核定编制的人员全额保障拨款,同时突破公益一类工资调控水平,上一年度收支结余中按比例提取绩效等。

根据基层医疗卫生行业特点,提升全科医生薪酬待遇,使其薪酬水平与所在区级综合医院同等条件临床医生薪酬水平相当,并综合考虑其所在基层医疗卫生机构医务人员平均工资水平,保持合理比例。落实基层医疗卫生机构内部分配自主权,在绩效工资总量内自主确定基础性绩效工资和奖励性绩效工资比例,完善绩效工资分配机制,充分体现不同岗位差异,合理拉开收入差距,重点向关键和紧缺岗位、高风险和高强度岗位、高层次人才、业务骨干和做

出突出贡献的医务人员倾斜，并可在绩效工资内发放全科医生津贴。探索建立基层医疗卫生机构院长（主任）目标管理责任制，定期实施绩效考核，考核结果与院长聘任、院长管理目标奖、奖励性绩效工资挂钩。

（六）加快信息系统建设，助力签约服务高质量发展

基于全民健康信息平台，完善家庭医生签约服务管理信息系统，实现家庭医生签约服务管理信息系统与医疗机构诊疗系统、基本公共卫生系统等数据互通共享；拓展家庭医生签约服务平台“家庭医生签约服务绩效考核评价”功能，促进服务执行和激励考核精准化实施。通过网站、手机客户端等多种方式建设签约服务互动平台，为签约居民提供健康档案在线自主查阅、健康咨询、预约转诊、慢性病随访、健康管理、延伸处方等签约服务。

（七）探索建立家庭医生签约服务综合监管平台

结合家庭医生签约服务中居民投诉的热点问题，探索建立签约服务综合监管平台，建立家庭医生签约服务投诉管理指标评价体系，对分布式的投诉热点问题进行聚类分析，总结投诉原因，定期面向社会公布居民投诉热点问题和解决情况，制定相应的处罚机制。以综合监管平台为核心，建立市、区卫生行政部门、医疗保障部门和基层医疗卫生机构的多部门协同动态反应机制，形成及时、有效的解决策略。

（八）做好政策培训，加强宣传引导

基层医疗卫生机构要加强对签约服务人员的政策宣传和培训，促使其进一步深化对签约政策的把握、理解和与居民的沟通能力，并对签约居民做好政策解读和宣传引导。各级卫生健康行政部门要会同有关部门加强调研指导，深入挖掘、及时总结签约服务过程中存在的问题和典型经验，以点带面推动天津家庭医生签约服务取得实效。

天津市媒体融合发展研究报告

董向慧　天津社会科学院舆情研究所副研究员

摘　要： 天津媒体融合取得显著成效，“津云”新媒体、海河传媒中心从产品创新与机构改革两个方面成为亮点，区级融媒体中心、政务新媒体取得发展成就。就提升天津媒体融合竞争力，建议以产业经营变革推进媒体融合，开展智能传播时代技术业态建设；在区级融媒体中心定位与聚焦、新媒体产品创新与优化等方面着力。

关键词： 媒体融合　竞争力　智能传播

在人工智能、大数据、云计算等技术手段的驱动下，新闻媒体正跨入智能传播时代。近年来虚拟现实尤其是“元宇宙”的热潮，凸显现实世界的深度媒介化和数字化。在上述背景下，推动媒体融合向纵深方向发展有着迫切性和必要性。在中共中央政治局就全媒体时代和媒体融合发展举行的第十二次集体学习上，习近平总书记指出：“推动媒体融合发展、建设全媒体成为我们面临的一项紧迫课题。要运用信息革命成果，推动媒体融合向纵深发展，做大做强主流舆论，巩固全党全国人民团结奋斗的共同思想基础，为实现‘两个一百年’奋斗目标、实现中华民族伟大复兴的中国梦提供强大精神力量和舆论支持。”近几年来，天津媒体融合经历了由产品融合到机构融合、由单打独斗到协同作战、由物理融合到化学融合的纵深发展，在做强主流舆论、筑牢网上网下“同心圆”，尤其是在抗击新冠肺炎疫情等重大事件中发挥了重要作用。

一　天津媒体融合发展状况

在全国媒体融合全面、立体推进的背景下，近年来天津的媒体融合取得了显著成效。其突出性的标志有四个,一是以“津云”为代表的新媒体平台与产品创新,二是以海河传媒中心为代表的媒体机构改革,三是各区级融媒体中心的成立与成长,四是政务新媒体将媒体融合与政务服务有机结合,取得显著成效。

(一)“津云”:媒体融合与创新

2014 年以来,天津媒体融合的主攻方向为“两微一端”产品的打造。天津日报社、今晚报社、天津广播电台等将媒体微博、微信公众号、移动客户端作为重点发展方向。随着媒体融合的深入,人民日报等中央媒体相继开展“中央厨房”建设。同时,为适应互联网传播规律,再造新闻产品生产流程、方式也势在必行。在上述背景下,2017 年 3 月“津云”中央厨房正式启动运行。“津云”依靠北方网新媒体集团的技术优势,以“需求导向、创新驱动、互通共享、融合发展”的建设思路,打造了适应多媒体内容传播的新闻产品生产机制和整体协调指挥机制。目前,“津云”应用软件分为首页、问政、视听、融媒、津云号五个板块,集合了新闻服务、广播电视、政务服务、机构自媒体等领域,实现了报、网、端、播、屏的一体化,其功能涵盖媒体聚合、舆情分析、新闻服务、文娱视听。

作为媒体融合中央厨房,“津云”的流程设计符合“一次采集、多种生成、多元传播”的思路。同时,“津云”的采编播发流程也有自身的特点与特色。“津云”中央厨房分为六大功能区,分别为核心指挥区、技术支持区、采编联动区、直播报道区、用户互动区和自由办公区。① 六大功能区的协调运行在三个方面实现了流程、媒介、互动的媒体融合。首先,津云“中央厨房”以核心指挥区作为大脑和中枢,实现了重大选题的策划、调度、采编、播发的流程融合。其次,技术支持区和采编联动区支持传统媒体与新媒体工作人员协作,将新闻产品和新闻创意通过图表、数据、视频等多种形态生成传播。最后,直播报道区、用户互动区重点在专家与用户、政府机构与用户的互动,将新闻报道与政务服务融合,提升新闻的服务性和下沉性。可以说,“津云”既是深耕本地的新媒体

① 王志宏:《以天津“津云”中央厨房看全媒体融合中心的建设》,《出版广角》2019 年第 12 期。

产品,又是提升媒体融合效能的平台。

(二)海河传媒中心:机构融合聚焦

成立于2018年11月的海河传媒中心是天津媒体融合机构改革的创举。一方面,海河传媒中心成立的背景是在移动互联网、社交媒体冲击下,传统报纸主业广告业务连续多年大幅下降。2017年报纸广告收入为9000多万元,不到高峰时期的十分之一。另一方面,天津多家传媒机构的集团化、多元化经营与发展遇到困境,主业和副业下行态势叠加。从整体来看,在海河传媒中心成立之前,各媒体资源分散、管理粗放、低水平重复、同质化竞争问题严重。各类新媒体平台建设虽有一定成效,但缺乏独立的媒体产品,影响力比较有限。[①]在上述背景下,以自我革命的精神开展媒体机构的重整、融合、创新成为必然趋势。2018年4月,天津市委审议通过了《天津海河传媒中心组建方案》,确立"紧密型、两分开、融媒体、集约化"改革原则和目标。新成立的海河传媒中心整合"两报一台"(天津日报、今晚报、天津广播电台)的媒体资源,聚焦主业。"两报一台"原有的新媒体资源则整合入津云新媒体集团。

海河传媒中心的组建是天津媒体融合的重点,也是"引擎"。按照"紧密型、两分开、融媒体、集约化"的原则和目标,这一改革在做强新型主流媒体、提升舆论引导能力、经营业务良性发展、调动采编队伍积极性等方面收效显著。[②]首先,将"两报一台"整合为海河传媒中心,实现了媒体资源整合、集约和机构压缩和精简,形成了涵盖"报、网、播、端、屏"的富生态、新型主流媒体。其次,海河传媒中心通过整合新闻采编资源,将原有的报、台按照事业部方案运营,有助于在党和国家重大事件、重大报道中统一协调调度,集中优势力量服务于党和国家大局,显著提升舆论引导力。再次,海河传媒中心聚焦广告主业,改变了原有报台传媒集团多元化发展的经营思路,将有效的资源优化合理配置,

① 中国记者:《媒体深度融合 打造传媒旗舰——访天津海河传媒中心党委书记、总裁王奕》,《中国记者》2019年第4期。

② 中国记者:《媒体深度融合 打造传媒旗舰——访天津海河传媒中心党委书记、总裁王奕》,《中国记者》2019年第4期。

使得经营业务扭转颓势、良性发展。最后，海河传媒中心通过融媒体工作室、多媒体采编等方式调动新闻采编人员的积极性，提升新闻采编人员的全媒体能力，有效调动了人员干事创业的热情和干劲。

（三）区级融媒体中心成效明显

区级融媒体中心是媒体融合纵深、下沉、增强黏性的重要部分。2019 年 3 月，天津 16 个区级融媒体中心全部挂牌。2020 年 12 月，天津 16 个区级融媒体中心互联网新闻信息服务许可实现全覆盖（含 5 个网站、11 个应用软件、16 个公众号）。从近年的运行和发展来看，天津 16 个区级融媒体中心按照“六个一”（组建一体化的媒体机构、重构一套采编流程、打造一个技术平台、建好一个传播矩阵、开展一站式综合服务、建好一支全媒型队伍）的标准和方向迅速发展。在整合原有分散的传媒机构的基础上，建立适应全媒体时代的采编播发流程，天津区级融媒体中心在内容采编、信息传播、服务群众等方面取得明显成效。总体来看，天津区级融媒体中心有以下几个特点。一是依托平台，即区级融媒体中心依托微信、抖音、快手、新华社和津云等平台级媒体，以开设微信公众号、视频号、津云号等形式构建传播矩阵。二是聚焦本地，区级融媒体中心有着鲜明的本地化和本土化特色，各区融媒体中心把重点放在当地的时政、文化、历史领域，深耕本土文化。三是主攻服务，区级融媒体中心作为与群众联系紧密的媒体机构，在新冠肺炎疫情防控、民生政务等方面为群众提供了及时、准确的信息服务。

（四）政务新媒体壮大主流舆论

政务新媒体是政务机构运用微博、微信、客户端等新媒体开展政务服务的重要创新方式。近年来，政务新媒体也成为媒体融合的重要组成部分。习近平总书记指出：“媒体融合发展不仅仅是新闻单位的事，要把我们掌握的社会思想文化公共资源、社会治理大数据、政策制定权的制度优势转化为巩固壮大主流思想舆论的综合优势。”截至 2022 年 3 月，天津登记备案的政府网站共 88

个,政务新媒体1844个。① 从近些年来的运营来看,天津政务新媒体在政策解读、舆情回应、舆论引导、问计于民、政务服务等方面都取得了长足的进展。围绕着党和国家重大事件如党史学习教育、抗击疫情等,天津政务新媒体积极开展宣传策划活动,在服务力、传播力、引导力、影响力、公信力等方面都有着较为突出的表现。目前,天津网信部门定期发布政务新媒体传播力月度排行榜,从传播力、原创率、转载量和附加值等维度来对政务新媒体定期评估,对政务新媒体的持续、健康发展发挥着保障和监督功能。政务新媒体围绕中心工作,壮大主流舆论,对于天津的城市形象传播有着不可或缺的作用。

二　天津媒体融合成效与亮点

随着津云、海河传播中心、区级融媒体中心以及政务新媒体融合体系的发展,天津媒体融合向着纵深、立体发展,有着聚焦新闻主业、地方特色鲜明、主流舆论壮大等特性,其媒体融合的成效与亮点包括以下几方面。

(一)媒体融合机制“齐头并进”

天津媒体融合机制设计在重大新闻报道、融媒体产品打造两方面“齐头并进”。其一,津云“中央厨房”与海河传媒中心密切协作,这一融合机制对于重大新闻尤其是时政要闻的报道具有充分优势。在重大事件报道方面,依托津云“中央厨房”设立对接海河传媒中心天津日报的沟通、策划、发稿专门通道,围绕天津市委中心工作,提前策划,随时协调,一方面做到重大时政要闻在津云客户端、北方网、津云新媒体矩阵首先发布,另一方面策划符合移动互联网传播的新媒体产品。在全国两会、推动高质量发展、世界智能大会、海河英才计划等一系列报道中,双方合作不断完善深化,已经做到沟通上的专人对接、

① 数据来源:《天津市2022年第一季度政府网站和政务新媒体检查情况》,天津政务网,2022年3月30日,https://www.tj.gov.cn/zwgk/szfjg/szfbgt/qtgkxx/202203/t20220330_5843637.html。

新闻上的专题策划、产品上的专稿专用。[①] 譬如，2019 年全国两会期间，津云新媒体和海河传媒中心各事业部在一线并肩作战，通过技术、媒介、采编资源融合共享的“新闻移动总装线”，实现新闻融合生产，推出三地代表委员《对话京津冀》等品牌栏目和 H5《同唱一首歌〈我和我的祖国〉》等现象级新媒体作品。[②]

其二，津云融媒体工作室发挥互联网思维，对于融媒体产品的创新有着推动和促进作用。2018 年，津云新媒体集团全力打造津云新媒体品牌，继续推进津云融媒体平台建设。按照“一体多维，双向进入”理念，海河传媒中心建成了 61 个融媒体工作室，开设了“津云号”“津云 · 云上海外”“津云 · 云上系列”等综合型生态级媒体平台。2018 年 4 月，津云新媒体制定《津云融媒体工作室管理办法》，从享有权利、激励政策、组织保障等方面为融媒体工作室的运营提供政策保障。[③] 津云融媒体工作室以产品为导向，在组织形态上以多元背景的小团队为主体，运营模式与当下比较流行的 MCN 模式（多频道网络）较相似。从媒体融合的角度来看，津云融媒体工作室无疑为传统媒体从业人员打造轻量级新媒体产品创设了较为完善的机制、保障，对于全媒体、复合型人才培养，调动新闻采编人员的积极性等有着较为明显的效果。

（二）媒体融合赋能疫情防控

媒体融合尤其是“中央厨房”在重大新闻事件的报道中有着显著优势。在抗击新冠肺炎疫情这场“大战”中，天津媒体融合的成效得以充分发挥。传统媒体、新媒体、政务新媒体形成合力，在舆论引导、舆情支持、风险沟通等方面赋能疫情防控，有效调动了民众众志成城和万众一心的抗疫精神。譬如，2020 年初，天津媒体组织策划“歌诗达赛琳娜号”邮轮、滨海国际机场马航客机、天

① 齐怀文：《你就是我 我就是你——津云新媒体融合实践》，人民网 · 传媒频道，2018 年 6 月 20 日，http://media. people. com. cn/n1/2018/0620/c40606-30067818. html。

② 刘雅丽，徐丽：《融聚大平台 唱响主旋律 天津海河传媒中心发挥融合优势报道全国两会效果显著》，《天津日报》2019 年 3 月 15 日，第 3 版。

③ 刘雁军、王子洁：《变革生产方式 催化媒体融合——以津云融媒体工作室创新模式为例》，《新闻战线》2020 年 10 月（上）。

津动车客车段三个重要“战场”的疫情防控宣传报道,详细描述应急动员、疫情防控、隔离封控过程,视角宏大、主线突出、叙事完整、细节用心、传递温度。津云详细报道了滨海国际机场疫情防控过程,以疫情防控为主线,对天津疫情防控指挥部的果断指挥,市卫健委、海关、机场、东丽区政府的高效协作和对隔离旅客的悉心关怀进行报道,充分展示了天津疫情防控指挥系统高效的应急管理能力和温度。同时,今晚报“云窗”工作室策划推出了“红区”医护人员 Vlog(视频日记)系列作品《红区护士手记》。天津医疗队驰援归来后,该工作室第一时间推出《天津医护人员抗疫图谱》。[1]

2022 年 1 月,作为全国首个迎战“奥密克戎”新冠病株的城市,天津媒体融合的成效也得到有效发挥。天津政务微博、政务微信公众号与媒体微博、媒体微信公众号通力合作,形成矩阵效应。新媒体矩阵做到了流调核测、信息发布、响应关注的三合一,职能、服务、发布一键生成,展现天津应对危机阳光透明的形象。人民日报微信公众号观察到了天津“发热门诊候诊信息定时播报”这一细节,以《天津的这个细节火了! 网友:有心了》为标题为天津“打 Call”。人民日报微信公众号认为“51 家发热门诊,40 家核酸检测机构,天津众多政务微博、客户端、电视频道,像麻花一样紧紧拧在一起,每天六点开始直至午夜,每个两小时更新一次候诊信息,准时准点,信息详尽……这份坚守是这座城市战胜疫情的最大底气”。

(三)媒体融合产品创新

海河传媒中心自成立以来,快速推进内部机构改革、资源优化整合、采编人员交流、新闻生产流程再造等各项改革,成立广播新闻中心和电视新闻中心,打造了《津门凭阑》《百姓问政》《大家说理》《津云调查》等一系列优质融合产品。《津云调查》由津云、每日新报、天津广播电视台新闻中心三方合作,依托津云“中央厨房”,刊发了《守护大神堂:天津最后的渔村》《淘宝村是怎样炼

① 刘雁军、王子洁:《变革生产方式 催化媒体融合——以津云融媒体工作室创新模式为例》,《新闻战线》2020 年 10 月(上)。

成的》《亚运会电竞首金背后》等稿件，采编模式为一次采集，报、视、网多端发布，多形式呈现。2018 年 5 月，天津日报视觉中心发挥资源优势，适应互联网传播规律，开设《津云镜头》栏目。为了向受众呈现优质图片，视觉中心全体记者通过日常采访，垂直发掘各自领域深层次新闻人物及事件，用影像的形式记录深度、表达观点，并形成了良性竞争、优质作品频出的刊发效果。《津云镜头》每周刊发一到两次，单条阅读量均在万次以上，最高点击量近 10 万次。

在天津媒体融合向纵深发展的过程中，媒体融合创新的理念、思路、方法、技术不断提升，出现了一批优秀产品和报道。2021 年，津云客户端短视频专题报道《无胆英雄张伯礼》获第 31 届中国新闻奖融合报道奖，展现了张伯礼的医者仁心，弘扬了抗疫精神。2022 年，津云客户端报道的《稻子熟了》《三生三世 TA 们“制造”的天长地久》荣获第 32 届中国新闻奖融合报道奖。其中，《稻子熟了》是为纪念“共和国勋章”获得者、“杂交水稻之父”袁隆平院士所制作的 H5 动态新媒体作品，讲述了袁隆平强国富民的成就和感人故事。《三生三世 TA 们“制造”的天长地久》则是将天津与制造业的渊源比拟为三生三世故事，讲好天津制造业百年历史。

（四）区级融媒体中心机制与成效

区级融媒体中心是媒体融合向纵深发展的重要组成部分。从近三年天津区级融媒体中心的发展来看，各区融媒体中心按照“六个一”标准，已在全媒体采编、多元传播等方面取得长足进展。从机制设计来看，依托津云的全市“一朵云”为区级融媒体中心提供了生态、平台和技术支撑。基于津云“中央厨房”，各区融媒体中心逐步健全融媒平台，在新闻策划、采访、制作、发布等环节充分融合，报、台、新媒体统一指挥，统一调度，多渠道发布。① 在全媒体采编流程、机制、平台完善的前提下，区级融媒体中心生产出了一批立足本地、突出本土、多元传播、影响广泛的融媒体产品。此外，16 个区级融媒体中心共成立了

① 吴树群、朱旭：《寻路与突围：天津中心城区区级融媒体中心发展探析》，《海河传媒》2020 年第 4 期。

29个津云融媒体工作室。区级融媒体中心还有服务基层社会治理的独特功能与优势。从已有实践来看,天津区级融媒体中心在疫情防控、政府机构改革、文明城市创建、精神文明成果展示、地方文化传播等方面取得了成效。

三　对策建议

《“十四五”文化发展规划》提出:“加快推进媒体深度融合发展,有效整合各种媒介资源、生产要素,推动在信息内容、技术应用、平台终端、管理手段等方面共融互通,打造一批具有强大影响力、竞争力的新型主流媒体。创新媒体业态、传播方式和运营模式,强化用户连接,发挥制度优势和市场作用,增强主流媒体竞争力。”就天津媒体融合未来发展来看,亟待在影响力建设已取得显著成效的基础上,着重在竞争力维度着力,推动新型主流媒体在社会效益和经济效益两个方面良性互动、协调发展。

(一)以产业经营变革推进媒体融合

良性的经营收入是提升媒体竞争力和发展后劲的重要条件。从海河传媒中心、津云新媒体集团的财务报表、预算决算数据来看,疫情及经济下行压力对其传媒产业的营收影响较大,媒体融合向纵深发展客观上面临着压力和挑战。在这一条件下,媒体融合迫切需要将媒体发展与产业发展有机结合。基于上海报业集团、大众报业集团、羊城晚报报业集团等媒体融合发展的经验与成就来看,媒体融合的良性发展不仅需要在内容生产方面进行变革,更需要在产业经营方面进行变革。其中,善于运用资本、拥抱数字经济、发展新媒体产品是媒体融合产业发展的共性经验。而实践和运用上述三个方面的经验,需要媒体融合的战略规划和顶层设计。譬如,运用媒体资源,吸引和获得资本投入,推进新媒体产品的开发和应用;建立适应媒体融合产业发展的人才培养、流动机制,改变新闻采编人才密集状况,吸引复合型媒体人才进入产业经营;建立激发人才积极性、与创新要素贡献相匹配的激励机制等。需要指出的是,媒体融合的产业经营变革虽有多元化的态势,但始终要坚持以我为主的原则,即通过产业经营壮大媒体融合、新媒体产品，使得主流媒体的公信力、影响力与经营能力良性互动。譬如，羊城晚报报业集团运营的羊城创意产业园，依托羊城晚报报业集团的影响力和公信力，形成了"文化 + 科技 + 金融 + 双创融合"的发展模式。虽然这一经营模式为多元经营，但核心依然是依托羊城晚报的品牌影响力与文化底蕴。再比如，上海报业集团与陕西投资集团达成战略合作，共建金融信息与科创服务体系，其依托的是界面财联社的金融传媒资讯优势。也就是说，媒体融合的产业经营虽然是多元化，但仍要坚持"形散而神不散"的方向，推进事业发展与产业发展相得益彰。

（二）智能传播时代的技术业态建设

媒体融合可谓是互联网信息技术发展的必然趋势和必然选择。因而，媒体融合与互联网信息技术发展始终保持着同步、同向。从国内报业集团对互联网技术的运用来看，人工智能、大数据、云计算等新技术已渐融入媒体融合的进程与总体布局。可以说，国内的媒体融合已渐从技术驱动转向运用和引领技术的阶段，摸索和打造富有媒体业态和生态属性的智能传播技术。因而，天津媒体融合的纵深发展既需要引入人工智能、大数据、云计算等新技术手段，更需要在媒体的业态和生态背景下探索上述技术手段的恰切性和优化。譬如，推进人工智能在媒体融合领域的应用，为提升新闻生产效率和内容传播效能提供技术支撑；推动人工智能技术在提升用户体验、提供实用服务功能、辅助人工审核、开展短视频生产等领域的应用；强化数据技术对大众内容生产和网络资源的有效抓取和整合，利用数据挖掘、智能算法等人工智能相关技术的支持实现选题、报道、核实与分发等方面的精准化程度。[①] 而实现上述技术的应用，既需要新闻采编人员与新媒体技术支持人员更为紧密的合作与互动，也需要对新闻采编人员在技术应用方面的大力培训。较为可行的路径是以项目制、揭榜制等形式，营造鼓励创新和创造的氛围，创新人工智能等新技术的

① 顾洁、张婷婷：《媒体融合发展的"湖北模式"：机遇与经验》，《中国新闻传播研究》2019 年第 2 期。

应用场景,促进各种类型“微创新”的势能积累,以此不断推进智能传播等新技术的媒体融合应用。

(三)区级融媒体中心定位与聚焦

天津区级融媒体中心仍处于起步和发展阶段,平台资源、服务功能、用户体量尚处于蓄势态势。在媒体融合向纵深发展阶段,区级融媒体中心的发展空间巨大。其一,区级融媒体中心的发展作为媒体融合发展的有机组成部分,需要坚持产业经营变革和技术业态建设的思路。一方面,区级融媒体中心要发挥立足本地、本土的优势,将自身的发展与当地产业发展有机结合起来,深耕当地优势产业和特色产业,为媒体融合的继续推进创造条件;另一方面,区级融媒体中心虽然通过与平台合作能够“借船出海”,但也需要具有技术业态建设的导向和目标,可通过与津云等平台合作,摸索和学习适应自身的智能传播时代技术业态,开发和创造特色媒体产品。其二,从全国经验来看,区级融媒体中心在社会治理方面有着天然的优势。在未来的发展中,区级融媒体中心可将基层治理作为“增量”方向,探索通过区级融媒体中心赋能基层治理现代化的路径、模式,为政府提供相应政务服务。同时,区级融媒体中心还可以在舆情支持与舆论引导方面发挥善见“青蘋之末”的下沉优势,为基层治理提供智库服务,从而发挥融媒体中心的社会治理优势与特长。

(四)新媒体产品的创新与优化

未来,媒体融合的竞争根本上是新媒体产品的竞争。天津在新媒体产品建设方面已取得显著成果,打造了“津云”应用软件、津云融媒体工作室等新媒体产品。随着数字经济的持续发展和“元宇宙”、智能传播等信息技术手段的应用场景创新,未来新媒体产品的形态、业态、范围将多样化、多元化,并不局限于媒体产品。在这一背景下,新媒体产品的创新与优化具有急迫性和必要性。与此同时,媒体融合的纵深发展也呼唤多元化的新媒体产品。因而,在媒体融合的进程中,天津既要抓影响力,更要抓竞争力。竞争力则集中体现在新媒体产品的竞争中。在智能传播时代,文化、旅游、教育、出版、健康、政务服务等各个领域都需要更为个性化、创意性的新媒体产品。媒体则需要发挥其公信力、影响力优势,积极参与到新媒体产品的竞争之中。这一竞争既可以是行业内的竞争,也可以是跨界的竞争。通过竞争来实现新媒体产品“破圈”、创新与优化。而这就需要媒体跳出传媒业的范围,主动拥抱数字经济、智能技术。与之相应的是,媒体机构需要建立相应的项目孵化、人才培养、资本运用等体制机制,从而显著提升媒体融合的竞争力。

社会治理与社区建设篇

天津市基层治理现代化研究报告

王光荣　天津社会科学院社会学研究所研究员

摘　要： 天津市基层治理现代化取得了新进展，主要表现在：党建引领基层治理体制日趋完善，"战区制、主官上、权下放"机制扎实推进，城乡社区治理创新成果丰硕，网格化治理效能不断增强，基层社会平安建设成效显著，智能治理技术应用更加成熟。针对基层治理现代化进程中出现的短板或问题，着力推进智能技术融入治理体系，提升群众参与基层治理水平，健全精细化精准化服务体系，探索创新成果开放共享机制，使基层治理推进更加协调和系统，从而促进基层治理现代化迈向更高水平。

关键词： 社会治理　基层治理　智能治理　城乡治理　群众参与

基层治理是国家治理的基石，基层治理现代化是国家治理体系和治理能力现代化的重要组成部分。天津市坚持加强和创新社会治理，不断健全城乡治理体系，持续提升基层治理能力，促使基层治理现代化水平不断提升，有效维持了社会安定有序和人民安居乐业。

一　基层治理现代化发展现状

基层治理现代化是系统工程，也是长线工程，既需要各方面协调推进，也需要久久为功。天津市在实践中创新和完善体制机制，推出行之有效的新举措，促使基层治理水平不断提升。

（一）党建引领基层治理体制日趋完善

党建引领是基层治理的有力保证，也是实现基层治理现代化的坚实支撑。天津市持续完善党建引领基层治理体制，形成了党建引领基层治理的格局。一是坚持加强基层党组织建设，全面推行村（社区）党组织书记通过法定程序兼任村（居）委会主任，2021年通过换届实现更高质量的100%“一肩挑”，把党的全面领导“一根钢钎”插到基层，筑牢党建引领的基础。二是将党的领导和党的建设写入村（居）民自治组织、业主大会、物业公司等章程规则，落实各类社会基层组织向同级党组织述职、重大事项汇报制度，推行区、镇街、村（社区）党建工作联席会议机制，充分发挥街道“大工委”、社区“大党委”作用，强化基层党组织的领导和轴心作用。三是全面加强机关、企业、学校、医院、科研院所、社会组织等各领域党组织建设，大力推进园区楼宇、协会商会以及律师、互联网等行业的党建工作，进一步健全党的基层组织体系。四是每年分领域举办农村、社区、机关、国企、事业单位和“两新”组织等领域基层党组织书记示范培训班，提高了基层党组织的战斗力。截至2022年6月，共举办92期培训班，直接培训各领域党组织书记、党务骨干等12,000余人。

（二）“战区制、主官上、权下放”机制扎实推进

一方面，在全市建立“战区制、主官上、权下放”架构。将全市作为国家治理的一个“战区”，把16个区、252个街乡镇、5395个社区（村）划分为“分战区”。按照条块结合、由块来统的原则理顺条块关系，强化属地责任，形成条块互通联动的基层治理网络，构建起党委主导、战区主管、部门主责、基层主抓的

共商共建共管共治格局。明确四级书记直接抓治理的领导责任,增强统筹各方力量资源的能力,健全合力抓党建、抓治理、抓安全、抓稳定,构建起“一竿子插到底”的责任体系。赋予镇街“吹哨”调度权、考核评价权、人事建议权,把中央驻津单位、市直党政机关、企事业单位、社会团体全部纳入考核,强化镇街前线指挥部作用。

另一方面,通过深化改革落实“权下放”并为基层治理赋能。围绕基层事情基层办、有权办、有人办,实施一系列改革举措。一是在乡镇(街道)统一设置党建办公室和党群服务中心,全面落实基层党建工作责任制,统筹推进辖区党建、“两新”组织党建、驻区单位共建,受理辖区内各类便民服务事项,推动公共服务资源以基层党组织为主渠道进行落实。二是修订完善乡镇(街道)职责清单,严格执行职责准入制度,依法保障乡镇(街道)行使综合管理权、统筹协调权和应急处置权,强化其对涉及本区域重大决策、重大规划、重大项目的参与权和建议权。三是进一步整合优化乡镇(街道)机构设置,保留全市统一设置的党的建设、网络安全和信息化、公共服务、公共管理、公共安全五个综合性内设机构,统筹使用全市编制资源,将从市区两级机关和事业单位收回的编制下沉到基层一线。四是推动乡镇(街道)干部队伍建设与优化机构编制资源配置有机结合,实行编制分类管理、人员统筹使用,赋予乡镇(街道)更加灵活的用人自主权,有效缓解乡镇(街道)人员力量不足的状况,拓宽了基层干部成长的空间。五是加强基层资金和力量保障,建立村(社区)干部报酬待遇增长机制,确保每个村(社区)每年运转经费和服务群众专项经费不少于 20 万元,组织 5.1 万名机关干部入列轮值、43.9 万名在职党员到社区报到,认领服务岗位、开展志愿活动。

(三)城乡社区治理创新成果丰硕

天津探索“五社联动”社会治理新模式,增强基层治理能力。“五社联动”是以社区为阵地,以项目化运行为路径,促进社区、社会工作者、社区社会组织、社区志愿者、社区公益慈善资源互联互动。以人才和项目为抓手,推进“五社联动”。在加强社会工作人才队伍建设方面,完善政策措施,加大制度的宣传贯彻执行力度，建立市、区、街三级社会工作人才培养计划和人才资源库；开设“薪火计划”社会工作人才训练营、“社区工作者精品培训班”“全科社工培训计划”等，以嵌入、融合的模式培养一批专业人才；发布社区公共服务、公益创投、街道社工站等政府购买项目，以项目带人才招录一批专业人才；鼓励街道创新形式，建立符合自身实际的人才培养与激励机制，开展“掘星计划”，以深挖社区带头人提升一批专业人才。在促进“五社”与项目融合方面，将社工及志愿者服务列入市级政府向社会力量购买服务普适性目录，通过社区公共服务、公益创投、街道社工站等购买项目。修订《社区公益专项补助经费管理使用办法》，明确以政府购买社会组织服务的方式，支持社区公益项目的开展；制定出台《社区公益专项补助经费购买社会工作服务项目和志愿服务运营项目操作指引》《天津市承接街道（乡镇）社工站运营项目设计与质量管理指引》，为区、街、社区购买社会工作专业服务和志愿服务运营项目提供技术支撑；策划市、区、街道、社区四级服务项目，内容涵盖广泛，以项目促进社区建设、弱势群体帮扶、社区社会组织培育、社区志愿服务发展、社会工作人才专业提升、社区文化传承，提高社区治理精准化水平。

针对城乡社区治理中的问题，创新城乡社区治理和服务举措，加强旧楼区长效管理。在政策创新方面，落实 2021 年印发的《天津市居（村）民委员会下属委员会工作指导规范》《关于城乡社区综合服务设施水电气热价格有关问题的通知》等文件，开展《天津市居民委员会工作条例》立法工作，2022 年 9 月形成草案，进一步强化了城乡社区治理政策支撑。在旧楼区长效管理方面，持续提升管理力度，对纳入市级旧楼区长效管理的 10 个区、2161 个旧楼区全部进行现场管理评估。在基层治理创新实践方面，河北区“全国社区治理和服务创新实验区”创建工作在评估验收中取得了优秀成绩；滨海新区“坚持党建引领，提升服务水平”的做法被民政部确立为第二批全国乡镇政府服务能力建设典型经验；北辰区双街镇双街村、武清区大孟庄镇杨店村、宝坻区牛家牌镇赵家湾村、蓟州区尤古庄镇邓各庄村获批“全国村级议事协商创新实验试点单位”，天津市基层治理工作经验成果在全国民政系统进行宣传推介。在社区治理和服务方面，积极参与民政部开展的创建社区治理和服务创新实验区、议事协商、街道服务管理创新实验区等工作。截至2022年10月,滨海新区、和平区、河西区、河北区、西青区、北辰区、武清区、宝坻区、蓟州区等相继参与了创建活动。

(四)网格化治理效能不断增强

一是社区网格发挥基础作用。网格员发现的问题,可以通过手机一键上报到"津治通"全市一体化社会治理平台,并在各级网格中心的平台上快速流转,及时得到相关职能部门知晓和关注,组织调配多方人力、物力,政府资源与社会力量相互配合,协同高效解决各种民生问题,进而促进精准配置公共资源。网格最为贴近群众,网格员利用微信群和小程序,可以随时向网格内的居民汇报各种民生问题及其整改进程,拉近基层治理与居民之间的距离,扩大基层治理的积极效应。二是全科网格治理效能突出。武清区着力配备网格员,有效发挥网格员队伍信息员、情报员、协管员作用,将党建工作、平安建设、服务群众、环境卫生、消防安全、志愿者服务、退役军人服务等全部纳入网格化管理,实现群众需求在网格发现、治理资源在网格整合、矛盾问题在网格解决,形成了基层治理"一张网"。三是警格与网格深度融合。津南区探索出"警网融合"基层治理模式,社区人口管理、矛盾纠纷化解、安全隐患排查、法治宣传教育等在内的事务均可在网格落地处理。与此同时,社区还整合网格内党员、志愿者、楼门栋长等形式多样的群防群治队伍,通过微信工作群与"警格""网格"互联互通,及时掌握辖区人员动态,收集矛盾难点、民生痛点,最大限度地提升服务工作效能。北辰区构建"警网一体"治理模式,将分散在党建、民政、消防等部门的22类网格、近千名网格员整合归并,重新赋能,科学划定1948个"全科网格",与"警务网格"融合叠加,覆盖全域,"全科网格"的基层治理服务和"警务网格"的社会治安和执法保障有机统一,形成"警务网格+全科网格"的全新治理格局。

(五)基层社会平安建设成效显著

一是坚持和发展新时代"枫桥经验"。三级社会矛盾纠纷调处化解中心自成立以来，加强党建引领，不断完善平台和机制。建起“一站式”平台，老百姓解决矛盾纠纷“只进一扇门”。通过机制创新，实现条块结合、属事属地联动，调解优先、多元化解联合，类案指导、政策资源联通。构建了特色鲜明的矛盾调处化解工作模式：加强源头预防、前端化解、关口把控，坚持分级处理、一体联动，用好“吹哨报到”机制，实现市级统筹、区级统管、街镇统办、社区统收、网格统报工作闭环，确保小事不出社区、大事不出街镇。2021 年至 2022 年 5 月，全市各级矛调中心共接访群众 73，552 批次，办结 71，202 批次，办结率 96. 81%。

二是创新社区治安模式。建立社区“民警 + 网格员 + 志愿者”联勤协作模式，推进立体化社会治安防控体系与社区服务体系相融合、社区警务与党建工作相融合，社区民警带领网格员、志愿者组织开展基础排查、社区驻守、区域巡防和防范宣传。深化派出所“两队一室”警务机制改革，全面推进“枫桥式公安派出所”创建，社区警务室与党群合署办公率达到 90%，社区民警数量较五年前增加 45%。开展“万名民警进百万家”“我为群众办实事”实践活动，有效排查化解矛盾纠纷。通过这些改革举措，社区治安能力明显加强，2021 年可防性案件下降了 43. 6%。2022 年 3 月以来，推广南开分局的“对群众有感情、为群众办事情、和群众结友情、警民互助见真情”的“四情”群众工作法，厚植为民情怀，密切警民关系，提升群众工作能力，实现零距离服务群众，解决群众“急难愁盼”问题，促进共建共治更加深入，提高了治安水平和群众满意度。

三是推进智慧平安社区建设。截至 2022 年 6 月，天津已建成并投入使用的智慧平安社区有 4305 个，预计年底将实现城镇地区全覆盖。智慧平安社区效果彰显，据统计，2021 年新建成的智慧平安社区投入使用后，仅半个月时间，发案数同比下降 53. 72%。

四是加强基层治理法治保障。2022 年 8 月 1 日起施行《天津市平安建设条例》，该条例贯彻“战区制、主官上、权下放”党建引领基层治理体制机制创新要求，规定了基层政府组织在平安建设工作中的职责，明确了工会、共青团、妇联等人民团体、有关协会、商会以及企事业单位和其他组织在平安建设中的任务；拓宽人民群众参与平安建设工作的渠道；对搭建多种形式的参与平台，健全服务诉求处理机制等内容作出规范,不仅推进了平安建设的法治化进程,而且加强了基层治理现代化的法治保障。

(六)智能治理技术应用更加成熟

"城市大脑"的运行为智能治理的扩展提供了基座,应用场景的接入进一步丰富了基层治理的平台功能。一是发挥"城市大脑"的治理基座功能。围绕"物联感知城市、数联驱动服务、智联引领决策",构建城市运行生命体征指标体系,将大量基层治理应用场景接入"城市大脑",提高了基层治理的智能化水平。二是建成"津治通"全市一体化社会治理信息化平台。建立市、区、街道(乡镇)、社区(村)四级贯通和联动体系,整合党的建设、综合治理、数字城管等现有信息资源,打造"社会治理一张图"。平台依据各类社会治理事项清单,由区、街网格化管理中心统一派单,实现社会治理事件快速流转处置,全流程跟踪管理;开发"吹哨调度"功能,街道可直接吹哨调度区级处置部门,并对其响应速度、处置情况进行打分评价。三是"津治通"平台加载"市民随手拍"功能,开辟了畅通市民参与社会治理的新渠道。市民可以通过"津心办"应用软件中的"随手拍"模块上报问题,所上报问题信息会被推送至"津治通",进入事件流转程序进行处理、反馈,"津心办"和"津治通"联动。

在全市建立统一平台的基础上,各区根据实际需要开发智能治理的程序,创新智能治理模式。武清区加快构建城市大脑开放应用体系,发布涵盖9大类67小类服务的《武清区城市大脑服务能力清单》,进一步推进政府决策科学化、社会治理精准化、公共服务高效化。津南区搭建智慧社区一体化平台,以信息化贯穿办件的各个环节,有力推进工作标准化、流程透明化、证据数字化、时间高效化、监督实时化,实现了热线办件由人工操作向智能标准化的转变。东丽区提高作为"神经末梢"的前端感应设备的动态感知能力,将人口、房屋、单位、社会组织等信息汇集到社会治理智能化平台,并开发事件分析模型,实行能源消耗、交通拥堵和安全隐患自动感知预警,做到信息共享共通,及时化解群众各类矛盾。

二　推进基层治理现代化面临的问题

天津基层治理在诸多方面作出有益的探索,形成了行之有效的做法和经验,为今后接续推进现代化打下了良好基础。在总结成就的基础上,运用系统思维,查找发展中的不足,无疑有利于更好地推进基层治理现代化进程。

(一)社会治理智能化的适应性有待增强

智能技术在社会治理中应用日益广泛,在一定程度上扩展了治理能力,提升了治理效率,推动了基层治理现代化,但是,智能治理手段与传统治理手段并行,二者结合尚处在探索阶段,存在一些不相耦合的问题。在一些领域,两种手段存在重叠使用现象,造成资源浪费和程序繁杂,增加了治理成本和群众负担。老年和儿童等群体受自身条件限制,并不完全使用智能治理所依赖的终端设备,导致这些群体难以跨越数字鸿沟,在一定程度上不适应智能治理手段,进而造成治理困境和群众困难,使智能化治理的效果难以达到预期。智能治理设备的使用规则不健全,在某些领域存在智能设备的使用反而影响群众生活便利度的情形,容易引发群众对智能治理的抵触情绪。

(二)群众对基层治理的参与度有待提升

群众参与是构建社会治理体系和社会治理共同体的重要组成部分。在基层治理实践中,群众参与的制度化渠道不够丰富和畅通,在一定范围存在有意愿的群众难以找到合适渠道的情况。在社会治理的一些领域,群众参与度处于较低水平。一些居民对社区的公共事务漠不关心,希望别人出力,自己“搭便车”,坐享其成。对于政府机构和自治组织的动员,很多群众采取事不关己、置之不理的冷漠态度。群众是基层治理的观察者和体验者,具有发现和反映问题的条件,但是不少群众甘做社会治理的旁观者,不利于基层治理水平的提升。

(三)服务精细化精准化水平有待提高

随着群众需要的日益增长和多样化,在许多领域实行精细化和精准化做法需要创新和升级,实现与群众需要动态匹配。服务精细化和精准化的标准体系尚未普遍建立,对精细化、精准化水平的衡量缺乏客观依据,判断评估的主观随意性较大,难以得到群众的认可和满意。征求群众对精细化、精准化要求和调研群众对精细化、精准化满意度的机制不健全,精细化、精准化还有进一步提升的空间。

(四)创新成果互学互鉴结合有待加强

基层治理在实践中不断推出创新成果,这些成果确实提升了当地社会治理能力,但是,仍有一些问题需要关注:一是创新做法和经验未进行总结,其作用没有在更大的范围发挥;二是各种创新相对独立,缺乏比较和借鉴,难以形成系统性创新;三是各领域和地方创新的做法或平台,缺少在一定范围或层面上相互贯通,在一定程度上进行整合是基层治理深化创新的需要。

三　深入推进基层治理现代化的对策

在协调提升基层治理水平的同时,要针对上述亟待解决的问题,开拓创新,探索新路径、新举措,有效补齐短板,加强薄弱环节,推动基层治理现代化继续前进。

(一)推进智能技术融入治理体系

加快在实践中推动智能治理手段的研发,立足实际需求迭代升级,使治理技术的智能水平更高,治理过程和效果更符合人的需要。在继续推进智能技术广泛应用的过程中,要通过制度、模式、流程的优化,促使智能化治理与治理体系高度融合,解决智能技术与人工治理的重叠和冲突等问题,防止智能治理可能产生的安全风险等负面影响,降低治理成本,提高治理效率。统筹兼顾各类群体的特点以及他们在信息化技术中的处境，贯彻智能治理公平原则和服务于所有人的精神，制定智能治理规则，设计智能治理系统，增强智能治理的适应性，提高智能化治理的温度和亲和力。

（二）提升群众参与基层治理水平

针对群众参与的渠道不足问题，拓宽群众参与基层治理的制度化渠道，为群众提供稳定可靠的参与条件，保障所有群众都有参与的机会。一是制定群众参与社会治理的保障制度，增强群众参与中的安全感，尊重群众参与的劳动付出，从而调动群众参与的积极性。二是搭建便于群众参与的信息化平台和组织载体，减少群众参与的时空障碍，降低参与的成本，使群众随时随地都能以便捷的形式参与社会治理。三是制定激励措施，促进社会治理类社会组织发展，规范扩大政府购买社会服务，激发社会组织，引导社会组织承担基层治理项目，多种形式鼓励志愿服务活动，吸引更多群众做志愿者，充实基层治理的有生力量。

（三）健全精细化、精准化服务体系

分门别类探索建立精细化、精准化服务标准，为推进精细化、精准化服务提供指导和依据，使精细化、精准化有章可循、有据可依，进而保证精细化、精准化要求落到实处。循序渐进建立和完善精细化、精准化服务的群众意向征求机制，将精细化、精准化目标与群众日益增长的多样化需求紧密结合起来，使群众真正享受精细化、精准化的好处，实现效益最大化。因地制宜建立群众对服务精细化、精准化的满意度评价机制，倾听群众的意见建议，及时发现服务实践中存在的不足，有针对性地加以改进，促使服务精细化、精准化更好地满足群众的期待。

（四）探索创新成果开放共享机制

在鼓励基层治理持续创新的前提下，加快对基层治理创新成果的总结，增强创新成果的科学性和完备性，并根据实际加以推广，使行之有效的做法在更

大范围更好地发挥作用。加强基层治理创新成果的展示,促进不同部门和区域之间互相学习和借鉴,进而再度创新,由此不断提高基层治理水平。构筑贯通不同领域和区域基层治理的平台,为各种创新做法提供技术支撑和运行保障。理论与实践相结合,逐步整合基层治理创新做法,促进基层治理的多样化做法在适当条件下整合成有机的整体,进而形成更高层面上的创新。

参考文献:

[1] 李国惠:《一项“立”与“固”的夯基工程——天津坚持党建引领提升基层治理效能》,《天津日报》2022 年 6 月 6 日。

[2]《深化基层管理体制创新　服务保障党建引领基层治理》,天津机构编制网网,2022 年 8 月 3 日,http://www.tjbb.gov.cn/gzdt/202208/t20220808_61288.html。

[3]《天津社会工作以“五社联动”为基层社会治理赋能　探索社会治理模式》,天津政务网,2022 年 3 月 8 日,https://www.tj.gov.cn/sy/zwdt/bmdt/202203/t20220318_5832695.html。

[4]《推进民政事业高质量发展我市基层治理体系和治理能力现代化建设再上新水平》,《天津日报》2022 年 4 月 27 日。

[5]《以实干实效让“平安天津”的名片更加闪亮——第十二次党代会代表、市公安局党委副书记、副局长苗宏伟访谈》,《天津日报》2022 年 6 月 20 日。

[6] 孔琳:《天津:坚持人民至上　奋力书写平安答卷》,《人民公安报》2022 年 6 月 20 日。

[7]《党建引领“融进去”基层基础“强起来”　武清区不断提升治理体系和治理能力现代化水平》,《今晚报》2022 年 8 月 19 日。

[8] 耿堃:《一扇“矛”与“盾”的调解之门——天津坚持新时代“枫桥经验”创新社会矛盾纠纷化解机制》,《天津日报》2022 年 5 月 19 日。

天津市社会心理健康服务状况研究报告

王小波　天津社会科学院社会学研究所副研究员

摘　要： 心理健康是人类健康的重要组成，并关系到社会和谐、平安中国与健康中国建设。天津市积极推动心理健康社会服务体系建设，不断将其融入社会治理体系中。心理健康服务对象面向全体市民，重点关注心理脆弱人群。目前天津以政府公益创投项目为主要形式，由社会组织提供多元化服务，取得较显著的成效。目前面临的主要挑战是：如何更加有效地提供心理服务、解决民众心理问题与现实困难的关系等。未来应继续加强普及心理教育、完善政府购买服务机制、建设"线上线下"心理服务平台，构建与天津现代化社会治理体系相适应的社会心理服务体系。

关键词： 健康服务　心理健康　社会心理　服务体系

世界卫生组织在1948年成立宣言中明确指出，健康是指身体上、心理上和社会上的完美状态，而不仅是没有疾病和虚弱的现象。党的二十大报告指出：人民健康是民族昌盛和国家强盛的重要标志。把保障人民健康放在优先发展的战略位置，完善人民健康促进政策。心理健康是健康的重要组成部分，同时也是影响社会和谐发展与国家长治久安的重要因素，还是影响经济社会发展的重大公共卫生问题和社会问题[①]。心理健康社会服务体系建设被定位为推进平安中国、健康中国建设的重要抓手，需要将其融入社会治理体系、精

① 《社会工作被纳入加强心理健康服务宏观指导意见》，《中国社会工作》2017年第2期。

神文明建设,并纳入健康城市评价指标体系①。

一 天津市社会心理服务体系建设概况

改革开放以来,随着经济社会的快速发展,人们的生活节奏明显加快,心理压力也不断增大,尤其是最近三年新冠肺炎疫情反复、防疫抗疫给人们带来一系列工作、生活、学习方面的不确定性,焦虑、抑郁等情绪问题在民众中比较普遍,老百姓对心理健康服务的需求不断增加。党中央、国务院高度重视社会心理服务体系建设,出台了多个政策文件。2016 年国家 22 个部门联合下发《关于加强心理健康服务的指导意见》(国卫疾控发〔2016〕77 号),2018 年卫健委等 10 部委发布了《关于印发全国社会心理服务体系建设试点工作方案的通知》(国卫疾控发〔2018〕44 号)对党委、政府各部门进行部署,中共中央、国务院印发的《"健康中国 2030"规划纲要》在"促进心理健康"一节中提出"加强心理健康服务体系建设和规范化管理。加大全民心理健康科普宣传力度,提升心理健康素养"。2019 年天津在全国范围内率先以直辖市名义整体申报实施社会心理服务体系建设试点工作。天津市卫生健康委与市委、政法委等 16 个部门联合印发《天津市社会心理服务体系建设试点工作实施方案》,明确工作目标和工作措施,建立多部门共同推进社会心理服务体系建设的工作机制。通过几年努力,天津市初步形成心理健康服务基层网络,建立覆盖区、乡镇(街道)、村(社区)三级的基层心理服务平台。截至 2022 年 8 月,共建成心理健康体验中心 8 家,设立心灵驿站 247 家,累计提供心理健康服务 3.5 万人次②。

天津市工会、市共青团、妇联以及市卫生计生委等分别组织开展天津市心理健康"进单位"活动。组织以专家团队、专业队伍、基层骨干及志愿者队伍为

① 马宁:《从心理健康服务角度谈社会心理服务体系建设》,《首都公共卫生》2022 年第 4 期。

② 《发挥疾病预防控制"天津模式"优势,人民群众健康获得感不断提升》,天津市卫生健康委员会官网,2022 年 8 月 25 日,https://wsjk.tj.gov.cn/XWZX6600/MTBD3030/202208/t20220825_5968478.html.2022-08-25。

服务骨干的人才队伍，开展以心理咨询、心理治疗、精神障碍诊断治疗为主的心理健康服务。据不完全统计，包括公安系统、民政系统、残联系统、财政系统、教育系统、司法系统、卫生系统及基层相关部门等人员近万人参加了各种形式的心理健康教育（见表1）。企事业单位职工对心理健康知识有了一定了解，学会了简单的心理调适方法，在一定程度上提高了市民心理素养。

另外，学生心理健康问题也受到重点关注。天津各高校均设立了学生心理咨询服务中心，很多中小学也建设了心理咨询室，2021 年天津市教委组织专家对各重点区县中小学进行验收检查与访谈，督促各学校减轻学生负担，关注学生心理健康。市安定医院与卫健委联合启动实施了学生心理健康“守门人”项目，建立班主任、心理老师、心理专家三级“守门人”制度，通过使用“心理守门人 APP”，实现在线咨询、转诊绿色通道等功能，逐步建成学生心理健康专业化服务体系，早期预防青春期心理问题的发生，保障青少年心理健康发展。

二　社会心理健康服务的对象、形式与成效

目前天津市社会心理健康服务主要以项目形式推进，由心理学专业团队承接，本文以天津一家具有代表性的组织“天津家合婚姻家庭咨询交流服务中心”为例进行深入分析。天津家合婚姻家庭咨询交流服务中心成立于 2015 年，是以天津良友心理咨询有限公司心理咨询师团队为基础组建起来的民办非盈利社会组织。自成立以来该中心根据社会需求和政府工作重点积极参与社会心理健康服务，与各级政府部门合作完成多个心理健康社会服务项目（总计 30 余项），累计服务人数超过 35，000 人次。曾获得（2018 和 2019 年度）“天津市先进社会组织”称号、（2020 和 2021 年度）“心理咨询志愿服务单位”称号。该中心与天津市民政局合作的“婚姻危机干预项目”于 2021 年获得由全国妇联组织部和联络与交流合作中心组织评选的“全国女性社会组织服务家庭全国特色项目”。文中以下简称家合中心。

表1　天津心理健康社会服务项目示例

立项单位	项目名称	项目形式	实施时间	受益对象	受益人数/人次
中央财政支持社会组织示范项目	“点亮心灵守望银龄幸福——天津养老机构心理健康服务项目”	心理讲座、团体辅导、一对一心理咨询	2016年1—12月	养老机构老年人	测评1022人，讲座6140人，一对一咨询1008人次
中央财政支持社会组织示范项目	“让爱注我家——天津和平区困难家庭心理抚慰示范项目”	心理测评、心理讲座、团体辅导、一对一心理咨询	2017年1—12月	和平区困难家庭	测评1047人，讲座1250人，团辅1250人，一对一咨询1051人次
天津市民政局	婚姻危机干预公益创投项目	团辅活动、离婚辅导、一对一心理咨询、宣传视频	2020年11月至2021年11月	登记离婚夫妻	团辅活动:720人;离婚干预:420人次;一对一心理辅导:100人次
天津市妇女儿童服务中心	滨海新区社区妇女儿童心理抚慰项目	心理讲座、团辅、一对一辅导	2017年1—12月	滨海新区社区妇女儿童	讲座120人，团辅600人，一对一辅导135人次
天津SOS儿童村	儿童及员工心理服务项目	心理讲座、团辅、一对一辅导	2020年1月至2021年12月	儿童及员工	讲座120人，团辅380人，一对一辅导216人次
和平区公益项目	“助力天使梦，希望在明天”残疾人家庭儿童关爱计划	心理测评健康讲座、团辅活动、一对一心理辅导	2015年1—12月	和平区残疾家庭和儿童	测评200人，健康讲座100人，团辅100人，辅导250人次

续表

立项单位	项目名称	项目形式	实施时间	受益对象	受益人数/人次
东丽区公益创投项目	“播撒爱的使者”——东丽区单亲困难母亲心理抚慰项目	团体辅导、一对一心理、辅导	2017 年 3—12 月	东丽区单亲母亲	团辅 200 人，一对一咨询 50 人次
和平区公益项目	“战疫情　助力社区恢复”——“2020 社区社工心理咨询服务赋能”公益项目	心理测评、心理团辅、心理咨询	2020 年 8 月至 2021 年 5 月	和平区全体社工人员	测评 1200 人，团辅 210 人，一对一咨询 10 人次
和平区政府	情暖夕阳红——和平区空巢老人暖心计划示范公益项目	健康讲座、团体辅导、个体咨询	2020 年 1—12 月	居家和养老院的空巢老人	健康讲座 300 人，团体辅导 200 人，一对一咨询 200 人次
河西区卫健委	河西区失独家庭心理抚慰项目	心理讲座、团体辅导	2022 年 1—12 月	失独家庭	讲座 150 人，团辅 150 人

资料来源：天津家合婚姻家庭咨询交流服务中心提供。

(一)服务对象:对健康人群进行心理教育,重点关注心理脆弱人群

近年来家合中心的心理健康服务涵盖了以下方面:老年人群体(养老院老年人、空巢老人、社区老年人心理品质提升);妇女儿童群体(单亲母亲、残疾儿童及工作人员,青少年心理服务热线12338);婚姻家庭心理建设(天津市民政局“婚姻危机干预项目”,与和平区、河西区、津南区、东丽区、西青区民政局合作的“离婚家庭心理干预项目”,与市妇联合作“新家风建设”,妇女心理热线12335);特殊群体(退伍军人、困难家庭、失独家庭、社区服刑人员、在押服刑人员子女等)以及社区心理服务(社工心理技能培训、幼教老师能力提升、亲子关系改善)等。

此外,心理服务对象还包括特定群体,如教师、医务工作者、公交司乘人员、警察、消防救援人员等。可以说,心理健康服务面向全体人民,只有每个人的心理健康水平提高了,才能个体内在的和谐,才能带来外在行动的理性,个体和谐是社会和谐的基石。对健康人进行心理教育,能够提高其心理健康素质,预防心理问题,促进心理成长。对因遭遇生活不幸、处于社会弱势、易发生心理困扰的人群给予重点关注,由专业心理工作者提供心理辅导、情绪疏解、悲伤抚慰、家庭关系调适等心理服务,提高其承受挫折与适应环境的能力。

(二)服务方式:由政府购买公益创投项目,社会组织提供多元化志愿服务

家合中心系天津市民政局注册的民办非营利性社会组织,多年来承接了多项国家、市、区级政府的公益创投项目,是政府购买社会服务取得良好社会效益的代表。各项目均严格按照市财政局《关于政府向社会力量购买服务管理办法》以及《天津市社会组织公益创投规程》(DB12/T634—2016)进行项目申请/投标、竞标、项目实施、中期监测、结项审查等环节。由于这些项目均属于公益创投性质,资金有限,心理专家团队提供的则是专业性心理服务,因此实际上属于志愿服务性质。

多元化服务包括如下形式与内容:

第一，心理讲座。围绕特定主题，如“面对压力，学会释放情绪”“处理亲子关系的若干技巧”等提供心理科普讲座，普及心理健康教育。

第二，团体辅导。在特定范围内（一般为 20～50 人），针对主题设计活动，通过生动的团体活动，增强服务对象对心理体验的直观感受。

第三，心理咨询。由咨询师在一定时间内（一般为 50～60 分钟），以一定频率（一般为一周一次）进行一对一心理辅导，项目设计一般提供 4～6 次免费个体心理咨询。

第四，心理测量。由具有心理测量资质的人员使用心理测量工具/量表通过规范操作程序，对个体能力、人格、心理素质进行测量，其结果具有科学性。心理测量是对心理疾患进行鉴别诊断、在群体中进行心理问题筛查的重要手段。也可对施测人群通过前后测数据对比分析，衡量心理干预效果。

第五，心理援助热线。由专业心理工作者或经过心理热线专门培训的接线员，针对不同对象展开，如妇女热线 12338，青少年热线 12335，24 小时自杀干预热线，以及疫情期间的心理援助热线等，专业人员以志愿服务的形式进行免费支持性心理疏导工作，帮助来电者纾解焦虑、平复情绪、维护心理健康。

第六，心理危机干预。对因遭受严重灾难或重大生活事件而产生极大精神压力，陷于痛苦不安、处于崩溃边缘、有自杀自伤或伤害他人冲动的当事人，进行评估、干预、教育，防止其发生伤害自己或他人的过激行为。

（三）家合中心服务项目成效显著

1. 普及心理健康基本常识，提高民众心理素质

自 2015 年以来家合中心进行了几百场心理讲座，共有 12，478 人参加。内容涉及“探索潜意识——心理学基本常识”“躯体化——心理问题的身体表达”，压力管理与心理调适、亲密关系、亲子关系、人际沟通、识别常见心理行为问题、辨识心理疾病等不同主题。心理科普讲座帮助人们重视心理问题，认识到心理健康是健康的重要组成，身心之间相互影响。心理健康讲座提高了人们的心理健康意识与心理素养，有益于预防缓解焦虑情绪，保持情绪健康；使人在有情绪问题与心理压力时，积极面对、不消极逃避，通过情绪管理、压力管

理方法进行自我调适,有利于减轻民众不良情绪,构建理性、平和的社会心态。

2.“婚姻危机干预项目”对家庭稳定做出贡献

近年来天津离婚率不断升高,2011—2020年,变化呈现出结婚对数逐年下降,离婚对数逐渐上升的趋势。天津市民政局及各区县民政局积极采取各种措施降低离婚率,维护家庭稳定。其中重要措施之一就是对申请离婚者进行现场婚姻危机干预,减少冲动型离婚——感情用事、赌气分手、草率离婚的发生。

家合中心连续多年在天津市民政局,以及和平区、河西区、东丽区、西青区、津南区等区县民政局婚姻登记处进行婚姻辅导。在天津市民政局离婚干预一年期项目中,共有210对准备离婚的夫妻进行了心理咨询,其中103对夫妻现场撤回了离婚申请,愿意重新考虑离婚问题,成功率为49%。在其他区县共有1482人进行了离婚咨询,有52%的人现场撤销离婚申请。其他参加婚姻咨询的人虽没有改变离婚想法,但对自己的婚姻及离婚决定有了更深入的理解和思考。婚姻危机干预通过对离婚夫妻进行心理干预,帮助当事人认识婚姻的内涵,了解家庭角色和任务,引导其重新评估各自的婚姻;学习看到彼此,有效沟通,解决夫妻矛盾,使部分处于危机中的婚姻关系得到修复;减少因夫妻关系破裂对孩子造成的不良影响,促进了家庭稳定与社会和谐。

3.“心理危机干预”降低心理危机的危害

在发生重大自然灾害、事故灾难和公共卫生事件等突发事件后,需要迅速开展救助,其中不仅包括物资救助,还有一个重要方面就是心理救助,为避免创伤后应急障碍给人们带来的心理危机,心理工作者都在第一时间赶赴现场。

有学者针对新冠肺炎疫情发生后公众心理援助需求进行了调查,对心理问题需求度最高的分别是强迫性思维、疫情带来的负性情绪和被隔离引起的不良情绪[①]。在中央有关部委的积极部署下,天津市对疫情相关重点人员——与新冠肺炎相关的患者及其家属、隔离人员、抗疫工作人员等重点群体,及时

① 单格妍等:《新冠肺炎流行期间河南公众心理援助需求的现状调查》,《中国临床心理学杂志》2020年第8期。

给予心理疏导和干预，并通过心理热线为大众提供心理援助，有效避免了焦虑、恐怖等不良情绪的蔓延，对稳定大众情绪做出积极贡献。如天津大学心理健康教育中心在疫情期间积极投入心理援助志愿服务工作。自 2020 年 1 月 30 日至 2020 年 5 月 7 日 24 时，网络平台总预约心理辅导达 870 人次，为求助者进行网络心理辅导 1155 人次，心理援助热线接待来电者 96 人，回复邮件咨询 50 人；累计推送 133 篇疫情期间心理调适的科普文章及新闻，阅读量达到 42,220 人次；累计为心理志愿者团队开展督导 217 场，共计 2090 人次参加；邀请国内多名心理热线干预专家及危机干预专家助力培训活动，共举办疫期心理援助专项培训 5 场。疫情期间心理工作者普及心理健康知识，疏导不良情绪，并接受了包括天津电视台新闻频道、都市频道、《中国青年报》、新华社、《今晚报》等媒体的采访，产生了良好的社会效应。

4. 遵循心理规律，运用心理学方法，开展柔性社会治理

有人的地方就会有矛盾，有矛盾的时候保持平和心态才能理性处理。了解、遵循心理规律，学习运用心理学方法和技术，对于开展社会治理具有重要作用。理解、尊重服务对象的前提是理解和尊重自己。“晓之以理，动之以情”就是在平复自我情绪、和对方交流感情之后再进行理性沟通，所以提高社工人员及其他政府窗口单位人员的心理素质和情商水平就变得十分重要。家合中心的“社区社工心理技能培训”项目，还对公安民警、行政事务管理中心等窗口单位人员等进行心理辅导，帮助提高服务者共情理解他人的能力，学习与人沟通的技巧，提升人际沟通能力。在社会治理中，既不能以权压人、以势治人，造成社会矛盾的激化，也不能一味要求工作人员压抑自我、永远“微笑服务”，而要在提高自我心理耐受、抗压能力的基础上，学会共情理解对方的需要，从而获得对方的理解与支持，运用柔性治理方式达到降低社会治理成本的目的，真正做到以人民为中心的社会治理。

三　天津社会心理健康服务中的困惑与挑战

天津的社会心理服务虽然取得了一定成效，起到良好作用，但社会心理服

务体系建设是一项全新工作,目前的心理健康服务与社会心理疏导机制,还不能满足人民群众日益增长的心理需求及经济建设的要求,目前天津社会心理服务仍面临着很多问题与挑战。

(一)民众对心理服务有需求但参与率仍较低

很多社会组织在进行心理健康服务的过程中,都有一种体会,就是参与者不是很积极。其实,在每一项心理服务项目设计前都会提前进行调研,按照社区或单位组织方需要进行设计,但让项目实施者头疼的是,在服务过程中,服务对象参与率有时会比较低,比如在机关单位组织心理讲座,前来参加者并不十分踊跃,理由是“有工作走不开”;在社区里,参加者则常常因“要回家接孩子”而提前离开,心理讲座的吸引力似乎不大,虽然都是免费提供但参加者似乎依然不愿意付出时间成本。只有参加学校家长会的家长们会特别认真,并在聆听心理教育、家庭教育讲座后发现这些知识“非常有用”。

分析发生这种状况的原因是:很多人认为自己心理很健康,没有心理问题,因此对心理健康知识抱怀疑态度,不愿花费太多时间,只有当遇到困难导致心理困惑时,才临时抱佛脚,到处寻求帮助。还有另一种原因是心理服务项目一般由领导决定,并不符合下属员工或社区百姓的需要,导致心理服务无法充分对接百姓需要。第三方面原因是,目前社会上对精神心理问题的偏见和歧视依然存在,阻碍公众主动寻求帮助,由于居民的心理健康意识不强,自我觉察能力欠缺,同时存在认知误区,病耻感普遍,因此居民寻求心理教育的主动性不强。由此造成居民的心理素养亟待提高,而现实中社会心理健康服务资源利用并不充分的状况。

(二)心理问题长期性与服务项目短期性之间的矛盾

我们常说“人的工作最难做”,是因为每个人都有自己的心理需求和心理固定模式。心理模式是长期形成的,尤其对于那些特殊困难群体,他们的内心较之于其他人而言更为偏执、强迫。心理工作不是思想政治工作,不是讲大道理,而是注重和人建立情感连接。和那些安全感、信任感不高的人在初期很难建立关系，所以说需要专业心理工作者来做。一旦关系建立起来，这些人也最重感情，希望保持关系。如果建立之后再离开会对受访者造成二次伤害。因此心理服务的长期性非常重要。但是一般心理服务项目最长一年，短则三五个月；同时一对一心理咨询最多提供4～6次，这么短的时间刚刚建立起关系，之后只能中断，会给受访者带来新的心理困扰。因此如何解决心理服务的长期与稳定是一个亟待研究的问题。

（三）对心理困扰人群需区分现实问题与心理问题

目前人们的心理健康问题与我国社会正经历着急剧的社会转型分不开，经济转型、快速城市化、阶层分化、住房商品化以及教育体制改革等社会变迁，加之社会心态、价值标准等的变化都造成人的心理不平衡与各种焦虑。一方面，绝大多数人的物质需要得到满足，生活水平提高，在追求自我实现的过程中产生不满与焦虑等情绪或心理问题；另一方面，也有相当一部分人存在着家庭分离（离乡背井的流动父母、无人管教的留守儿童）、因病致贫、老无所依（空巢、丧偶、失独家庭）、无法融入社会（残障人士、刑满释放人员）等现实困难而带来的心理问题，他们成为心理健康的高风险群体。这些问题不能仅依靠心理抚慰来解决，而是需要社会切实为他们解决生活工作方面的现实困难。提高和促进个体的心理健康水平，要从优化社会环境和提高个体应对压力的能力两方面入手。所谓优化环境，就是创设更为健康的工作、生活环境。一个健康、理想的社会对个体提出的要求是适度的，并使整个社会生态系统保持健康和有效性，杜绝各类社会不公，社会与个体采取互动、合作的态度，而不是一味压抑个体的自由与创造性，这样才能激发个体努力学习新知识、更新观念、提高自身能力完善自己，获得个体与社会的共赢。[①] 从国外经验看，社区中，社会工作者与心理咨询师共同合作，心理咨询师解决受助者的认知与观念问题，社工人员提供社会资源帮助受助者解决现实困难，从而一起帮助困境人群脱离人生低谷。目前来看，我们在这方面的工作仍处于空白，在认识上也存在误

① 俞国良：《社会转型：心理健康服务与社会心理服务》，《黑龙江社会科学》2018年第4期。

区:要么认为心理援助没有用,只需提供物质资助就可以了;要么认为心理支持是万能的,态度决定一切,万事都从弱者自身找原因。这导致当前社会心理服务体系中没有社会工作者的加入,社会脆弱人群无法得到更好地符合现实需要的援助。

(四)社会心理健康服务效率亟待提高

从全国范围看,继2021年北京率先将部分社区心理咨询室纳入医保范围之后,深圳、广州、江苏等省市也相继提出心理健康服务纳入医保的试点工作,尤其是日前江苏省在全省统一执行将心理治疗项目纳入医保支付范围,可以说执行力度非常大。这为全面铺开心理健康服务、消除心理疾病患者的病耻感、提高人们对心理疾病的重视度做出示范。当前天津尚未有这方面的举措,仍主要通过社会组织申请政府公益项目实施心理健康服务。这方面目前也存在一些问题:由于心理健康服务是精神劳动,其效果无法及时呈现,不像其他政府采购可直接看到物质成果,所以监管十分困难。但目前的项目审核程序十分烦琐,工作人员往往要“干一天活,做两天表”,给提供服务带来较大负担。如何简化程序,发挥社会组织灵活度高、创新性强的特点,使社会心理服务成本更低、效率更高,值得研究。

另外,根据《关于印发全国社会心理服务体系建设试点工作方案的通知》要求“搭建基层心理服务平台,依托村(社区)综治中心等场所,普遍设立心理咨询室或社会工作室”。有一个场所很重要,但更为重要的是软件、人才、服务的问题。要想让基层社会心理服务落到实处,让老百姓有心理困扰时可以放心求助,就需要大量的心理工作者。如何提高心理人员的专业性、加强督导工作,规范基层服务、提高心理服务效率等问题亟待研究解决,使天津尽快跟上全国先进省市的前进步伐。

四　未来展望：继续扎实推进心理健康社会服务体系建设

（一）构建与天津现代化社会治理体系相适应的社会心理服务体系

推进城市治理体系和治理能力现代化，需要建立在科学化、人性化的基础之上，从服务对象的心理需要入手，有关决策的目标必须与人民的物质及心理需要的满足有机结合，在满足政府及社会需要的同时，充分考虑人民的真实感受、情绪体验以及承受能力①。在重大决策出台前，要充分论证、多方调研、对政策涉及的有关对象的心理反应及行为倾向进行预测与预警，纳入风险评估。每一项政府决策都应建立在客观评估与民主协商的基础之上，最大可能减少对人民信心、情感和心理的伤害。在社区治理层面，引入心理学特别是社会心理学视角，增加个体控制感，提高社区归属感，在利益共同体之外还要构建价值共同体、精神共同体，杜绝长官意志和以治理者为中心，这样群众才能加强自律、求同存异，守住道德和精神底线。将心理服务体系建设与平安天津、健康天津相联系，共同推动社会经济事业的发展。

（二）有效发挥各类媒体作用，大力普及民众心理教育

社会心理服务体系建设是一项全新的工作，当前我国社会对调动居民自我心理保健的积极性、方法指导和作用发挥尚不充分，仍需要加大宣传。开展多种形式的科普宣教，除了进社区、进企业的心理讲座之外，针对大众的心理教育还要采取更加灵活的方式，要充分利用人们的碎片化时间，利用电视、广播等传统媒体的权威性制作公益广告进行观念普及，利用微信公众号、小程序等自媒体的灵活性、趣味性引发人们对心理健康的重视。内容方面应着重开展关心理健康素养、抑郁症、焦虑障碍、失眠等相关知识的普及。

① 肖汉仕：《促进全民心理健康的社会心理服务机制研究》，《湖南社会科学》2020 年第 4 期。

(三)建立和完善社会心理服务的政府购买服务机制

要将政府购买心理服务的经费投入纳入社会治理经费的预算。对心理服务类社会组织进行调研,制定相应的监督管理制度措施和准入机制,加大管控力度,完善政府购买社会工作服务成本核算制度与标准规范、购买社区服务指导性目录,围绕社区营造、心理健康知识普及、心理援助等服务领域,培育一批专业水平高、服务能力强的社会组织。除了加强社区心理服务站、建设标准化的社区咨询室等硬件设施外,还要加大政府购买社区心理服务力度,让更多专业社会心理服务机构和组织,投入到社区心理服务中来,缓解社区心理服务人员不足、专业性不强等困境。同时加强对专业社会心理评估、社会心理服务培训,以及对心理服务社工的采购,建立和完善符合百姓需要的新时代社会心理服务政府购买机制。

(四)完善心理健康服务网络平台,加强心理健康监测

建立线上与线下相结合的心理服务平台,满足不同群体的心理健康服务需求。线下服务将心理服务体系与社区网格化治理有机融合,关注社区内重点对象,比如,社区戒毒人员的心理调适需要有一定的抗压能力,失业人员的就业工作需要有就业方面的基础知识,残疾人的个别性帮助需要有残疾政策方面的知识储备,对服务者提出了具体而高效的要求。线上服务平台是利用现代互联网和手机等智能终端开展心理健康知识科普、心理测试和心理咨询等心理健康服务。充分调动外地、远程资源,使群众足不出户享受及时的心理健康服务,实现资源的优势互补、共享。不是一个社会组织就能够解决所有居民心理问题,并且需要持续性的帮助,因此要有效整合现有服务资源,优化基层心理服务平台,组织社会工作者、心理咨询师、社区志愿者、人民调解员、社区警务人员、法律服务者等,共同为社区居民提供包括健康教育、心理疏导、社工服务等服务,满足百姓需求。同时,要进行心理监测,对重点人员建立心理健康档案,及时发现心理异常人员动态,尽早进行心理干预,解除心理危机,避免出现过激行为。

总之,构建社会心理健康服务体系需要在社会治理思想的指引下,以政府治理为主导、以居民需求为导向,发挥心理学、社会学、精神医学各专业人才优势,构建起集平台共建、专业共治和成果共享于一体的社区平台与服务路径,最终提升全体市民的心理健康水平,构建和谐社会。

天津市网络舆情研究报告

李　莹　天津社会科学院舆情研究所副研究员

摘　要： 2022年，天津市以习近平新时代中国特色社会主义思想为指导，紧紧围绕党的二十大召开的主题，全面贯彻落实市第十二次党代会精神，牢牢掌握意识形态工作领导权，坚定弘扬主旋律，为经济社会高质量发展提供了有力舆情支持。将网络舆论工作放在重要位置，坚持依法管网治网，积极关注社情民意，及时回应网民呼声，正确引导网络舆论，发挥反映民意、汇聚民心的重要作用，实现了网络空间的持续清朗，营造了良好的网络舆论环境。

关键词： 天津　网络舆情　公共政策

一　2022年天津市网络舆情概述

2022年，天津市以习近平新时代中国特色社会主义思想为指导，深入学习宣传贯彻党的二十大精神，全面落实市第十二次党代会精神，牢牢掌握意识形态工作领导权，坚定弘扬主旋律，发挥引导网络舆论、反映民意、汇聚民心的重要作用，建设积极健康网络舆论生态。

（一）全网迎庆党的二十大舆论氛围浓厚

2022年，天津市在全市各级党组织和全体党员干部中开展"迎盛会、铸忠诚、强担当、创业绩"主题学习宣传教育实践活动，掀起以实干实践、奋发奋斗迎接党的二十大胜利召开的热潮。"奋进新时代"主题成就展天津展区展现了党的十八大以来天津波澜壮阔的发展画卷。天津市社会科学界联合会联启动开展“喜迎二十大·奋进新征程”天津社科界深学笃用走基层活动，由天津市委教育工委、市教委主办的“喜迎二十大·百场忠诚教育思政大课”校园巡讲活动覆盖全市大中学校。打通网上网下两个舆论场，广泛开展网络主题宣传，在全网唱响迎庆党的二十大主旋律。

大会召开后，党的二十大报告在天津社会各界引发热烈反响，大家表示，要把学习领会党的二十大精神作为重要政治任务，深刻把握新时代中国特色社会主义的伟大成就，坚定捍卫“两个确立”、坚决做到“两个维护”，为全面建设社会主义现代化大都市，奋力谱写全面建设社会主义现代化国家新篇章贡献智慧和力量。天津媒体推出系列报道和理论文章，津云、北方网等开辟“聚焦党的二十大”专栏，跟踪会议进程，传播代表声音，刊发和转载重要评论文章，大力宣传阐释会议精神和天津市学习贯彻会议精神情况，营造了浓厚的舆论氛围。

（二）学习践行习近平新时代中国特色社会主义思想

天津市始终把学懂弄通做实习近平新时代中国特色社会主义思想作为重要政治任务，积极推动学习入脑入心。一年来，深入学习贯彻《习近平谈治国理政》第四卷、习近平总书记在省部级主要领导干部专题研讨班上的重要讲话精神，深入学习践行习近平经济思想、外交思想、法治思想、生态文明思想等。坚定不移推进习近平新时代中国特色社会主义思想在天津扎实实践，坚决贯彻落实习近平总书记对天津“三个着力”重要要求，坚决贯彻新发展理念，着力提高发展质量和效益，推动经济社会发展全面步入高质量轨道。

注重做好宣传工作，营造强大的舆论声势。生动展现习近平新时代中国特色社会主义思想的真理伟力，展示新时代十年的伟大变革，讲好天津人民紧跟核心团结奋斗、勇于拼搏的故事，营造了全市上下维护核心、激情奋进的浓厚氛围。人民网、中国经济网等推出《天津全面建设社会主义现代化大都市》《把发展经济着力点放在实体经济上》《深学笃行勇争先》等报道，描述习近平总书记为天津擘画的宏伟蓝图正在变成美好现实。

(三)学习天津市第十二次党代会精神掀起热潮

市第十二次党代会的召开引起强烈反响,社会各界热议会议精神。舆论认为,今后五年是天津各项事业蓬勃发展的重要时期,市第十二次党代会描绘了天津未来五年的发展蓝图,贯彻落实党代会精神,最好的应答是行动。更加完善的现代化经济体系、更有活力的市场主体、更先进的治理水平、更有保障的生活……实现这些目标任务,需要更坚强的意志、更坚定的信心。民众普遍表示,要进一步把思想认识行动统一到党代会精神上来,把智慧和力量凝聚到党代会确定的目标任务上来,奋进新征程、开创新局面。

媒体推出系列宣传报道,迅速兴起学习宣传贯彻市第十二次党代会精神的热潮。党代会召开后,北方网、天津政务网等多家网络媒体推出市十二次党代会专题报道,专家学者就会议精神进行解读。在全市范围内集中开展党代会精神宣讲活动,发挥新兴媒体与传统媒体的联动优势,充分利用各种宣传形式和手段,采取群众喜闻乐见的形式,开展全方位、立体化、多角度的宣传解读,推动党代会精神进企业、进农村、进机关、进校园、进社区、进军营、进网络,使党代会精神落地见效。

(四)新时代网络文明建设深入推进

2022 年,备受关注的中国网络文明大会在天津举行,发布《共建网络文明天津宣言》,提出“形成中国特色、中国风格、中国气派的网络文明新格局”“像爱护绿水青山一样爱护网络生态,像净化空气环境一样净化网络生态”,发出迈向数字文明新时代的中国新声,彰显数字文明的中国向度。天津聚焦新时代网络文明建设目标任务,丰富方式方法,创新路径载体,着力提升网民特别是青少年媒介素养,使广大网民成为正能量的传播者、网络治理的参与者、网络文明的建设者。

2022 年,天津市深入贯彻落实习近平法治思想,围绕宪法、民法典等开展网络普法宣传,将网络不文明行为的曝光警示融入网络普法。推出全国第一档网络法治节目——《天津网络法治时间》,运用动漫、图文等新媒体方式,将专业化的法律术语转化为网民喜闻乐见、通俗易懂的生活话语、网言网语，增强了广大网民的法治意识。

（五）“净网2022”专项行动获得网民积极评价

一年来，天津公安机关坚持依法管网与综合治理并举，全力开展“净网2022”专项行动，严厉打击网络违法犯罪、持续深化网络空间治理，切实维护人民群众的生命财产安全。公安机关紧紧围绕人民群众关切、危害人民群众切身利益的网络违法犯罪，坚持以打开路、以打促管、以打促治，将打击侵犯公民个人信息、黑客攻击破坏等网络违法犯罪活动置于突出位置，获得网民积极评价。

加强宣传引领推进，持续营造浓厚氛围，充分展示成效战果。公安机关通过“声屏报网端微”全媒体同步宣传，“公安＋行业”同频共振，组织反诈宣传进社区、进农村、进家庭、进学校、进企业等“五进”活动，将反诈宣传与疫情防控有机结合，积极构建覆盖全社会的反诈宣传体系。截至2022年9月7日，全市电子屏滚动播放反诈防诈宣传视频261万次，全媒体刊发防范宣传报道3400余篇，转发推送防范文章3509万余次，努力营造全民反诈、全社会反诈的浓厚氛围，不断提升群众防骗识骗能力，提升民众网络获得感。

二　天津市网络舆情特点分析

2022年，在复杂多变的舆论场中，涉津网络舆情呈现出传播速度快、持续时间长的特点。依托“舆情之家”监测平台，利用相关舆情监测指标体系，舆情研究所从2022年1—9月的30,000余例事件中筛选出90个典型案例，通过设置舆情热点关键词，统计在主要舆情表达平台上的信息数据。总的来看，2022年网络舆情态势较为平稳，案例排行榜首尾两部分事件热度指数则呈现差距明显的特征。

(一)全网时间分析:第三季度舆情事件相对密集,7月份为舆情高发期

2022年天津市舆情态势总体平稳,各季度舆情事件总量呈递增趋势,且主要集中在第三季度(见图1)。

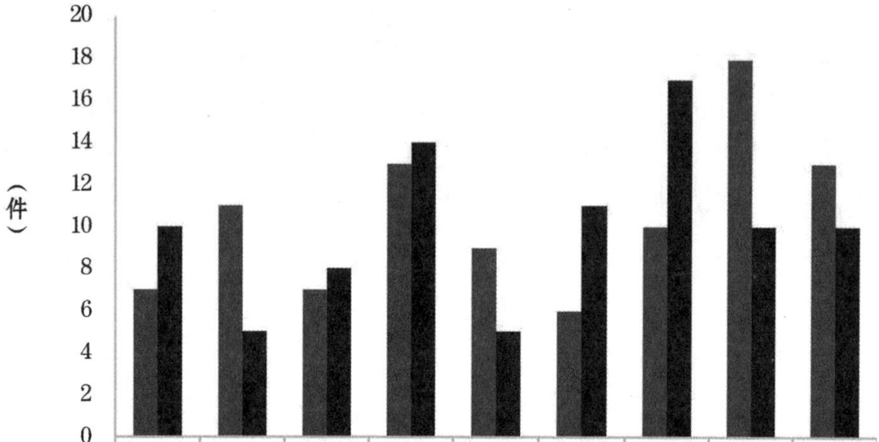

	1月	2月	3月	4月	5月	6月	7月	8月	9月
■2021年	7	11	7	13	9	6	10	18	13
■2022年	10	5	8	14	5	11	17	10	10

图1 2021—2022年涉津舆情月份分布

2020年第一季度,共发生涉津热点舆情事件23件,其中1月10件、2月5件、3月8件。第二季度,发生涉津热点舆情事件32件,其中4月14件、5月5件、6月11件。第三季度,发生涉津热点舆情事件37件,其中7月17件、8月和9月各10件。从月度看,2022年涉津舆情事件数量呈现波动态势。2021年各季度涉津舆情事件数量为,第一季度25件,第二季度28件,第三季度41件。从季度看,2022年和2021年涉津舆情事件数量均呈逐季递增态势。

（二）行政级别分析：市级舆情持续高发，区县级舆情紧随其后，考验舆情应对能力

通过天津市网络舆情事件发生地行政级别分布分析，市和区为主要舆情发生区域，占比分别为40.0%和33.3%，两者之和超七成；其次是涉及其他省的舆情，占比为15.6%；再次是乡镇（街道）和村级的舆情，占比分别为10.0%和1.1%（见表1）。

表1　2018—2022年天津市网络舆情事件发生地行政级别分布　　单位：%

事件发生地的行政级别	2018年	2019年	2020年	2021年	2022年
省级（其他省）	1.7	0.8	13.3	14.2	15.6
市级	32.5	47.5	22.5	32.5	40.0
区县级	41.7	39.2	48.3	37.5	33.3
乡镇、街道	16.7	8.3	11.7	10.0	10.0
村　级	5.0	—	2.5	1.7	1.1
全　国	0.8	2.5	—	1.6	—
国　际	1.7	1.7	1.7	2.5	—
合　计	100	100	100	100	100

备注："—"表示0，指没有发生舆情事件。"省级"表示发生的舆情和其他省份有关，"市级"表示发生的舆情在天津本市范围内，"全国"表示发生的舆情涉及全国其他地方，"国际"表示发生的舆情涉及境外。

通过比较2018—2022年天津市网络舆情发生地行政级别发现，2022年天津市涉及其他省的舆情事情占比在五年中最高，且近三年呈逐年增加的趋势。2022年，区级和村级舆情事件则在五年中占比最低，且近三年呈逐年下降趋势。2022年乡镇（街道）级舆情事件数量与2021年持平。

(三)事件载体分析:新媒体继续成为舆情发酵载体,政务网站在首曝平台中占比最多

当前,全媒体传播使大多数社会公共事件舆情已不再局限于单一平台或单一中心的发散式传播,而是新媒体与传统媒体相互交织,舆情呈融合化传播特征,并以最快速度实现大范围扩散,最终酝酿成舆情事件。

在 2022 年涉津网络舆情事件的关注媒体类型分布中,新媒体继续成为核心发酵载体,占比 96.7%,且比例逐年增长;传统媒体占比为 3.3%(见表 2)。

表 2　2018—2022 年事件的首曝媒体主要类型分布　　单位:%

首曝媒介具体类型	2018 年	2019 年	2020 年	2021 年	2022 年	平均
传统媒体	25.8	10.8	8.3	5.0	3.3	10.64
新媒体	74.2	89.2	91.7	95.0	96.7	89.36
合　计	100	100	100	100	100	100

备注:首曝媒介表示第一时间发布。分为传统媒体和新媒体两类:一类是新媒体,主要包括微博、微信、客户端、短视频、网媒、论坛社区、官方网站等;另一类是传统媒体,主要包括报纸、广播、电视、通讯社等。

大数据环境下,除政务网站在首曝媒介中排名居首外,短视频凭借“短、平、快”的内容传播优势,在首曝媒体中占比达 26.7%(见表 3),同比增长 19.2 个百分点,传播效果明显。由于短视频具备较强的用户黏性,成为制造和扩散舆论的重要渠道。

表3　2018—2022 年天津市舆情事件的首曝媒体具体类型分布　　单位:%

首曝媒介具体类型	2018 年	2019 年	2020 年	2021 年	2022 年
政务网站	31.7	32.5	41.7	55.8	35.6
短视频	8.3	6.7	6.7	7.5	26.7
微　信	3.3	5.0	16.7	13.3	21.1
网络新闻	14.2	20.8	5.0	0.8	5.6
客户端	—	1.7	3.3	1.7	4.4
微　博	14.2	20.8	15.0	14.2	3.3
报　纸	19.2	9.2	6.7	0.8	2.2
广　播	3.3	—	0.8	0.8	1.1
通讯社	—	1.7	2.5	1.7	—
论坛社区	1.7	1.7	1.7	1.7	—
官方网站	0.8	—	—	1.7	—
电　视	3.3	—	—	—	—
合　计	100	100	100	100	100

备注:“—”表示0,指没有媒体首发曝光舆情事件。

三　天津市网络舆情引导分析

2022 年,天津市将网络舆论工作放在重要位置,坚持依法管网治网,积极关注社情民意,及时回应网民呼声,正确引导网络舆论,实现了网络空间的持续清朗,营造了良好的网络舆论环境。

(一)有效应对涉疫舆情,增进协同防疫共识

精准防控疫情并公开信息,满足网民信息需求。2022 年,天津市疫情时有反复,涉疫舆情不时成为网络舆论的重要话题。天津市通过卫健委官网、“天津发布”双微、津云等多个平台,每日通报天津市内及全国范围内的疫情最新情况。在疫情严重时期加大通报频次,并及时召开新闻发布会等,以权威信息

有力引导网络涉疫舆论。通过“天津举报”“天津辟谣”等传播矩阵,及时澄清涉疫谣言传言,有力净化了涉疫舆论环境,得到网民的高度认可。天津市明确指出,要“深刻、完整、全面认识党中央确定的疫情防控方针政策”,毫不动摇坚持“动态清零”总方针,巩固了防疫主流话语阵地,增进了社会各界协同防疫的共识。

为展现全市攻坚克难迎战奥密克戎,天津市委宣传部、市委网信办、津云新媒体等,于 2022 年 1 月 11 日起在抖音、快手短视频平台和新浪微博平台同步发起话题#天津“硬刚”奥密克戎#,充分发挥媒体融合优势,打造立体化传播格局,广泛传播生动的战疫短视频作品。截至 2022 年 1 月 26 日,合计有6000余部短视频作品,点击量、阅读量达到 11.5 亿次,在社交媒体平台有力增强了主流舆论的引领力,凝聚起抗疫的津城力量。津云新媒体充分发挥津云短评的优势,有效占领网络宣传阵地。例如,短评《“硬刚”奥密克戎,天津感谢有你!》,运用网络热词、故事化叙事和情感动员等方式创新舆论引导,吸引网民关注,消除社会恐慌,化解风险舆情议题,增强了主流意识形态传播效果。

(二)积极进行自主议题设置,有力有效引导网络舆情

2021 年起,“津典城市故事”网络主题活动启动,2021 年制作 50 集短视频,第二季推出 2022 年系列短视频作品。2021 年 12 月 23 日,融媒体城市推介书《遇见天津》首发,该书将短视频中的精华进行延展叙述,以内设二维码可观看短视频结合图文阅读的形式,记载了津城的历史遗存与现代经典,对于宣传天津城市形象、展现天津城市魅力发挥了积极作用。2022 年将推出第二本融媒体城市推介书《感知天津》。短视频具有可视化和互动化的优势,很多产品通过多次传播实现效能最大化。该活动将碎片化和系统化相结合,采用短视频进行网络传播,同时将相关报道转化为文字、图片和二维码出版,通过多种渠道实现立体化传播,满足多种用户需求。

为贯彻落实习近平总书记“‘大思政课’我们要善用之”的重要讲话精神,2022 年 3 月 21 日,“津门网络大思政”平台上线,对天津市大中小学全体师生

开展网络思政教育。该平台聚焦天津“思政小课堂”结合“社会大课堂”的宣传，做好天津“线上＋线下”思政融课的报道，通过讲好“青年话”“少年语”，确保主旋律“不缺席”“不落伍”，开创网络思政教育新模式，构建网络思政育人新格局。平台颠覆传统说教，创新讲述形式，善于讲思政故事，为思政课注入活力。通过组织比赛调动师生积极参与，通过参与增进情感认同和思想认同，增强传播效果。平台主办方之一的央广网利用 PC 端、官微、移动端及央视频 APP 等强大新媒体矩阵，将平台推广至全国，推送天津思政教育的好经验、好做法，使新时代的思政工作突破地域限制，展现出生机活力。

（三）做好重大主题宣传和节庆传播，壮大主流舆论声势

天津市积极开展重大主题宣传引导活动，创新传播内容和形式，提升传播效果。例如，2022 年清明节期间推出“最闪亮的坐标”网络主题宣传活动，通过讲故事与网民平等交流，通过增强互动引导用户主动参与，积极传播社会主义核心价值观。活动深入挖掘天津本土的英烈事迹，通过缅怀英烈、以情动人弘扬爱国主义精神，得到网民强烈关注和积极点赞。活动推出航拍、直播、H5 等 40 余部，阅读量突破 1100 万次。高度重视传播手段创新，全部采用线上方式开展，津云等新闻网站开设相关专题专栏、设立主题听单、打造主题声音明信片，全渠道聚焦主题活动，贯通大屏小屏，营造浓郁氛围。

节庆传播对舆情引导发挥着重要作用，“借助节庆传播可以把主流舆论年复一年地重温”。天津市高度重视节庆传播的作用，积极策划节庆报道，增强主流舆论声量。例如，2022 年 2 月，春节即将到来之际，启动“听妈妈的话”网上主题宣传活动，推出微视频、Vlog 和图文新媒体产品等，以小切口弘扬大主题，产生强烈反响。2022 年，为庆祝中国共青团成立 100 周年，天津市开展了“我们正青春”网上互动引导活动，推出原创融媒体作品 40 余部，讲述青年奋斗故事，展现青春风采。节庆期间，天津市在网络传播中发挥了壮大主流舆论的作用。

(四)持续推进廉政建设,主动引导反腐舆情

天津市密切关注反腐领域的热点话题,及时公布立案查处等信息,以主动出击的姿态引导反腐倡廉类舆情。在2022年天津市网络热点事件中,涉及反腐倡廉的以纪委监委等部门主动通报为主,主动通报查处人员信息,展示了顺应民意、自觉接受监督的形象,在反腐舆情处置方面占据了主动。被立案审查人员涉及多层级多部门多领域,反腐无例外、无禁区获得舆论点赞。

天津市向社会各界持续释放"有腐必反、有贪必肃"的信号,始终牢牢掌握反腐舆情的主动权,多措并举在网络舆论场营造出"不敢腐、不能腐、不想腐"的整体氛围,取得了良好成效,赢得网民点赞,强化了网民支持反腐的决心和信心。此外,依托中央、市、区各级媒体和政务新媒体,大力宣传先进典型,传播廉洁文化,对全网全社会进行廉洁教育,对良好社会风气和舆论生态建设起到了促进作用。

四　天津市网络舆情应对建议

2022年天津市有力应对各类网络舆情事件的风险考验,保持了网络舆论的总体稳定。基于全国及天津舆情态势,对今后一个阶段的网络舆情应对提出以下建议。

(一)宣传贯彻落实好党的二十大精神,牢牢掌握意识形态工作领导权

将学习宣传贯彻好党的二十大精神作为当前和今后一个时期的重要政治任务,在全社会迅速掀起学习党的二十大精神的热潮。加强理论宣传,组织好报告会、宣讲团、专题培训、学习交流等活动,深入阐释党的二十大报告精神内涵,特别是报告提出的新论断、新理念、新部署、新要求。充分发挥天津融媒体优势,利用"两微一端"、直播短视频平台、网络社群平台等多媒体融合创新,合力宣传报道党的二十大精神。发挥短视频丰富生动、互动性强等特点,作为党的二十大宣传的重要传播渠道。

继续做好网络正面宣传和舆论引导。一是加快推动主流意识形态精准化传播,让正面的声音先入为主,夯实主流意识形态在传播场域的主导地位。二是做好重要会议和活动的宣传报道,针对天津两会、全国两会、重要节日等关键时点,各部门、各单位高质量完成宣传任务。三是制定和执行好重大突发事件舆情应急预案,如遇突发舆情,能够及时有效介入,做好舆情应对,最大限度地减少负面影响。四是多部门联动、网上网下协同,将主流媒体宣传与各类线下活动相结合,将学习习近平新时代中国特色社会主义思想与具体工作相结合,牢牢掌握意识形态工作领导权。

(二)维护网络社会稳定,持续打造清朗网络空间

抓好网络舆情工作,首要的是思想上高度重视。2022年以来,天津市各级党委和政府始终把网络舆情工作放在重要位置,网络舆情形势总体良好,网络空间持续清朗。习近平总书记指出,“网络空间天朗气清、生态良好,符合人民利益。网络空间乌烟瘴气、生态恶化,不符合人民利益。”做好今后一个时期的网络舆论工作,要注意以下几个方面:

一是强化思想引领,认真学习习近平总书记关于网信工作的重要讲话,自觉把管网治网实践与中央精神、市委精神结合起来,让网络舆论工作始终围绕中心和大局工作展开。二是大力唱响主旋律,坚持践行社会主义核心价值观,加强对网上各种声音与社会思潮的引导,牢牢把握网络舆论的主导权和话语权。三是注重网络文明和网络生态建设,引导广大网民文明上网、依法用网,自觉树立“网络不是法外之地”的观念,理性参与公共讨论,打造优质、健康、有序的网络空间。

(三)加强网络舆情分析研判,及时疏导网民情绪

在移动互联网环境下,网络舆情一旦触发,信息传播就会呈几何级裂变,在短时间内发酵扩散,需加强舆情监测与风险评估,重点关注和科学研判网络舆情的演变规律。不断丰富舆情监测手段,如利用算法推送全景式掌握舆情的信息发布源、信息流向、传播节点和扩散趋势,运用大数据分析把准公众的

关切点。在舆情风险评估方面,通过信息传播的倾向性、关联性、渲染性和扩散范围等标准,对是否存在风险、风险节点等进行评估,确定事件的风险等级,抓取准确的风险来源,并选择相应的方法及时进行处置。

加强网络舆情收集和分析,把握并疏导网民情绪。对于个体,提供更为畅通的诉求表达渠道,尽可能将个体的负面情绪合理化解。对于社会群体心理的疏导,着重打破圈群,破除"信息茧房",建立不同群体间的沟通渠道,减少群内人员对群外人员的偏见,从而减少非理性行为。对社会重大公共事件,在第一时间加强社会心态的疏导工作,如面对公共卫生事件、重大社会灾害时,及时进行心理疏导,平复消极情绪,减少负面舆情的网络传播。

(四)坚持"时度效"舆情处置基本原则,进一步提升综合回应能力

"时度效"是检验网络舆论工作的重要标尺,做好网络舆论工作,"要抓住时机、把握节奏、讲究策略,从时度效着力,体现时度效要求"。面对舆情事件,需要将坚持时度效这一基本原则放在首位,做到及时介入、处置适度、注重效果,坚持时、度、效的有机统一。做好网络舆论工作,关键在于效果,在于消除误解、争取谅解、凝聚积极力量。在实际工作中处理好处置速度与回应准确的关系,面对关注度较高的网络舆情事件,善于进行多次回应、梯次回应,有效应对舆论压力。

对于网络热点舆情,职能部门及时介入并发布权威信息,能够缓解网民焦虑,赢得舆论好评。在热点和突发事件应对方式方法方面,需完善舆情应急机制,具体包括以下方面:一是突发事件新闻传播的时效性强,遵循"第一时间"发布信息的原则。在事件发生后,获得可靠信息源就以最快速度发布,避免其他未经证实的信息甚至流言散播,引发负面舆情。二是构建完整的信息发布系统,密切跟进事件进展,做好动态回应,回应网民关切,避免恐慌心理蔓延。三是做好新媒体新闻发布的议程设置,根据舆情发展趋势进行舆论引导,防范化解舆情风险。

参考文献:

［1］中共天津市委网络安全和信息化委员会:《大流量澎湃正能量——天津网络传播实践的创新与启示》,天津社会科学院出版社,2022。

［2］刘君荣:《论主流媒体如何做好习近平新时代中国特色社会主义思想的传播》,《东南传播》2017 年第 11 期。

［3］王贤卿、吴倩倩:《全媒体时代重大疫情网络舆情的特征、影响及引导策略》,《思想理论教育》2020 年第 3 期。

［4］黄方楠、李明德:《社会思潮网络传播中的非理性因素:形态、成因及引导》,《人文杂志》2022 年第 2 期。

天津市智慧社区建设研究报告

李宝芳　天津社会科学院社会学研究所副研究员

摘　要： 天津智慧社区自启动建设以来，信息基础设施实现跨越式发展，智慧应用场景不断丰富，社区服务日益便利化，智慧化手段不断赋能社区基层治理，推动社区治理持续创新和居民幸福指数不断提高，智慧社区建设成效显著。由于智慧社区目前还处于探索试点建设阶段，服务功能需要不断完善和拓展，仍存在许多挑战，如信息资源整合不足，治理功能碎片化；居民需求导向不足，以人为本理念有待加强；管理与培训不足，智慧人群与实际需求不匹配等。需要完善相关制度，加强智慧社区协同治理；坚持需求导向，提高社区服务精细化水平；加强管理和培训，培育更多智慧人群。

关键词： 天津　智慧社区　智慧养老　智慧服务

党的十九大以来，以习近平同志为核心的党中央将建设"数字中国""网络强国""智慧社会"作为国家的重大战略部署，高度重视智慧城市建设。天津抢抓机遇，在智慧城市建设中注重规划先行，继出台《天津市智慧城市建设"十三五"规划》之后又出台了《天津市智慧城市建设"十四五"规划》《天津市加快数字化发展三年行动方案（2021—2023 年）》等制度，对包括智慧社区在内的智慧城市建设做出顶层设计并持续用力。

智慧社区是充分应用大数据、云计算、人工智能等信息技术手段，整合社区各类服务资源，打造基于信息化、智能化管理与服务的社区治理新形态。[①]智慧社区是智慧城市建设的起点，也是智慧城市建设的重要组成部分。当前，天津抓住城市数字化全面转型升级的关键期，大力推动智慧社区建设，并在实践中不断探索，大胆创新，取得明显成效。信息基础设施实现跨越式发展，智慧应用场景不断丰富，社区服务日益便利化，智慧化手段不断赋能社区基层治理，推动社区治理持续创新和居民幸福指数不断提高。

一 天津智慧社区建设实践与成效

（一）信息基础设施跨越式发展

城乡信息基础设施实现跨越式发展，移动宽带、固定宽带下载速率均跃居全国第三位，光纤到户/办公室（FTTH/O）用户数增速排名全国第16位。第五代移动通信（5G）网络规模建设不断深入，中心城区、滨海新区主城区等区域实现5G网络全覆盖。互联网协议第六版（IPv6）规模部署顺利推进，完成城域网和接入网IPv6升级改造，实现IPv6城域网与国家IPv6骨干网互联互通。网络安全不断加强，电子政务外网实现网络边界安全、接入安全和网间数据交换安全防护，“政务一网通”平台通过核心数据加密、审计、脱敏、防泄漏等措施，确保平台和数据安全。在全国率先建成电子政务万兆骨干光网，国家、市、区、乡镇（街道）、村（社区）五级网络实现贯通，全网共铺设光缆路由60,000芯公里，接入9600家单位，实现各级政务部门互联互通。完成市级政务云建设，形成10.78万核计算能力、27拍字节（PB）存储规模，承载全市232个业务系统。[②]

① 《九部门印发〈关于深入推进智慧社区建设的意见〉的通知》，中国政府网，2022年5月21日，www.gov.cn/zhengce/zhengceku/2022-05/21/content_5691593.htm。

② 《天津市智慧城市建设“十四五”规划》，天津政务网，2021年12月31日，https://www.tj.gov.cn/zwgk/szfwj/tjsrmzfbgt/202112/t20211231_5768063.thml。

(二)智慧应用场景不断丰富

社区的智慧应用场景不断丰富,已涵盖智慧物业、智慧养老、智慧医疗、智能垃圾分类、智能家居、智慧安防等多个领域。

在智慧安防方面,很多社区都进行了“智慧平安”改造。在小区入口的人脸识别系统、门禁管理系统、机动车号牌识别系统、高空抛物管理系统、电动自行车管理系统、消防通道旁的车牌抓拍器、车棚里的多功能充电桩等智能设备集成应用,覆盖了很多社区的多个管理领域。同时,有些社区还将现有的视频监控进行整合,便利社区居民通过手机应用软件(APP)实时查看社区安全情况。智慧社区系统平台与公安部门的人口信息数据平台连接,实现信息全采集、轨迹可追溯。通过各种终端采集来的信息都存储到数据库,数据库与小区物业信息管理系统及在逃人员、管控对象、被盗车辆等信息关联,一旦有可疑车辆或人员进入社区,后台就会自动报警。依靠智能科技手段搭建的“智慧平台”让越来越多的居民享受到智能的“安全门”。

在智慧养老方面,重点聚焦高龄独居老人居家照护的智能养老“银发智能服务”平台,已覆盖全市2.7万余户重点关爱人员,处置告警事件超1.6万起,入选全国首批运用智能技术服务老年人示范案例。[①] 南开区昔阳里等社区试点建设了智慧社区信息化平台,利用进入千家万户的高清交互机顶盒终端和广电网络,为老年人提供几十种功能服务。老人可以利用机顶盒、手机、电脑及户外信息大屏等点击“智慧社区”获得网上购物、智能语音助手、在线医疗等各种服务。同时,依托社区服务中心与各类社区实体业态,建立配送节点与演示、服务中心,实现社区线上线下的一体化服务。

在智慧医疗方面,天津市基层数字健共体建设成效卓著。自2021年5月开展以来,截至2022年2月底,天津市基层数字健共体慢病管理中心糖尿病总建档管理人数已达19.3万余人,糖尿病患者规范管理率达76.68%,已达成

① 汤晓燕:《天津数字化发展的三大功夫》,中国搜索,2022年6月27日,https://baijiahao.baidu.com/s?id=1736759848213652599&wfr=spider&for=pc。

《“健康中国2030”规划纲要》目标，已落地“按人头打包付费”的试点基层医疗卫生机构医保结余率达到16%～31%。[①] 为有效破解居民“去大医院看病踏实不方便，去小医院看病方便不踏实”的两难问题，南市街社区卫生服务中心等多家社区卫生服务中心探索建设了医疗联合体试点，将全市顶尖的中西医资源服务延伸到街道社区，实现了“三通”和“两自”[②]。建立基层首诊、双向转诊、急慢分治、上下联动的分级诊疗制度，让居民在家门口的社区医院便可以享受到一站式检查、远程影像、双向转诊等8种惠民服务。[③]

（三）社区服务日益便利化

近年来，天津不断加大信息数据共享力度，让数据“跑”起来，让百姓少跑腿，积极推进信息化与社区服务深度融合，社区治理民生服务平台等社区信息服务系统已覆盖社区管理部门。利用网上营业厅、移动APP和微信公众号就可以实现通信、广电、供热、电力、燃气、自来水等行业缴费服务。为了方便群众，2019年，“天津政务”APP推出了供暖、电费、水费、有线电视四项便民缴费功能，推动服务百姓生活热点难点事项“网上办”，打造百姓网上办事服务“一端多能”平台。网上政务、电子商务惠及千家万户，社区服务更加方便快捷。数据显示，天津是我国移动支付前十城市。已上线公积金查询、公交电子客票、出入境办证进度查询、水电燃气费缴纳等六大类71项便民服务，市民可以不用出门，坐在家中就能缴费，刷脸办政务，办事和日常生活都获得极大便利。“一网通办”平台“津心办”自2019年上线以来，已迭代升级至3.0版本，实现行政许可、公共服务、便民服务等各类在线服务事项1560余项服务事项“指尖办”，累计注册人数已超过1780万人，访问量超过11亿次，有力助推政务服务

① 《再度！天津市基层数字健共体入选智慧医疗示范项目》，2022年3月22日，www.djkpai.com/news/175817.jhtml。

② “三通”，即“医指通”（可提前15天预约全市40家大医院和北京5家知名医院门诊号）、“医卡通”（可提前一周预约总医院各科室专家号）、“一号通”（可借助社区卫生服务中心一体机，自助完成挂号、划价、交费、查询等全部门诊过程），“两自”，即“自动发药机”和“自助打单机”。

③ 曲孝丽：《天津智慧社区建设探索与实践》，《中国民政》2015年第24期。

便利化、智能化,成为市民群众的“掌中宝”。①

(四)社区治理日趋智能化

随着智能科技的广泛应用,社区治理一体化、智能化不断推进。市委网信办、市大数据管理中心于 2019 年 9 月建成“津治通”平台,建立市、区、街道(乡镇)、社区(村)四级联动体系,依托网格化工作机制和信息化技术,推动社会治理领域感知模式、治理模式和服务模式实现提升。与“津心办”实现数据互通、业务协同,推出“随手拍”“重大事项吹哨”等模块,平台将治理事项分成 9 大类 38 小类 239 项,快速派发任务,派发给哪个部门、用多长时间、解决结果如何都可追溯,只要线上“吹哨”,就能线下“报到”,帮助街道社区打通服务群众的“最后一米”。目前,“津治通”已在 16 个区、281 个街镇、6168 个社区全面贯通,累计办结社会治理事件超 1286 万起。② 升级优化天津市便民热线信息服务平台,将全市 76 个政府热线号码和服务资源进行整合,集市民求助、咨询、办事、投诉于一体,全方位提供 24 小时服务,完善网格化报送、市民“随手拍”等舆情风险发现及群众诉求反馈渠道,并及时有效地解决群众反映的问题。网格化治理也不断融入智慧化元素,网格化治理日趋智慧化。如东丽区已经建成党群网格服务综合信息平台,分为党建引领、吹哨报到、党群服务、绩效考核、决策分析、关爱群体、社区双创、疫情防控等 11 个子系统,包含党的建设、基层治理、为民服务、信息统计、监督考核等各项业务和功能。同时运行了“东丽 e 家”“社区 e 通”手机客户端,完善信息化保障,实现网络办事沟通无障碍。将人、地、事、物、组织全部纳入网格管理,网格员借助手机开展全面入户走访工作,将采集到的基础信息录入系统,确保入户全覆盖、底数全摸清,实现全区基础信息台账的动态更新。

① 汤晓燕:《天津数字化发展的三大功夫》,中国搜索,2022 年 6 月 27 日,https://baijiahao.baidu.com/s?id=1736759848213652599&wfr=spider&for=pc。

② 汤晓燕:《天津数字化发展的三大功夫》,中国搜索,2022 年 6 月 27 日,https://baijiahao.baidu.com/s?id=1736759848213652599&wfr=spider&for=pc。

二 天津智慧社区应用场景与典型案例

（一）中新生态城季景峰阁小区——智慧服务

2020年，生态城首个智慧小区吉宝·季景峰阁正式交付使用，智慧健康小屋、智慧人车管理系统、高空抛物监视管理系统、智慧跑道、智慧信息发布屏等30项智慧应用场景遍布小区，按照“门区—院区—家居”推出了50余项服务，开启了社区生活“智能模式”。[①] 其中共同缔造文明实践站是社区里的公共服务设施，营造以“智慧+服务”为特色的社区共治共享空间。实践站借助智慧化手段，践行全民参与、共同缔造的新理念。通过“组织在线、滨海通办、网格化信息”等智能化平台收集居民诉求，通过社区协商议事打造“有事好商量市民议事厅”。居民还可以在这里进行观影、读书、普法咨询、心理咨询等各类活动，共享社区“会客厅”。共同缔造微信小程序服务平台是2021年由生态城社会局和吉宝置业共同打造的一个基于城市居民信用活动与志愿服务的积分体系平台，旨在通过平台整合政府、企业、居民三方的资源，共同缔造生态之城、智慧之城、幸福之城。平台包括邻里互助（志愿服务、以物易物）、社群活动（团体活动、防控报名）、线上商城（积分商城）、党建服务（滨海通办、智慧康养、智慧党建）等板块。该平台利用数字化手段，打造“百姓点单—平台派单—志愿者接单—群众评单”的志愿服务一体化运作模式，居民可以通过微信小程序在手机端发布爱心陪伴、义务理发、助人为乐、图书漂流、闲置车位借用等服务需求，其他居民即可化身志愿者主动接单。居民完成志愿服务，即可获得相应积分，用以兑换景区门票、超市购物券、培训机构体验课、诚信加分等奖励。这种志愿服务运作方式有利于提高居民参与社区治理和建设的积极性。

① 王梓：《“智慧”赋能社区创新治理 生态城“智慧小区”升级“智慧社区”》，津滨网，2021年5月19日，http://www.tjbh.com/c/2021-05-19/885470.shtml。

(二)北辰区瑞景街瑞益园社区——智慧养老

基于社区老龄人口逐年增长,社区养老压力日益沉重等原因,在北辰区瑞景街瑞益园社区,由华盛元丰物业有限公司投资200余万元打造了养老平台生态系统——"理邻"系统,包括大数据平台、手机APP、智能设备、微信小程序、微信公众号等,于2020年底试运行,2021年4月正式上线。"理邻养老大数据系统"的电子屏幕分区域实时显示社区日间照料中心、老年体检中心、60岁以上老人的健康情况和订餐情况等统计数据。从2018年开始,社区就进行平台研发,与多家三甲医院、家政公司达成合作,为老人发放智能手环。大数据平台通过监测和采集老人们的身体状况进行分析,统计出老人身体的异常情况,然后社区居委会和物业公司会联系相应的医生到社区进行义诊,为老人提供更有针对性的治疗。如果老人需要家政服务或者想要雇佣保姆,可以由子女或工作人员在小程序上下单。从2018年至今,智能手环已经更新到了第三代,不仅有显示时间、播报天气、接打电话等功能,还可以随时测量老人的血压、心率,给老人定位,且定位误差小于2米,同时,设置了摔倒报警、一键报警等老人专属功能。目前,不仅瑞益园小区的老人,也有不少周边社区居住的老人加入其中。"理邻"系统正在为2000多位60岁以上的老人服务,让越来越多老人的晚年生活变得更方便、舒适,有安全感。①

(三)空港经济区万科新里程和岭尚家园——智能垃圾分类

2022年4月,空港经济区万科新里程和岭尚家园安装了智能垃圾分类箱,占地面积约15平方米,设置了厨余垃圾、有害垃圾、可回收物和其他垃圾四个投放口。箱房上贴有生活垃圾分类投放指引和投放指南,以便居民直观判定垃圾属性。智能垃圾分类箱房投放口设有红外感应装置,可实现自动升降。居民可以通过人脸识别、微信扫码和小程序三种方式进行注册。智能垃圾分

① 《用智能让生活大不同,走进天津"智慧社区"》,腾讯网,2022年5月14日,https://new.qq.com/rain/a/20220514A09ZPX00。

类箱房与微信小程序互联，可实现智能扫码称重投放生活垃圾，居民正确投放厨余垃圾可获得积分，通过后台数据统计，居民可通过积分兑换相应物品奖励。垃圾分拣员会将居民投放的垃圾进行二次精准分拣，而箱房内的垃圾会每天分类清运。箱房操作间涂有特殊涂料，通过光解装置，可分解垃圾产生的氨气，设备还配有洗手池、空调、洗桶区域，保证箱房内外环境整洁无异味。① 智能垃圾分类箱房的投用，极大提高了垃圾分类投放效率及居民垃圾分类参与率，同时垃圾分类获得的积分还可通过兑换礼品、参加公益宣传活动等方式回馈给居民，真正实现取之于民，用之于民。通过大数据平台和物联网等科技手段，垃圾分类实现了从源头到末端处理的全流程可查，收集的情况可以为城市管理部门做出更好的垃圾分类决策提供可靠的参考数据。

三　天津智慧社区建设面临的挑战

虽然智慧社区建设提升了社区服务水平和社区治理成效，越来越多的居民享受到智慧社区的便利和益处，但是由于智慧社区目前还处于探索试点建设阶段，与高品质生活要求还有一定距离，服务功能需要不断完善和拓展，所以仍存在许多挑战，如信息资源整合不足，治理功能碎片化；居民需求导向不足，以人为本理念有待加强；管理与培训不足，智慧人群与实际需求不匹配等，造成一些智慧社区并不“智慧”的问题。

（一）信息资源整合不足，治理功能碎片化

信息畅通对于智慧社区治理创新意义重大。只有相关部门之间的信息获取方便快捷，智慧社区业务才能顺畅进行，社区治理创新才能顺利实现。目前，虽然天津智慧社区信息系统已初步建成，但行业、部门之间的业务协同未能真正理顺，“信息孤岛”“信息烟囱”现象仍然突出，没有真正实现信息资源

① 周思杨：《天津港保税区开启智能垃圾分类新模式》，央广网，2022 年 7 月 8 日，https://www.cnr.cn/tj/tjyw/20220708/t20220708_525904807.shtml。

共享。虽然大多数社区具备了监控和其他感知设备,但这些设备收集到的信息分别属于不同部门,难以快速地实现信息资源整合,发挥出最大的功效。这种条块分明的部门信息流通方式,既不利于智慧服务、社区治理的开展,也难以有效满足居民的真正需求。由于智慧技术应用的投资方、运营方、治理方有所差异,相关部门职、权、责处于相分割的状态,导致智慧社区治理协调机制不够顺畅、社区治理功能碎片化、社区治理目标难以达到预期。

(二)居民需求导向不足,以人为本理念有待加强

智慧社区建设的目标不应只是智能科技的应用,而应以人为本,通过信息化的现代技术手段,为居民提供更加多元精准的服务供给,更好地满足居民的需求,创造更高品质的美好生活。然而当前智慧社区的发展实践中,往往偏重智能科技平台的搭建,忽略了社区居民的真正需求及其多样性,往往造成产品服务的同质化,难以有效契合有差异的群众需求。例如,电子缴费系统对于年轻人而言可以应用自如,但是对于老年人而言,因信息使用能力不足而困难重重。无差异化的智慧产品对居民吸引力不足,降低了居民对智慧社区建设的认同感。

(三)管理与培训不足,智慧人群与实际需求不匹配

智慧社区的建设、管理和运营需要较强的信息化专业知识。天津无论是社区工作者还是社区居民,都难以与智慧社区的发展要求相匹配。一方面,现有社区工作者普遍存在年龄偏大、文化程度不高等问题,加上智能相关培训不足,导致一些社区工作者对信息技术的接受和智慧平台的使用都比较缓慢。由于人才引进机制的不健全,特别是人员编制和薪酬待遇问题难以解决,社区专业性服务人才短缺,尤其是大数据高端技术人才、管理人才等高层次人才不足,技术性、基础性人才储备不够。另一方面,天津进入老龄化社会加速期,平常在社区活动的多是老年人,这部分群体接受新鲜事物较慢、掌握新技术能力较差,从而影响了智慧社区的成效。

四 促进天津智慧社区可持续发展的对策建议

当前,人们越来越多地依赖手机等智能终端来获得各种社会性服务,解决衣食住行等各种事项,因而智慧社区具有广阔的发展前景。智慧社区的建设与发展也是提高居民获得感、幸福感、安全感的重要途径。为推动天津智慧社区可持续发展,需要完善协调机制,加强智慧社区协同治理;坚持需求导向,提高智慧服务精细化水平;加强管理和培训,培育更多智慧人群。

(一)完善相关制度,加强智慧社区协同治理

智慧社区制度建设要与技术发展的规律相契合,要努力避免制度落后或超前于技术发展的情况。在总结试点经验的基础上,结合社区的实际情况与天津发展现状,不断完善智慧社区发展规划、准入、评价标准等相关制度,加强对智慧社区的统一规划和指导。积极完善与智慧社区有关的各项政策法规,推进制度建设与技术发展相融合,通过强大的政策予以支持,更好地协调各部门的工作,增强智慧社区的协同治理。打破数据壁垒,整合各部门数据资源,实现信息共享,充分发挥数据资源的最大价值。发挥各部门的作用,做到分工明确,提高协作效率,完善沟通渠道,实现信息资源共享,使各项资源得到合理的配置与利用,避免出现资源浪费。

(二)坚持需求导向,提高智慧服务精细化水平

智慧社区建设过程中,一方面要充分挖掘居民对社区环境、教育医疗、交通出行、家居家政、养老托幼等方面的多样化个性化服务需求,将其充分纳入智慧治理政策培育、规则设计、规划方案和考核激励中。另一方面,要突破技术至上论的藩篱,坚持以人为本的价值理念,促进技术的发展适应制度建设的需求。充分了解公众的实际需求,充分利用技术的服务性,坚持以人为本,将工作创新的重点放在着力解决社区居民最需要的服务上,尽可能实现智慧社区应用场景层面的智能化、互联化、物联化。健全社区公共服务体制,把制度

创新、技术创新转化为基本公共服务水平的提升,切实提高智慧服务精细化水平,为社区居民带来实实在在的益处。保障社区居民享受更加均等、更加便利、更加个性化的基本公共服务,保障居民平等的发展权利,提供安全舒适的生活环境,高效有序的社区治理,健全完善的基本教育、医疗、就业等公共服务,以及所有满足多样化需求的新型服务。

(三)加强管理和培训,培育更多智慧人群

社区工作人员的素质是智慧社区建设的重要一环。需要通过各种方式吸引和留住更多高素质人才加入社工队伍。持续完善对社区工作人员的管理,注重对社区工作人员进行专业培训,使其掌握先进的管理知识与技能,灵活应用各类信息化手段,提升自身服务能力。构建完善的社区工作人员评价体系,对评价指标进行量化,更好地了解社区工作人员的能力提升情况与工作情况。为管理人员建立相应的档案,不断完善薪酬和晋升等激励机制,激发管理人员对工作的积极性和主动性,增强社工岗位的吸引力。通过各种宣传和社区公益活动等,推动智慧社区治理技术的有效介入,使居民熟悉智慧社区参与的相关政策、流程、方法等,尤其针对社区老年人群,积极帮助其消除“数字鸿沟”,逐步提高更多居民参与智慧社区的积极性和能力。

参考文献:

[1] 汪碧刚:《智慧社区与城市治理》,中国城市出版社,2020。

[2] 韩新:《智慧社区导论》,上海科学技术出版社,2021。

[3] 韩新、马梦菲、时宇编著:《智慧社区应用场景与典型案例》,上海科学技术出版社,2022。

[4] 曲孝丽:《天津智慧社区建设探索与实践》,《中国民政》2015 年第 24 期。

[5] 林萍:《智慧社区建设及可持续发展研究——基于福州市鼓楼区智慧社区建设的实践》,《福建省社会主义学院学报》2020 年第 1 期。

天津市老年友好型社区建设研究报告

丛　梅　天津社会科学院社会学研究所研究员

摘　要： 面对新时代日趋严重的人口老龄化形势，党的二十大报告指出继续“实施积极应对人口老龄化国家战略”。创建老年友好型社区是我国实施积极应对人口老龄化国家战略的重要举措，老年友好型社区建设对于支持居家养老，充分利用现有养老服务资源具有重要意义。当前，我国正处于老龄事业改革发展和养老体系建设的重要战略窗口期，新时期应抢抓机遇，构建老年友好型社区建设的长效机制；建立健全创建工作的长期动态评估机制；坚持“公平性”的价值导向，倾听老年人的声音；全力抓好社区老年协会的组织建设工作；完善天津老年健康服务体系，提高社区家庭医生签约比例；进一步规范管理老年友好型社区创建工作的资料和档案，持续推进老年友好型社区创建工作高效平稳发展。

关键词： 老年友好型社区　现状及问题　对策建议

一　研究意义及背景

（一）研究意义

1. 创建老年友好型社区的核心理念是“保障和提升老年人的正常生活质量”

创建老年友好型社区的核心理念与基本要义是“保障和提升老年人的正常生活质量”。这与中国历史上传承久远的“民本主义”“民生思想”一脉相承。社区是联结国家、社会与家庭的关键场所,可以提供最直接且最切合需要的服务与保障,可有效提高老年人居家养老的积极性和满意度。高度重视社区建设在提升老年人生活质量中的积极作用,引导社区养老服务从碎片化的养老服务供给走向以老年友好为总目标的新方向。把老年友好型社区建设与提高社区基础性服务和满足每个老年人的普惠性服务相连接,明确老年友好型社区建设的着力点,坚持以人民为中心的发展思想[①],通过创建老年友好型社区,切实增强老年人的获得感、幸福感和安全感。

2. 聚焦社会关切和养老需求,让老年友好型社区建设助力老年人对美好生活的向往

世界卫生组织认为,一个老年友好的社区即是一个能鼓励老年人进行社会参与、能提供充足的基础设施和服务来满足老年人基本需求,提高他们的生活品质,帮助他们实现积极老龄化的社区。[②] 2022 年政府工作报告中 10 次提及"养老",提出加强社会保障和服务。在老年友好型社区的建设过程中,天津各级政府着力解决老年人在老有所养、病有所医等方面的"急难愁盼"问题,关注老年群体的养老需求,以满足老年居民的实际需求为导向,提供全方位的社区居家养老服务,通过老年友好型社区建设增强老年人在身体健康状况允许下的独立生活能力,缓解"421"家庭和无子女家庭的养老压力,让老年友好型社区建设助力满足广大老年人对美好生活的向往。

3. 老年友好型社区建设有益于老年人居家养老

"9073"养老服务模式意味着 90% 的老年人(全国大约有 2.38 亿老年人)在社会化服务协助下通过家庭照顾养老[③],同时依托社区提供的居家养老服务来安度晚年。当前在全国范围内推广的老年友好型社区创建工作,对于支撑居家养老,充分利用现有养老服务资源具有重要意义。目前老年友好型社区创建指标体系涉及老年人居住环境、出行设施、社区服务、社会参与、孝亲敬老

① 中国共产党第二十次全国代表大会报告,2022 年 10 月 16 日。

② 转引自张佳安《社区能力建设视角下老年友好社区建设的路径》《西北师大学报(社会科学版)》2021 年第 6 期,第 108 页。

③ 丛梅:《天津社会发展报告(2020)》,天津社会科学院出版社,2020,第 147 页。

和科技助老等内容，各项指标的有效结合对老年人的生活起居、衣食住行、看病就医和社会参与等方面进行了全方位的关怀照顾。例如：社会参与不仅增强了老年人之间的良性互动，减少了孤独感和不安全感，同时还提高老年人的生活品质，对增强老年人身心健康、拥有幸福美好晚年生活极为有益。由于退休和身体老化、功能减退等，老年人比起年轻人更依赖社区和家庭，他们的生活空间随着退休逐渐缩小。因此，老年人对所生活的社区的情感投入远超过社区里的青壮年群体。创建老年友好型社区的最终目标是，创建具有包容性的城市社区环境，通过政策、服务、养老设施等方面的支持，帮助他们更好地参与社区生活，获得尊重、健康和保障，开启幸福养老新趋势。

（二）研究背景和概念

1. 研究背景

第七次全国人口普查数据显示，我国60岁及以上老年人口有2.64亿人，10年间增加8600万人，占比也从第六次全国人口普查的13.3%上升到第七次全国人口普查时期的18.7%，增长了5.4个百分点。目前，我国是世界上老年人口数量最多的国家，也是世界上人口老龄化最快的国家之一，我国从轻度老龄化阶段进入了中度老龄化阶段。

人口学界一般以65岁以及人口占比超过7%、14%和20%分别作为界定老龄化社会、深度老龄化社会和超老龄化社会的标准。2000年，我国65岁及以上老年人口就超过了7%，标志着我国正式进入了老龄化社会。时隔二十年，据第七次全国人口普查数据，我国65岁及以上人口占比已达到13.5%，即将进入深度老龄化社会。与此同时，联合国中等变量预计，到2025年，中国将进入深度老龄化社会，预计到2050年中国60岁及以上老年人口将超过4亿人，中国将成为超老龄化社会。

人是社会关系的总和，人口问题的本质不仅是人的自由全面发展问题，而且是人口生态平衡发展的问题。面对老年人口的急剧上升，党的十九届五中全会通过的《中共中央关于制定国民经济和社会发展第十四个五年规划和二〇三五年远景目标的建议》明确提出："实施积极应对人口老龄化国家战略。"

党的十九届四中全会通过的《中共中央关于坚持和完善中国特色社会主义制度、推进国家治理体系和治理能力现代化若干重大问题的决定》明确提出“积极应对人口老龄化,加快建设居家社区机构相协调、医养康养相结合的养老服务体系”。2022 年 10 月 16 日党的二十大报告再次指出“实施积极应对人口老龄化国家战略”。我国于 2009 年启动“老年宜居社区”和“老年友好型城市”建设试点工作,之后国家又陆续出台和发布《关于推进老年宜居环境建设的指导意见》等,国家卫健委和全国老龄办 2020 年发布了《关于开展示范性全国老年友好型社区创建工作的通知》决定启动示范性全国老年友好型社区创建工作,提出探索建立老年友好型社区创建工作模式和长效机制,切实增强老年人的获得感、幸福感、安全感。到 2025 年,在全国建成 5000 个示范性城乡老年友好型社区,到 2035 年,全国城乡实现老年友好型社区全覆盖。老年友好型社区建设是我国积极应对人口老龄化国家战略的重要举措。

2. 老年友好社区的概念

老年友好城市和友好社区是一项综合性的城市可持续发展理念。2005 年,为了更好地促进积极老龄化的实现,世界卫生组织在全球 33 个城市启动老年友好城市项目,首次提出了“Age-friendly City(老年友好城市)”。自此,“老年友好社区”这一名词逐渐被世界多个国家地方政府、机构或学者广泛采用。也因为世界卫生组织对老年友好城市和社区的大力推广,过去十多年间,学者和政策制定者在老年友好社区领域的研究一直快速增长。2006 年 9 月至 2007 年 4 月,世界卫生组织收集来自全球 33 个城市老年人的意见,制定了《全球老年友好城市建设指南》①。此后通过吸收老年友好城市的理念提出“老年友好社区”。

老年友好型社区的概念基于两大理论基础:积极老龄化和老龄生态学。关于“老年友好社区”的概念最早源自美国纽约探访护理服务机构使用的“长者友善社区(Elder-friendly Community)”,而后陆续出现“宜居社区”“终生社

① 同春芬、苏芮:《爱尔兰老年友好社会政策及其借鉴意义》,《老龄科学研究》2019 年第 8 期,第 64 页。

区”“全龄社区”等名词,用来指为老年人创造的良好居住环境。“老年友好社区”的概念受到积极老龄化理论的深刻影响。积极老龄化理论强调老年人在努力维持身体机能方面和认知功能方面的健康同时,要积极融入、参与社会,老有所为,发挥余热。

此外,研究表明,老年友好的概念还根植于劳顿(Lawton)和纳赫莫(Nahemow)提出的老龄环境学学科,该学科是对老年人衰老过程及相关居住环境问题的研究。在劳顿等人进行开创性研究后,学术界对于老年友好社区界定的讨论较多,形成了不同的内涵解读。如艾利(Alley)等从“人与环境匹配(Person-environment Fit)”角度,将老年友好社区定义为:通过完善的基础设施和服务,有效满足老年人多样化需求,让老年人可以积极参与社会活动,并实现自我价值的社区。[①] 该概念强调,当老年人个体身心机能的变化难以适应周边环境的时候,必须从社会、物质、心理等层面改善社区环境,即通过设施、服务、政策等多方面的支持,最大限度地满足社区老年人的不同需求,以增强老年人独立生活的能力。艾利等基于“人与环境匹配”理论的老年友好社区内涵解读被越来越多的学者接受,也成为许多后续研究的基础。黄祖辉(Lehning)等将老年友好社区的内涵总结为:老年人可以找到适宜的住房,多样化且让人满意的交通选择,能获得医疗护理及相关服务支持,有机会参与社会活动的社区。[②] 总之,不同学者对内涵的解读都强调了构建包含基础设施和为老服务的支持性环境的必要性,以及老年人参与和融入社区生活,实现自我价值的重要性。一个老年友好的社区,不应当允许“年老”成为老年人继续参与活动、融入社会的障碍。

① Alley, D., P. Liebig, J. Pynoos, T. Banerjee, C. In Hee. “Creating Elder-Friendly Communities: Preparations for an Aging Society”. *Journal of Gerontological Social Work*, 2007 49(1/2), pp. 1-18.

② 李小云:《国外老年友好社区研究进展述评》,《城市发展研究》2019 年第 7 期,第 34 页。

二　天津创建全国老年友好型社区的现状及问题

(一)天津创建全国老年友好型社区的现状

实施积极应对人口老龄化国家战略,重在力行。2012 年,“宜居环境”被写入《中华人民共和国老年人权益保障法》,老年社区宜居环境建设也得以上升为法律层面的要求。[①] 2019 年,《国家积极应对人口老龄化中长期规划》提出实施老年友好型社区建设工程。2020 年,《关于开展示范性全国老年友好型社区创建工作的通知》则对城乡老年友好社区建设做出了具体安排。2021 年 1 月,国家卫健委、全国老龄办在全国组织开展了全国示范性老年友好型社区创建工作。在各地推荐的基础上,经过逐级审核和公示,天津滨海新区生态城季景社区、滨海新区古林街道福汇园社区、和平区劝业场街兆丰路社区等 25 个社区入选 2021 年全国示范性老年友好型社区。2022 年 6 月,本着“公开、公平、公正和自上而下、优中选优”的原则,在市内各区推荐的 42 个社区基础上,经过严格筛选、推荐,逐级审核和公示,10 月 19 日,国家卫健委、全国老龄办发布了“关于命名 2022 年全国示范性老年友好型社区的通知”,天津生态城枫林社区等 29 个社区全部入选。

全国老年友好型社区创建标准包括七个方面的具体评估指标以及友好型社区特色亮点。七个方面的具体评估指标依次为:居住环境安全整洁、出行设施完善便捷、社区服务便利可及、社会参与广泛充分、孝亲敬老范围浓厚、科技助老智慧创新、管理保障到位有力。[②] 七个方面的指标内容环环相扣,覆盖全面,共同围绕着老年友好型社区的创建工作这一主题。老年友好社区涉及三个广泛领域:社会和公民参与、服务提供、建筑环境。创建标准与积极老龄化

① 蒋炜康、孙鹃娟:《居住方式、居住环境与城乡老年人心理健康—— 一个老年友好社区建设的分析框架》,《城市问题》2022 年第 1 期,第 66 页。

② 全国示范性老年友好型社区评分细则(试行)国家卫生健康委(全国老龄办)制定,2021 年 6 月。

所倡导的“健康、保障、参与”理念是一致的,也是科学且合理的。

研究表明,社会和公民参与是关键。随着年龄的增长,人在家中度过的时间相对增多,居住环境和社区参与对个体老年期的生活质量和健康状况会产生重大影响。因此,与老年人生活方式有关的社区宜居环境就显得非常重要,也成为老年友好型社区创建工作的重要方面。宜居环境主要包括住房的适老化改造、社区内的基础设施适老化改建和社区周边的公共交通状况改善等环境因素,这些因素都会不同程度地影响老年人的生活质量。在德国、意大利和芬兰开展的一项研究发现,为满足老年人的出行需求而改善公共巴士线路,有利于增加老年人的社会交往。① 而有效的社会参与和社会交往,对于提高老年人健康水平是非常有益的。目前各个社区普遍增设的社区体育设施,将有利于提高老年人的日常活动能力和体质,并有效降低老年人的抑郁程度。此外,对老旧小区加装电梯、安装休息座椅和楼道扶手等适老化改造,将有效提升老年人居家养老的环境质量。

(二)创建老年友好型社区过程中存在的主要问题

我国老年友好型社区的创建评选工作尚处于起步和初创阶段,政策呈现碎片化状态,实际工作中还存在着一些需要改进的问题,概括起来主要有以下六个方面:

一是创建资金紧缺问题。老年友好社区的物理环境建设,尤其是社区环境和居民适老化设施建设需要固定的资金支持,资金短缺必然影响此项工作的持续开展。这需要政府、志愿者组织、私营企业、社会团体和老年居民相互合作,因为合作是老年友好社区建设的核心组成部分,良好的合作有助于资金和服务的传递和资源的获取。

二是硬件配套设施建设尚未广泛开展。新建社区适老化配套设施比较完备,而老旧社区由于建造时尚未有老年宜居的理念植入,居民住房和社区环境

① 同春芬、苏芮:《爱尔兰老年友好社会政策及其借鉴意义》,《老龄科学研究》2019 年第 8 期,第 68 页。

缺乏适老化设施,且适老化改造、无障碍环境建设进展程度参差不齐,发展很不平衡。例如:社区住宅公共部分的坡道及扶手等适老化设施没有达到应改尽改、应建尽建,在同一社区的不同楼栋有的安装了适老化设施,有的则没有安装;老年居民家庭适老化改造仍是弱项,适老化改造工作尚未广泛开展。

三是重点老人家庭居住安全隐患排查工作存在盲点。有些社区对辖区内独居、空巢、失能失智、重残、失独特殊老年人的底数和具体情况不清楚;对入户的安全隐患排查、防火和紧急救援网络等项目,有的社区没有建立制度化定期排查,工作缺乏规范化、精准化;有的社区虽有电话、入户排查或维修,但记录资料不够详细或记录得不明确;有的社区志愿者组织网络不健全,跨部门协作不畅,发挥专业部门、物业、志愿者的相互协调合作作用还有差距。

四是社区为老服务工作及各项活动资料缺乏系统归纳、整理和存档。家庭医生与65岁及以上老年人家庭医生签约服务的比例、享受签约服务的人数以及家庭病床、上门巡诊等情况的底数不清,未能真实反映社区老年人的健康、就医状况(有的社区家庭医生签约率为50%左右,有的社区家庭医生签约率为90%左右)。

此外,对老年人进行健康、法律、智能科技产品使用等方面的教育资料发放、宣传指导、培训讲座缺乏制度性规定和落实,开展助餐、心理疏导、应急帮助等专项服务以及动员组织老年人参与社区治理、公益事业、文体活动,开展代际互动、邻里互助等方面,虽然做了大量的工作,但缺少系统记载、存档和进一步的总结提升。

五是有些社区没有建立社区老年人协会。各个区老年人协会工作开展情况不均衡,在被抽查的社区中,当问到社区老年人协会相关情况时,有的社区将老年人文化体育团队等同于老年人协会,有的误将老年志愿者组织等同于老年人协会。天津老年人协会曾经闻名全国,社区老年人协会曾经发挥过重要作用,由于历史原因,有的社区老年人协会早已解散,现如今对老年人协会组织知之甚少。因此,社区老年人协会急需恢复重建,其职能作用的发挥还需进一步加强。

六是创建汇报和展示工作与实际创建标准存在一定差距。申报社区很注重对本社区亮点工作的总结和介绍,但创建老年友好型社区的全面、系统工作展示较弱。个别社区特色工作、整体汇报与创建标准存在脱节现象,对评选标准没有学深悟透,工作中还存在漏洞。

虽然创建工作中还存在着一些不足,但是,参评社区的积极性普遍很高,对老年友好型社区创建工作也很重视,2021 年参评落选的滨海新区中新生态城枫林社区、南开区兴南街五马路社区以及北辰区瑞景街宝翠花都三个社区,锲而不舍,对照创建标准,经过一年的整改完善,2022 年再次申报,最终通过了初次评选并进入公示名单。

三　积极构建老年友好型社区的对策建议

(一)积极构建老年友好型社区建设的长效机制

当前正处于老龄事业改革创新和养老服务体系建设的重要战略机遇期,应当抓住一切有利时机,落实好老年友好型社区创建标准,积极构建老年友好型社区建设的长效机制,努力实现党的二十大报告中描绘的“老有所养、病有所医”美好蓝图。[①]

为确保长效机制的有效运转和全面落实,要努力构建多元主体参与的老年友好型社区建设合作模式,进一步完善多元主体间协同联动工作机制。多元主体参与是保障老年友好型社区长期可持续发展的重要机制。老年友好型社区建设离不开政策制定者、地方政府、慈善组织、投资者、公共设施管理者和交通管理者等各方主体的参与合作,只有构建多元主体参与模式才能实现各主体之间的长期持续合作[②],在工作中不断完善多元主体间的协同联动工作机制,发挥好各个职能部门的特长和作用,才能实现老年友好型社区的长期可持

① 中国共产党第二十次全国代表大会报告,2022 年 10 月 16 日。

② 张佳安:《社区能力建设视角下老年友好社区建设的路径》,《西北师大学报(社会科学版)》2021 年第 6 期,第 111 页。

续发展。

(二)建立健全老年友好型社区的长期动态评估机制

新时期要建立健全老年友好型社区的长期动态评估机制。通过每年的评估和分析,确立精准推进各区老年友好型社区建设的具体方案,从而实现老年友好型社区的稳步高效可持续发展。

长期动态评估机制是从机制上促使地方政府重视并推动老年友好型社区建设的有效手段。通过深入社区调研评估,一方面有助于国家层面综合掌握老年友好型社区的建设进程和效果;另一方面有助于发现和掌握各地老年友好型社区建设过程中存在的优势和短板,进而以科学精准的方式推进各地区老年友好型社区建设的方向和路径。建议各级政府对老年友好型社区创建工作开展长期跟踪专题调研,科学分析创建过程中的问题和深层次原因,提出精准的评价意见和对策建议。此外,考虑到评估的客观性、科学性、公正性,可通过购买社会服务的方式,委托第三方科研评估机构对各老年友好型社区建设状况进行评估分析,并向社会发布有关评估报告。[①] 通过评估分析,确立进一步精准推进各老年友好型社区建设的具体方案,从而实现老年友好型社区建设的可持续平稳发展。

(三)全力抓好社区老年协会的组织建设工作

老年协会是老年人自己的组织,没有成立老年协会的社区,居委会要尽快物色好人选,将热心社区和老龄工作、具有奉献精神、具有较强的组织沟通协调能力、在老年群体中有较高威望的老年骨干推荐到老年人协会会长的位置上,做好老年人协会的组建工作,帮助协会尽快开展工作,履行职能,更好地发挥积极作用。已建有社区老年人协会的,社区居委会要指导协会健全组织制度,充分了解辖区内老年人的养老需求,结合社区老年人的实际情况,富有成

① 戈艳霞:《老年友好型社区:积极应对人口老龄化国家战略的新落脚点》,《中国社会科学报》2022 年 1 月 12 日。

效地开展工作,充分发挥协会自我管理、自我服务作用。

(四)加强老年友好型社区建设过程中的专业人才培养

人才是发展的基础,老年友好型社区建设过程中的专业人才队伍建设极为关键,其专业水平的高低、服务质量的好坏,将对老年人的养老产生最直接的影响。为解决相关服务队伍发展不足、服务人员短缺等问题,建议充分发挥天津现有教育培训资源优势,重点依托相关职业院校和本专科学校,加大对老年友好型社区建设相关专业人才的培养。例如:可加大对养老服务和适老化智能技术应用等专业的政策及资金扶持,加强线下老年病医生和康复师的培养,在提高培养数量的同时注重培育质量。引导一批普通专科高等学校向应用技术型高等学校转型,不断壮大社区养老服务人员队伍。启动天津老年医学人才培训项目,提高社区医院家庭医生的培养和整体素质的提升。加强适老化设计和改造的专业人员培养,重点举办专科为老服务职业教育,为基层老年友好型社区建设贮备人力资源。

(五)坚持“公平性”的价值导向,倾听老年人的声音

“老年友好型社区”宜居环境的建设,需要与城市治理现代化相结合。必须坚持城市治理的“公平性”的价值导向,要多倾听老年人的声音,考虑到他们的实际需求。城市规划与城市建设,需要确保一种包括老年人在内的公共参与治理的机制。例如:在打造老年人宜居社区的过程中,物质基础设施和社会环境是相辅相成的,有关物质基础设施方面要尽快补齐缺项设施,做好社区创建硬件建设工作。要多倾听老年人的声音和意见,本着缺什么补什么的原则,落实好老年人住宅适老化改造、人行道及车站等公共场所无障碍建设,增设社区休息座椅等基础设施,做到应改尽改、应建尽建,创建一个将物理环境和社会环境整合起来并相互增强的环境。有关社会环境方面,全社会应当更加重视绿色社会环境的创建,营造尊重和社会包容的氛围,坚持“以人民为中心”,切实维护老年人的合法权益,增加老年人社会交往、社会参与、老年再就业和个人充分发展的机会。

(六)完善老年健康服务体系,提高社区家庭医生签约比例

党的二十大提出“推进健康中国建设”。健康是促进人的全面发展的必然要求,是经济社会发展的基础条件。为保障老年人身体健康,医养结合、康养结合是社区养老高质量发展的内在要求,立足健康老龄化理念,建立并完善公平可及、综合连续、方便就近、覆盖城乡的老年健康服务体系。着力“最后一米”,提高并均衡各社区家庭医生签约比例,解决病有所医、老有所养的问题。推进医养结合深入发展,加强社区居家养护康一体化建设。突出基层医疗卫生机构作用,推动为老服务资源下沉社区。全方位加强基层社区健康服务能力建设,加强社区在疾病预防和老有所医中的基础作用。加快推动老年友善医疗机构建设。计划到2022年底,80%的综合医院、中医医院、中西医结合医院、部分专科医院、康复医院、护理院和基层医疗卫生机构建设成为老年友善医疗机构。

(七)进一步规范管理老年友好型社区创建工作的资料档案

系统归纳、整理和留存好老年友好社区创建工作的资料档案。资料主要包括社区重点老人家庭居住安全隐患排查、维修、改造工作记录,家庭医生签约人数、比例、服务人数、服务项目记录,社区老年用品租赁、借用服务记录,定期探访特殊老年人工作记录,组织开展各类助老服务记录,老年人参与社区各类活动记录以及社区开展创建老年友好型社区工作计划、总结等资料。

区域合作与开放篇

京津冀公共文化服务协同发展研究报告

桂慕梅　天津社会科学院社会学研究所副研究员

摘　要： 自京津冀协同发展重大国家战略实施以来，京津冀公共文化服务协同建设取得阶段性进展：出台政策为协同发展提供制度保障，加强供给为协同发展夯实基础，利用数字科技为协同发展赋予创新活力。然而，当前仍面临公共文化服务统筹规划力度不足、资源配置不均衡、整体协同机制不健全等问题。为了更好地满足新时期人民群众对公共文化服务的多样化需求，还需在加强顶层设计、优化资源配置、健全协同发展机制、增强数字化协同等方面持续用力，推动京津冀公共文化服务协同发展取得更大成效。

关键词： 京津冀　公共文化服务　协同机制　协同发展

2014 年 2 月，京津冀协同发展战略正式提出。2015 年 6 月，中共中央、国务院印发《京津冀协同发展规划纲要》，实现京津冀协同发展成为重大国家战略。文化协同是京津冀协同发展的重要方面，其中公共文化服务以满足广大人民群众基本文化需求，保障人民群众文化权益，提升人民群众文化素养为目标。多措并举提高三地公共文化服务协同发展水平是京津冀文化协同发展的必然要求，对于促进社会公平正义、增加三地广大人民群众在共建共享中的获得感和幸福感、提升京津冀区域发展水平，都具有重要意义。

一　京津冀公共文化服务协同发展概况

京津冀地区历史悠久，文化积淀丰厚，是我国文化发展最具活力的地域之一。现代公共文化服务体系建设对促进京津冀三地文化繁荣具有积极作用。在京津冀协同发展战略指引下，京津冀三地在公共文化服务领域不断探索，协同建设逐步走向深化。

（一）出台政策为协同发展提供制度保障

政策法规对于京津冀公共文化服务协同发展起到了引导、推动和加速发展的重要作用。一方面，全国性法律政策为京津冀公共文化服务协同发展提供了国家层面强有力的法律保障和制度支持，指引京津冀公共文化服务协同发展更加制度化、规范化；另一方面，在京津冀协同发展重大国家战略的总体框架下，京津冀文化部门根据三地文化发展实际作出研判，陆续推出政策协议。区域性政策协议针对性强，能够推动京津冀三地公共文化服务精准协调发展。

在全国性法律政策中，有些从全局高度指引京津冀公共文化服务的协同发展，有些明确提出协同发展的原则和方法。2017 年 3 月，《中华人民共和国公共文化服务保障法》颁布施行，这是一部基础性、综合性、全局性法律，标志着我国公共文化服务正式进入法治化轨道，为全国各地、各区域，包括京津冀区域在内的公共文化服务规范有序发展提供保障。2021 年 3 月，文化和旅游部、发展改革委、财政部联合出台《关于推动公共文化服务高质量发展的意见》，提出支持京津冀等区域发展创新引擎作用，推动公共文化服务实现高质量协同发展，并对新时期京津冀公共文化服务协同发展提出了更高要求。2021 年 6 月 23 日，文化和旅游部印发的《“十四五”公共文化服务体系建设规划》中明确指出，逐步将公共文化服务体系建设纳入京津冀协同发展战略，以促进公共文化服务高质量一体化、均衡化发展。

地方性协议、制度和法规将京津冀公共文化服务协同发展逐步深化。其一，三地共同签署的协议推动相关工作有序开展。2014 年 8 月，京津冀三地文化部门签署《京津冀三地文化领域协同发展战略框架协议》，提出京津冀三地应在优势互补、共建共享、统一开放的原则下，推动三地文化发展实现同城化谋划、联动式合作、协同化发展，针对公共文化服务领域，应从设施建设、管理办法与机制、资源平台、文化交流活动、政策措施等几个方面推进现代公共文化服务体系建设。[①] 该项协议的签署意味着三地文化协同发展正式开启。2016 年，京津冀三地文化部门签署《京津冀三地文化人才交流与合作框架协议》，此次签署是对三地于 2014 年签署的《京津冀文化领域协同发展战略框架协议》再次深化。[②] 这份协议以促进和支撑京津冀文化协同发展为总体目标，发挥人才交流与合作的智力引擎和基本保障作用。2019 年，京津冀三地文化和旅游部门成立了京津冀文化和旅游协同发展领导小组，签署了《京津冀文化和旅游协同发展战略合作框架协议》，提出"全面提升示范区文化和旅游基础设施和公共服务水平"，"促进三地共享公共文化资源与发展成果，以公共文化设施建设为依托，探索公共文化设施建设交流机制"及"丰富和完善文化和旅游政务官网"，"扩大新媒体平台应用，推动京津冀文化和旅游宣传资料的互换展示，实现文化和旅游信息互通"等政策措施。[③] 其二，京津冀分别制定法规、政策和规划，推进三地公共文化服务协同发展更加深入。2018 年，天津制定《天津市公共文化服务保障和促进条例》提出，加强公共文化资源的共建共享，推动跨区域文化交流，创建区域公共文化品牌，促进公共文化服务一体化发展，在地方立法中首次明确区域协同发展的原则。2022 年 9 月 23 日公布的

① 《京津冀三地签署文化领域协同发展战略框架协议》，中国经济网，2014 年 8 月 29 日，http://intl. ce. cn/specials/zxxx/201408/29/t20140829_3449414. shtml。

② 《京津冀三地文化人才交流与合作框架协议》，中华人民共和国文化和旅游部，2016 年 5 月 30 日，https://www. mct. gov. cn/whzx/qgwhxxlb/bj/201605/t20160530_778489. htm。

③ 《京津冀签署文化和旅游协同发展战略合作框架协议》，中华人民共和国中央人民政府，2019 年 7 月 15 日，http://www. gov. cn/xinwen/2019-07/15/content_5409226. htm。

《北京市公共文化服务保障条例》在总则中明确提出,推动京津冀协同发展,加强区域公共文化服务合作和资源联通共享,完善京津冀文化协同发展工作机制,培育活动品牌。另外,北京市、天津市与河北省均将京津冀文化协同发展纳入"十四五"发展规划中。北京市在《北京市文化和旅游融合发展"十四五"规划》专辟一章,提出"推动文化和旅游区域合作",要"推进区域公共服务一体化,大力推进数字图书馆、数字文化馆等公共文化服务平台建设,协同开展群众文化活动和区域性节庆活动,共同打造文化品牌"。《天津市文化和旅游融合发展"十四五"规划》中将"京津冀文化和旅游协同发展战略"放在了"发展战略"中的第一条,即联合北京市、河北省开展制度和机制创新,形成京津冀文化和旅游"协同管理、优势互补、形象共树、客源共享"的发展格局,建设特色鲜明、内涵丰富、兼容并蓄的京津冀文化和旅游产品谱系群,使京津冀文化和旅游产业实现合作、联动、互惠、共赢。河北省在《河北省国民经济和社会发展第十四个五年规划和二〇三五年远景目标纲要》中提出"加快推进京津冀协同发展进程",在公共文化服务领域,"加强公共文化体育互惠共享,推动美术馆、博物馆、图书馆和群众文化体育场馆等联盟建设,谋划共建共营共享一批重大体育设施和城市体育综合体"。

(二)加强供给为协同发展夯实基础

近年来,京津冀三地提供的公共文化服务供给兜住了文化民生底线,保障了人民群众的基本文化权益,同时在此基础上推进三地公共文化服务的合作交流。

1. 公共财政投入稳中有进

公共财政投入是公共文化服务的关键,稳定而充足的公共财政投入能够保障公共文化服务顺利进行。从数据来看,2018—2020 年,京津冀三地文化和旅游事业费占财政支出的比重都比较平稳,从高到低依次为北京市、天津市、河北省。这三年,北京市和河北省文化和旅游事业费占财政支出的比重连年稳步增加,而天津市 2019 年、2020 年比前一年均有所下降,但降幅不明显(见表 1)。数据显示,2018—2020 年,京津两地人均文化旅游事业费超过全国平均水平，河北省未达到全国平均水平。从年度人均文化旅游事业来看，北京2019年比2018年有所增长，2020年比2019年有所下降；天津这三年人均文化旅游事业费呈现下降趋势，河北则呈现上升趋势（见图1）。

表1　2018—2020年京津冀文化和旅游事业费占财政支出比重情况　单位：%

地区	2018	2019	2020
北京	0.47	0.64	0.65
天津	0.58	0.49	0.42
河北	0.35	0.36	0.39

数据来源：中华人民共和国文化和旅游部编：《中国文化文物和旅游统计年鉴2021》，国家图书馆出版社，2021。

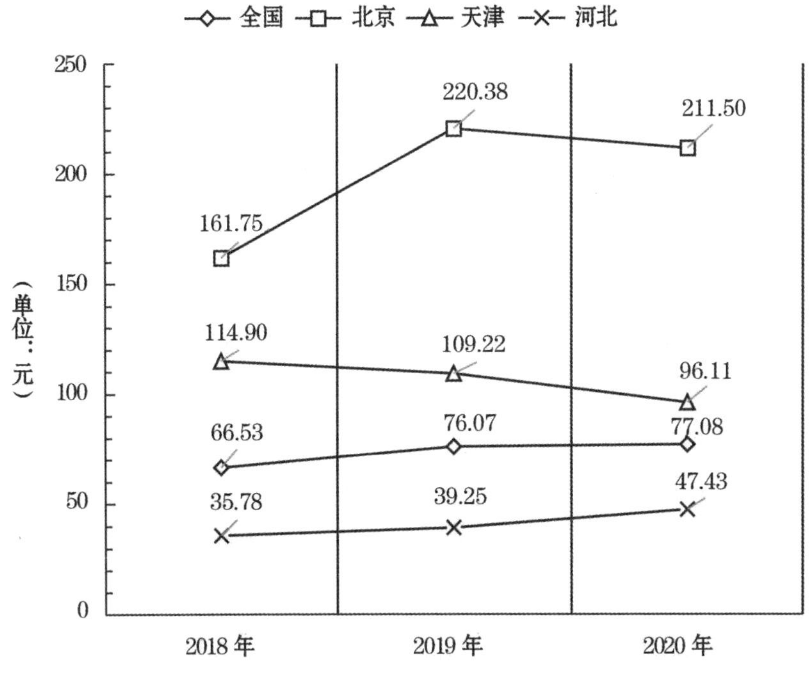

图1　2018—2020年全国及京津冀人均文化和旅游事业费情况

数据来源：中华人民共和国文化和旅游部编：《中国文化文物和旅游统计年鉴2021》，国家图书馆出版社，2021。

2. 人才队伍建设逐渐加强

人才队伍建设为京津冀公共文化服务发展提供了人员保障,确保京津冀公共文化服务顺利进行。有关数据显示,2018—2020 年京津冀公共图书馆、群众文化机构和博物馆三个领域从业人员在总数上有波动,三地的情况均是 2019 年人数少于 2018 年和 2020 年,2020 年三地从业人员都较前两年有小幅增加(见表 2)。

表 2 2018—2020 年京津冀文化机构从业人员数

单位:人

单位	北京			天津			河北		
	2018	2019	2020	2018	2019	2020	2018	2019	2020
公共图书馆	1229	1218	1228	1047	1060	1163	1921	1892	2020
群众文化机构	3134	3437	3692	1455	1372	1598	7542	7390	7326
博物馆	4433	3786	4323	1743	1465	1545	4016	4017	4219
合计	8796	8441	9243	4225	3897	4306	13479	13299	13565

数据来源:中华人民共和国文化和旅游部编:《中国文化文物和旅游统计年鉴 2021》,国家图书馆出版社,2021。

京津冀三地通过培训、交流等措施提升文化人才的能力和服务水平。2016 年,京津冀三地文化部门签署《京津冀三地文化人才交流与合作框架协议》。此后,按照"目标同向、措施一体、优势互补、互利共赢"的协同思路,三地不断推进文化人才交流与合作,强化人才资源统筹,加大人才交流培养,探索人才共建共享合作机制。2018 年 6 月,京津冀非遗曲艺人才培训基地在天津艺术职业学院正式成立;7 月,天津艺术职业学院开设京津冀非遗曲艺人才研培班,研培班的 32 名学员,一半以上来自河北。① 研培班探索理论专业课与艺术实践、基层采风相结合,全方位封闭式的培训模式进行人才培养。研培期

① 《京津冀三地非遗曲艺传承人天津封闭式培训》,天津艺术职业学院,2018 年 7 月 18 日,http://www.arttj.cn/page/default.asp? ID = 3343&PageID = 69#Menu = ChildMenu。

间,相关部门开展了多项交流活动,如在天津市有关单位进行观摩,与天津曲艺团进行座谈,与北京市青春鼓曲社交流演出等。[①] 该项培训活动是提升京津冀文化人才水平的有益探索,为京津冀三地文化人才培养提供了经验范本。

3. 设施和产品配置逐步完善

图书馆、文化馆和博物馆等场所是公共文化服务的基础组成部分,是广大人民群众开展文化活动、获得文化服务的主要场所。作为公共文化服务的硬件投入,基础设施和产品的建设水平在一定程度上反映了该地区公共文化服务水平。近年来,京津冀三地公共文化服务场所、配套设施和产品正逐步标准化。其一,基础设施建设。2018—2020 年京津冀三地公共图书馆数目保持稳定,北京市保持不变,天津市有小幅调整,河北省建设加快,2020 年增建了 3 个公共图书馆。从每万人公共图书馆建筑面积来看,北京市逐年减少,天津市和河北省逐年增加。2018—2020 年,京津冀三地都重视群众文化机构的建设,三地群众文化机构不同程度增加,其中河北省增加较多,2019 年比 2018 年增加了 2 个,2020 年比 2019 年增加了 23 个,2020 年建设速度较快。从每万人拥有群众文化设施建筑面积考量,天津市和河北省三年间均为增加态势,而北京市略有波动,2019 年少于 2018 年和 2020 年。另外,三年间京津冀博物馆机构个数均有变化,北京市逐年减少,每年减少 1 个;天津市逐年增加,每年增加 3 个;河北省 2019 年新增 2 个,2020 年新增较多,增加了 12 个。其二,产品建设。京津冀三地不断增加公共图书馆人均藏书册数,在增速上,2018—2020 年天津市每一年都快于北京市和河北省。从博物馆藏品数来看,北京市、天津市和河北省每年均比前一年有所增加(见表 3)。

① 《天津艺术职业学院非遗传承人群研培班总结》,天津艺术职业学院,2018 年 8 月 24 日,http://www.arttj.cn/page/default.asp? ID = 3357&PageID = 69#Menu = ChildMenu。

表3　2018—2020年京津冀文化机构基本情况

	北京			天津			河北		
	2018	2019	2020	2018	2019	2020	2018	2019	2020
公共图书馆数目(个)	23	23	23	29	29	27	173	173	176
每万人公共图书馆建筑面积(平方米)	138.60	138.40	136.60	259.70	278.70	313.80	71.50	75.00	81.40
公共图书馆人均藏书册(册)	1.34	1.40	1.43	1.20	1.34	1.57	0.36	0.40	0.46
群众文化机构数(个)	350	354	356	261	261	262	2433	2435	2458
每万人拥有群众文化设施建筑面积(平方米)	429.30	428.10	447.80	273.1	276.7	357.6	174.6	178.1	192.2
博物馆机构数(个)	82	81	80	65	68	71	134	136	148
博物馆藏品数(件/套)	2,020,881	2,033,344	2,192,500	704,279	711,945	761,363	390,913	395,093	409,994

数据来源:中华人民共和国文化和旅游部编:《中国文化文物和旅游统计年鉴2021》,国家图书馆出版社,2021;北京市统计局、国家统计局北京调查总队编:《北京统计年鉴2021》,中国统计出版社,2021;天津市统计局、国家统计局天津调查总队编:《天津统计年鉴2021》,中国统计出版社,2021;河北省统计局、国家统计局河北调查总队编:《河北省统计年鉴2021》,中国统计出版社,2022。

4. 服务和活动丰富多样

服务和活动为公共文化服务带来活力，使广大人民群众的生活充满文化气息。2018 年、2019 年京津冀三地公共文化服务和活动按部就班进行，但新冠肺炎疫情发生以后，受疫情防控政策和措施影响，三地各项公共文化服务和活动均有大幅度减少。从公共图书馆总流通人次来看，京津冀三地 2019 年比 2018 年均有增加，天津市、河北省增幅较大；而 2020 年公共图书馆总流通人次锐减，相比 2019 年，北京市减少 78.97%，天津市减 53.18%，河北省减少 66.56%。从群众文化机构组织文艺活动次数来看，2019 年比 2018 年均有增加，北京市和河北省活动较多。2020 年三地群众文化机构组织文艺活动次数大幅度减少，相比 2019 年，北京市减少 41.83%，天津市减少 28.59%，河北省减少 22.86%。三年间三地的博物馆基本陈列、临时展览有波动，但不明显（见表 4）。

表 4　2018—2020 年京津冀公共文化服务和活动情况

	北京			天津			河北		
	2018	2019	2020	2018	2019	2020	2018	2019	2020
公共图书馆总流通人次（万人次）	1903	1969	413	1226	1621	759	2371	2563	857
群众文化机构组织文艺活动次数（次）	44,864	47,132	27,418	17,547	19,209	13,718	47,920	52,703	40,653
博物馆基本陈列（个）	200	196	201	195	201	215	191	194	353
博物馆临时展览（个）	224	232	159	242	257	191	381	347	362

数据来源：中华人民共和国文化和旅游部编：《中国文化文物和旅游统计年鉴 2021》，国家图书馆出版社，2021。

京津冀通过在文博领域开展活动,推动三地的合作与协同。2014 年河北博物院新馆建成后,同故宫博物院合作推出了第一个临时展览“天保九如——故宫博物院藏九九如意展”。2015—2017 年,首都博物馆、天津博物馆与河北博物院共同策划实施了“地域一体 · 文化一脉——京津冀历史文化展”“金玉满堂——京津冀古代生活展”等系列展览,分别在三地巡展。除共同开办展览之外,三地还在文物资源、学术交流等方面探索共建共享模式。2018 年,三地文物局及博物馆共同签订“京津冀博物馆协同创新发展合作协议”,建立京津冀博物馆协同发展领导联席会议制度,强化执行机制,设立京津冀博物馆协同发展推进工作办公室,负责全面推进三地博物馆的协同发展。[①] 2018 年以来,京津冀博物馆协同发展推进工作办公室牵头,连续举办了数届“京津冀博物馆优秀志愿者讲解邀请赛”。在 2020 年中国国际服务贸易交易会上,京津冀博物馆和文化企业共同搭建了“京津冀博物馆协同发展文化创意展区”,展示三地博物馆服务和文创产品。此外,三地通过举办文化课堂,例如,首都博物馆开办“首博讲座”,天津博物馆开办“天博讲堂”,河北博物院开办河博学堂等。满足人民群众多元文化需求。

(三)数字科技为协同发展赋予创新动力

数字科技对公共文化服务具有重要的支撑作用,是推动京津冀公共文化服务不断向前协同发展的重要动力。近年来京津冀不断探索数字科技在公共文化服务协同建设中的发展路径。

在数字科技的广泛应用下,京津冀三地公共图书馆数字化建设获得加强,为协同发展奠定基础,与此同时图书馆联盟的建立则进一步推进了三地公共图书馆领域的协同发展。线上线下多样化的服务和活动促进京津冀三地基本公共文化服务标准化、均等化、一体化深入发展。其一,推进公共图书馆资源共享。2015 年 11 月,首都图书馆、天津图书馆、河北省图书馆在石家庄签署合

① 陈静、焦鹏航:《京津冀协同发展背景下博物馆合作模式探索及展望》,《文博论坛》2021 年第 5 期。

作协议,正式成立京津冀图书馆联盟。[①] 北京将全市 131 个成员馆整合为一个整体,实现了联合编目、联合检索和馆际互借。成员馆为公众读者提供“一卡通”服务,持有“一卡通”的读者可以实时检索所有成员馆的馆藏信息、图书书目信息、图书流通信息、借阅读者信息及其他数字化资源,同时还能在各成员馆间就地异地归还所借图书文献资料。[②] 2014 年天津市启动公共图书馆通借通还建设工程,首先在市内六区进行试点,之后扩展到全市范围,到 2016 年底实现了全市 21 个公共图书馆通借通还服务全覆盖。读者持天津图书馆读者证或天津市公共图书馆通用读者卡,即可在全市 21 个公共图书馆,借阅市、区图书馆已整合进入通借通还流通体系的中文图书。[③] 河北省在市、县两级公共图书馆总分馆建设方面不断加强。其二,三地公共图书馆加强业务交流。开展数字资源服务合作,互派专家开展文化讲座,并进行内部业务交流。京津两地先进基层图书馆向河北省对口基层馆捐赠文献。[④] 其三,通过活动增强京津冀三地在公共图书馆领域中的交流与合作。京津冀三地先后在整个区域内相互举办“京都华彩——北京建都史主题展、北京城市生活展”“朝阳 · 宝坻书法美术摄影艺术联展”“杂技之光——河北吴桥杂技文化展览”等展览。2017 年 3 月京津冀三地“共沐书香,悦享好书”青少年经典导读活动在河北省图书馆启动,活动采用了“互联网 + 志愿服务”的新模式。该活动以京津冀三地中小学生为服务对象,以教育部推荐阅读的经典名著为导读内容,邀请三地专家学者、文化名人、骨干教师和高校学生,共同组成专业的文化志愿者,依托首都图书馆主导建设的青少年经典导读专用互联网平台,开展包括主题讲座、导读示范课、班级读书会等形式多样的在线志愿服务,与丰富的线下阅读推广活动

① 《京津冀成立“图书馆联盟”实现文献资源共享》,人民网,2015 年 11 月 19 日,http://culture.people.com.cn/n/2015/1119/c1013-27834736.html。

② 邢军:《公共图书馆服务体系建设之思考》,《图书馆学刊》2016 年第 8 期。

③ 《天津实现全市公共图书馆“通借通还”服务》,中华人民共和国中央人民政府网,2016 年 12 月 21 日,http://www.gov.cn/xinwen/2016-12/21/content_5151077.htm。

④ 余兵、张沫:《京津冀协同发展背景下三地公共图书馆服务合作研究》,《图书馆工作与研究》2018 年第 3 期。

相结合,实现优质文化教育资源的共建、共享。①

综上所述,2018 年、2019 年,京津冀三地群众文艺活动丰富多彩。2020 年受新冠肺炎疫情影响,现场活动大幅度减少,很多活动转为线上进行,利用新媒体进行网络直播成为重要的活动形式。2020 年春节期间,天津非物质文化遗产——“蛤蟆吐蜜”的制作过程在抖音上播放,众多观众转载了视频,播放次数高达上万次。京剧脸谱特效使用播放次数也高达万次以上。“京津冀协同发展的前世今生”直播视频展示了京津冀三地源远流长的历史、丰富多彩的地方文化,受到观众好评。2020 年 6 月,北京市海淀区文化和旅游局、天津市津南区文化和旅游局、河北省霸州市文化广电和旅游局联合主办“京津冀抗议非遗作品线上联展”,运用剪纸、窗户等非遗作品,结合歌曲等,表现三地众志成城的抗疫精神。新媒体的传播形式超越了地域限制,使更多人加入京津冀文化协同发展的体验中。

二　京津冀公共文化服务协同发展面临的挑战

京津冀协同发展重大国家战略为京津冀三地公共文化服务提供了新的发展机遇,近年来,京津冀公共文化服务在很多方面虽然取得了一定成效,但面对新发展阶段的新要求仍有不足之处。

(一)统筹规划力度不足

京津冀公共文化协同发展涉及北京市、天津市与河北省三地多个文化部门,需要顶层设计和统筹规划。目前京津冀三地虽然出台一系列政策,签署了多项合作协议,然而在现有体制下,京津冀公共文化服务领域相关单位通常还是以自身利益最大化,而不是以整个区域利益最大化为出发点进行决策,三地还未完全实现同城化谋划,统筹规划力度不够强大。此外,关于

① 《京津冀三地图书馆联合启动青少年经典导读活动》,河北新闻网,2017 年 3 月 31 日,https://m.hebnews.cn/hebei/2017-03/31/content_6405149.htm。

京津冀公共文化服务协同发展的目标、路径和标准还没有明确的政策文件。京津冀公共文化服务均等化的相关政策法规还不够健全。政策的落实缺乏监督和保障。

（二）资源配置不均衡

由前文可知，京津冀在公共文化服务政府投入、文化产品供给等方面存在差异，公共文化资源分布不均衡。京津冀三地公共文化服务政府投入差异明显，从2018—2020年文化和旅游事业费占财政支出的比重来看，河北省与北京市、天津市两地差距较大。再从人均文化和旅游事业费这一项来看，2019年河北省的人均文化事业经费仅为北京市的22.42%，仅为天津市的49.34%；而天津市人均文化事业经费也不到北京市的一半；可见三个地区处于三个层级，具有明显的差异性。从文化机构从业人数占总人口的比重看，北京最高，河北最低，可见在人力资源投入上，三地也不均衡。在文化设施和产品配置方面，河北省低于北京和天津，如每万人公共图书馆建筑面积，河北省落后于北京、天津两地，在人均拥有公共图书馆藏量方面，河北省也表现出明显弱势，2020年，河北省公共图书馆人均藏书量接近北京市的三分之一，而不到天津市的三分之一。

（三）整体协同机制尚不健全

京津冀三地虽然在公共文化服务协同发展机制方面进行了探索，但目前还未打破地域间的藩篱，三地文化部门及相关单位整体协同机制尚不健全。一是三地还未搭建公共文化服务信息共享平台，欠缺京津冀公共文化服务信息共享机制。二是三地文化部门在公共文化服务不同领域合作交流还不够活跃，合作交流机制尚未完全建立。三是在协同发展中，三地缺乏统一的公共管理机制，不能实现公共文化服务绩效考核等跨区域管理。总体上，京津冀三地还未形成优势互补、互利共赢的区域一体化发展局面。

三　推进京津冀公共文化服务协同发展的对策建议

习近平总书记在中国共产党第二十次全国代表大会报告中提出“繁荣发展文化事业和文化产业。坚持以人民为中心的创作导向,推出更多增强人民精神力量的优秀作品……健全现代文化产业体系和市场体系,实施重大文化产业项目带动战略”。为满足新时期人民群众对公共文化的多样化需求,提出以下对策建议。

(一)加强顶层设计

开阔视野,从全局和战略高度加强顶层设计。首先,组织专家学者开展深入论证,厘清京津冀文化发展脉络,加强京津冀区域文化整体性阐释。其次,细化政策、健全法律法规,持续引导构建京津冀三地整体性的文化协同发展格局,明确三地在公共文化服务协同发展中的重点任务和实现途径,与此同时不断涵养京津冀三地的文化认同,凝聚三地文化协同发展的强大精神力量。最后,将公共文化服务纳入重要民生实事工程,将公共文化服务上升到文化民生治理的高度。

(二)优化资源配置

探索公共文化服务与多领域协同发展的新模式,实现公共文化服务资源的优化配置。公共文化服务的供给不能单纯依靠政府投入,通过尝试加强公共文化服务与文化产业的协同、与创意产业的协同,以及与民生领域的协同,进而拓展公共文化产品和服务的供给。例如,根据人民群众的需求和审美爱好,将传统的、民族的文化艺术形式赋予新的文化内涵、时代精神,创造出人民群众喜爱的艺术产品。或者,利用地域传统和优势文化项目,组织文化创作,送文化下乡,为乡村振兴作出贡献,同时加强京津冀三地的交流与合作。细化三地人才培养机制,强化三地人才的合作培训和管理,通过各类人才项目,提升文化人才的专业能力和服务水平,运用多元举措促使京津冀三地人才队伍水平的整体性提高。

（三）健全协同发展机制

立足京津冀公共文化服务实际，构建三地公共文化服务协同发展机制。其一，依托京津冀协同发展领导小组办公室，建立联席会议制度。由京津冀三地公共文化部门定期组织协调会，运用座谈会、电话会议、网络视频会议等形式，了解京津冀三地公共文化服务开展情况与发展进度。针对工作实践中的重点、难点问题，有层次地制定工作措施和进度表，多部门协调解决三地公共文化服务中的难题和问题。其二，构建常态化协同工作机制，推动先进管理模式的普及与应用。提炼并形成京津冀三地各公共文化部门广泛认同和共同遵守的管理和服务规范，建立标准化规章制度，明确管理职能和程序。

（四）增强服务的数字化协同

将公共文化服务与数字科技深度融合，推动京津冀公共文化服务数字化协同更快发展。一是利用云计算充分挖掘京津冀三地图书馆、群众艺术馆、博物馆等场所的数字文化资源。在此基础上整合三地优势资源，构建云数据库和共享数字服务平台，向全社会开展跨网络、跨终端的公共文化服务，提高数字文化资源利用率。二是利用网络广泛开展问卷调查，了解三地人民群众的文化需求。根据人民群众需求，创建一批针对性强、特色性强的数字化公共文化服务栏目，提升公共文化服务精准化水平。三是运用数据链接技术，充分利用“智慧城市”等国家重大信息工程，统筹实施京津冀三地市、区（县）公共文化服务数字平台建设，以及街（镇）、社区（村）数字视频放映、数字书屋项目建设等。

参考文献：

［1］陈静、焦鹏航：《京津冀协同发展背景下博物馆合作模式探索及展望》，《文博论

坛》2021 年第 5 期。

[2] 邢军:《公共图书馆服务体系建设之思考》,《图书馆学刊》2016 年第 8 期。

[3] 余兵、张沫:《京津冀协同发展背景下三地公共图书馆服务合作研究》,《图书馆工作与研究》2018 年第 3 期。

京津冀人才合作共建研究报告

杨玉秀　天津社会科学院区域经济与城市发展研究所副研究员

摘　要： 京津冀在人才合作共建上成效显著，区域联动机制初步形成、人才共育全面开展、重点人才项目稳步推进、人才公共服务一体化逐步建立，但也存在着人才发展极不平衡、区域内人才三向流通不畅以及长期高效的协同共享共建机制尚未形成等问题，还面临着区域间发展差距巨大、行政壁垒以及区域整体人才吸引力下降等人才合作共建的困难。建议加强人才共建保障机制的建设和完善，以产业协同带动人才的协同发展，多途径提高人才共育共享水平以及构筑优良人才生态，有利于提高京津冀人才合作共建的成效。

关键词： 合作共建　区域联动　人才共育

一　京津冀人才合作共建的历程与政策措施

（一）京津冀人才合作共建的发展历程

京津冀人才合作共建是京津冀区域协同发展中的一项重要内容，经历了从一开始的临时的、局部的合作到如今具有战略意义的、稳定的和全面的合作的发展过程。总体来看，京津冀人才合作共建大致可以分为三个阶段。

起步阶段（2005—2013 年）。2005 年，在首届京津冀人才开发一体化研讨会上，京津冀三省市签署了《京津冀人才开发一体化合作协议书》，这一破冰之举为京津冀区域人才合作搭建了基本框架。2008 年，在“环渤海区域合作市长联席会”的框架下，成立了“环渤海区域人才协作联盟”，该联盟多次举行人才交流合作活动,为推动京津冀人才合作奠定基础。2011 年,京津冀三省市又签署了《京津冀区域人才合作框架协议书》,发布了《京津冀人才一体化发展宣言》,议定了京津冀区域人才合作的联席会议制度,在京津冀人才一体化发展上达成思想共识,为京津冀人才一体化工作的全面开展奠定了基础。

全面快速发展阶段(2014—2020 年)。2014 年,中央将京津冀协同发展上升为国家战略,直接推动了京津冀人才合作共享的全面发展。2016 年京津冀三地签署了多项人才合作协议,并开始研究编制京津冀人才一体化发展规划,京津冀人才合作驶入快车道。2017 年 4 月 1 日,中共中央、国务院印发通知,设立雄安新区。同年 7 月京津冀三地联合发布了《京津冀人才一体化发展规划(2017—2030 年)》、人社部出台了《关于推进京津冀人力资源和社会保障事业协同发展的实施意见》。其中,《京津冀人才一体化发展规划(2017—2030 年)》,是我国首个跨区域的人才规划,也是首个服务国家重大战略的人才专项规划。该规划的发布在京津冀人才合作史上具有里程碑的意义。2017 年围绕人才合作共建,京津冀三地又合推"通武廊"人才绿卡等合作措施。2018—2020 年,京津冀人才合作共建继续全面发展,密集发布了多个合作文件,涉及人力资源服务标准、劳动合同文本、劳动关系、工伤保险、养老保险、职称认定等方面,三地人才合作取得巨大进展。

深化落实阶段(2021 年至今)。这一阶段,京津冀人才合作主要体现在对既有人才政策措施的完善、推进、落实和巩固,以及京津冀部分区域间的人才合作上。例如,继续举行的三地联席会议、联合举办的招才引智活动,2022 年 8 月三地五区二市签署协议实施职业技能人才合作共建措施等。

(二)京津冀人才合作共建的政策措施

2005 年以来,京津冀在人才合作发展规划、人才服务保障、人才交流和人才共建等方面出台了很多政策措施,共同发布了很多文件(具体见表 1)。

表1 京津冀人才协同共建政策文件

时间	政策措施	类型
2005年6月	《京津冀人才开发一体化合作协议书》	综合
2011年4月	《京津冀区域人才合作框架协议书》	综合
2016年5月	《京津冀三地文化人才交流与合作框架协议》	文化人才
2016年7月	《京津冀跨地区劳动保障监察案件协查办法》	劳动关系
2016年10月	《关于京津冀专业技术人员职称资格互认协议》	职称资格
2016年10月	《关于京津冀劳动人事争议协同处理工作的意见》	劳动关系
2017年7月	《京津冀人才一体化发展规划(2017—2030年)》	综合
2017年7月	《关于推进京津冀人力资源和社会保障事业协同发展的实施意见》	综合
2018年1月	《京津冀卫生计生人才交流与合作框架协议》	卫生人才
2018年4月	《人力资源服务京津冀区域协同地方标准》	人才服务
2018年7月	《京津冀工伤保险工作合作框架协议》	社保
2018年12月	《京津冀劳动合同参考文本》	劳动关系
2019年1月	《京津冀劳动关系工作协同发展协议书》	劳动关系
2019年1月	《京津冀教育协同发展行动计划(2018—2020年)》	人才培养
2019年10月	《京津双城养老保险关系转移接续合作协议书》	社保
2020年8月	《北京市职称评审管理暂行办法》	职称资格
2020年8月	《京津冀公共人才服务协同发展合作协议》	人才服务
2020年12月	《京津冀集体合同参考文本(用人单位版)》	劳动关系
2021年11月	《"十四五"时期京津冀教育协同发展总体框架协议(2021—2025年)》	人才培养
2022年8月	《京津冀五区两市职业技能高质量发展战略合作框架协议书》	职业技能人才

资料来源:京津冀三地人社部门官网和官媒发布。

二　京津冀人才合作共建取得的成效

(一)区域联动机制初步形成

一是形成了人才合作共建的组织保障和合作纲领。2016 年 2 月 18 日,北京、天津、河北三地党委组织部在北京成立了京津冀人才一体化发展部际协调小组。协调小组将负责区域人才一体化发展的统筹规划、政策研究、宏观指导、综合协调等工作,协调解决人才一体化发展中的重大问题,并指导、督促有关政策措施的落实,定期举办相应的会议,联合发布人才政策。协调小组的成立,为京津冀人才一体化工作提供了组织保障。而 2017 年发布的《京津冀人才一体化发展规划(2017—2030 年)》,作为京津冀人才一体化建设的纲领性文件,为三地人才合作共建指明了方向。

二是形成了高级别的联席会议制度。由人社部和三地人力资源社会保障局主要负责人参加的,关于人才合作共建等方面的部省(市)级别的联席会议制度已经形成。第一次会议于 2017 年 8 月召开,到 2022 年 11 月已经召开了四次。除了人社部门的联席会议制度外,三地的卫生计生部门在人才交流与合作方面,也形成了联席会议制度,第一次会议在 2018 年 1 月召开,到 2022 年 11 月已经召开了三次。京津冀三地通过定期联席会议的形式,促进了人才交流合作的常态化和制度化。

三是形成长期稳定的联合招才引智活动。近年来,京津冀人力资源和社会保障部门联合举办了一系列区域人才交流洽谈活动和人才协同发展论坛,建立了京津冀人才网,发布三地人才需求信息。同时,三地间形成了多个联合招才引才的人才大会,如“京津冀招才引智大会”“津洽会”的引才引智活动以及“京津冀区域人才交流洽谈会”等。其中,“京津冀招才引智大会”自 2013 年以来已连续举办十届,“津洽会”的引才引智活动以及“京津冀区域人才交流洽谈会”自 2014 年以来每年举办一次。这三个人才大会均服务于京津冀三地的人才需要。

(二)人才共育全面开展

自京津冀协同发展以来,三地在人才共享、共育方面成效显著。一是在教育领域先后发布了多个全面性的合作文件,如《京津冀教育协同发展行动计划(2018—2020 年)》《“十四五”时期京津冀教育协同发展总体框架协议(2021—2025 年)》等,为京津冀三地在师资共享、教育教学、联合培养、产学研合作等多方面的交流合作提供了指引。二是在基础教育领域,京津冀三地通过建设分校、挂职学习、设立教育联盟、合作办学等多途径实现合作。截至2022 年 9 月,京冀两省市已经建立 13 个基础教育协同发展共同体,北京基础教育机构与河北北三县 11 所学校实现了合作办学。三是在职业教育方面,三地通过合作办学、成立职业教育发展联盟、职业技能发展联盟、产学研联盟、职业教育协同发展论坛、职业技能大赛、职业技能人才专项培训等形式,开展了全面深入的合作。目前,已经成立 14 个跨区域特色职教集团。四是在高等教育协同方面,京津冀高校组建了“京津冀协同创新联盟”“京津冀经济学学科协同创新联盟”“京津冀建筑类高校本科人才培养联盟”等 16 个创新发展联盟,开展了跨区域的校企合作,建立了三地智库交流平台等。五是广泛开展其他形式的人才共育共享。如京津冀三地党委组织部选派干部人才交叉挂职、联合举办京津冀高层次人才国情研修班;通过派驻专家、坐诊会诊、专题讲座、临床带教等方式,北京为津冀培养医疗卫生人才;通过“北京市千名创业导师培育工程”,共同培育京津冀创业导师人才。

(三)重点人才项目稳步推进

一是“通武廊”人才一体化发展综合示范区项目获得较大进展。通州、武清、廊坊三地建立起人才工作联席会议制度,共同签署了《通武廊人才合作框架协议》,出台了《通武廊区域人才互认标准》和《通武廊区域人才挂职交流工作管理暂行办法》,发布了《通武廊人才一体化发展示范区建设宣言》,在区域内共同推出“人才绿卡”制度,成立“通武廊人力资源服务企业联盟”,在辖区内建立京津冀人才产业园,设立了“京津冀(通武廊)人才发展研究基地”。

“通武廊”三地在人才共享共建上既有良好的运行机制,又有各类制度保障和服务协同,人才协同共建发展较好。

二是雄安人才集聚工程快速推进。围绕“人才、人气、人聚”和“聚集支撑疏解、创新创业的新人才”总体目标,雄安新区大力实施高层次人才引进计划。截至2022年4月,雄安新区、三县及雄安集团累计选录和招聘“双一流”高校高学历人才1000余名,柔性引进院士、专家等高端人才12名,通过项目合作引进重点领域人才100余名。

三是其他人才项目有序启动、推进。天津港统筹利用京津冀人才资源,推进天津(滨海)海外人才离岸创新创业基地建设,2018年启动运营,截至2022年上半年,该基地已对接服务海外人才超过3000人次,落户企业50多家。2022年8月,京津冀人力资源服务与发展联盟正式在滨城成立,集聚海内外人才总量超85万人,建成18个产业(人才)联盟,其中领军人才1171人。此外,京津中关村科技城建成首个人才社区,天津南开中学科技城分校签约落地。

(四)人才公共服务一体化逐步建立

近年来,京津冀三地在职称、职业资格、社保、劳动关系、人力资源服务等方面实行政策的统一和对接,大大降低了三地间人才流动的政策壁垒。

一是实现职称和技术职业资格的互认。早在2016年10月,京津冀三地人社部门就签署了《专业技术人员职称资格互认协议》,实现三地在国家设定的职称系列、等级范围内的专业技术人员职称资格互认。专业技术人才在三地流动过程中的职称晋升、岗位聘用、人才引进、培养选拔、服务保障等方面享有同等专业技术职称待遇。

二是实现社保政策的统一与对接。近年来,京津冀在工伤、医疗、养老保险等方面进行了越来越深入的合作。2018年7月,京津冀三地签署了工伤保险合作协议,建立相互委托劳动能力鉴定制度,实现三地间工伤保险的互认。在养老保险方面,京津冀三省市均已出台了本地养老保险跨区域转移接续办法实施细则,实现了城乡居民养老保险制度名称、政策标准、经办服务、信息系统“四统一”。在此基础上,京津两地又在2019年6月,推出养老保险转移接续全新数字化经办服务。京津冀三地医疗保险合作也取得了很大进展,截至2022年5月底,京津冀地区住院费用跨省直接联网结算的定点医疗机构达4816家,门诊费用跨省直接联网结算的定点医药机构达5485家。2022年10月1日起,京津冀区域内三级和二级定点医疗机构均纳入互认范围。

三是实现劳动关系上的标准统一、三地联动。京津冀三地先后联合推出了京津冀劳动合同参考文本和京津冀集体合同参考文本(用人单位版),对三地劳动合同文本进行统一规范。同时在劳动者维权方面,先后出台了《京津冀跨地区劳动保障监察案件协查办法》《京津冀地区拖欠劳动者工资异地投诉办法》以及《京津冀劳动关系工作协同发展协议书》等文件,实现劳动监察一点投诉,三地联动处置。

四是出台了人力资源服务协同地方标准。2018年,三地共同推出了全国首个人力资源服务区域协同地方标准,实现了京津冀三地人力资源服务业从业人员的无障碍自由流动,使京津冀三地人力资源服务更加高效和规范。

三 京津冀人才合作共建存在的问题

(一)京津冀三地人才落差大,人才发展极不平衡

受经济、人文、社会、环境等的影响,京津冀三地人才落差大,人才发展极不平衡。北京是中国的首都,历史文化底蕴深厚、经济发展水平高、教育和科技发达,吸引了全国要素资源的集聚,人才便是其中一项。据《中国城市人才吸引力排名:2022》,2021年中国最具人才吸引力100强城市中,北京名列第一,而天津排到了第23名,河北省仅有4个城市上榜,而且排名靠后。在京津冀三地中,北京对人才的吸引力居全国首位,天津次之,河北再次,导致京津冀三地人才发展极不平衡,大量人才尤其是高端人才在北京集聚。根据《中国统计年鉴2021》,2020年,北京6岁及以上人口中,大学专科及以上人口占比达到44.39%,本科及以上人口占比达30.25%,研究生人口占比达7.2%。而天津这三项指标分别是28.42%、16.84%和2.01%,均显著低于北京。河北省更

低,这三项指标分别为13.32%、5.74%和0.41%,和天津、北京差距巨大,也均低于全国平均水平(参见表2)。

表2 2020年末京津冀及全国6岁以上各学历人口情况

地区	大学专科		本科		研究生	
	总数(人)	占比(%)	总数(人)	占比(%)	总数(人)	占比(%)
北京	2,928,407	14.14	4,771,495	23.05	1,490,881	7.20
天津	1,521,915	11.58	1,949,699	14.83	263,929	2.01
河北	5,270,623	7.58	3,709,065	5.33	285,221	0.41
全国	—	8.54	—	7.16	—	0.82

数据来源:根据《中国统计年鉴2021》整理而得。

另外,考虑到京津冀三地人口基数的不同以及农村人口的因素,把京津冀三地人口放在一起比较。结果也是一样,高端人才高度集聚在北京。北京的本科生和研究生分别占三地本科生和研究生总数的45.75%和73.08%。也就是说京津冀三地每100个本科生中,大约有46人在北京,每100个研究生中,大约有73人在北京。而天津和河北的研究生占比分别只有12.94%和13.98%。

(二)区域内人才三向流通不畅,单核"虹吸"问题较重

从2005年京津冀三省市签署《京津冀人才开发一体化合作协议》到现在已经快20年了,京津冀区域内人才的三向自由流动机制依然没有形成。

一是京津冀三地人才资源存在较大的落差,在一定程度上限制了人才在三地间的流动。这种高落差式的区域人才共享共建,更多地体现为低端人才地区对高端人才地区人才的柔性共享,即在某些项目上的暂时借用或者通过项目合作的方式共享高端地区的人才智力,而不是区域内人才相互流动。

二是津冀两地承接能力有限,北京大量项目和人才外流。京津冀三地间产业发展的协同度不高,津冀两地上下游配套能力以及创新成果转化吸收能

力有待提升，造成津冀两地承接北京产业转移和技术转化的能力较低，在疏解北京非首都功能和技术转化中，大量项目和人才外流，而不是转移、转化到津冀两地。据统计，2021 年，作为京津冀地区研发转化主要承载地的河北，承接京津技术合同成交额为 300 亿元，仅占京津输出技术合同成交额的 3.6%。天津承接北京技术合同成交额为 33.6 亿元，仅占北京输出技术合同成交额的 0.7%。

三是北京对津冀人才的单向“虹吸”效应较重。京津冀三地间产业、科技、人才落差较大，导致三者之间人才流动的模式，尤其是高端人才的流动是单向的从天津、河北流向北京。据《中国城市人才吸引力排名》，天津一直是北京人才流入的第一大来源地，2021 年在北京流入人才中，天津流入的占比达到 7%，远高于其他城市。流入北京的前十大城市中，京津冀地区占到 4 个，分别位于第一、第四、第六和第八名，而从北京流出的人才流向的前十大城市中，京津冀只占 3 个，分别位于第二、第七和第十名，津冀人才净流入北京。

（三）长期高效的协同共享共建机制尚未形成

京津冀三地间在人才协同共建上，虽然形成了一定的三方联动机制，在人才共育、共建、人才交流、人才合作以及人才一体化的各项服务保障上出台了很多政策，做了很多实事，但是也还存在着一定的不足和需要继续加强的地方，还没有形成长期高效的协同共享共建机制。

一是人才协同共建政策措施的持续性不足。从京津冀三地人才一体化进程中可以看出，三地人才合作共建的政策措施，主要集中在 2016 年至 2020 年这五年间出台，从 2021 年开始就越来越少了。一些三地联动会议也没有持续下来，比如由三地党委常委、组织部部长形成的“京津冀人才一体化发展部际协调小组”，在 2016 年至 2019 年，连续召开四次会议后，至今再无召开。三地的卫生计生部门的人才联席会议，在 2018 年至 2020 年连续召开三次后，至今再无召开。

二是还存在着地区间的行政阻隔。京津冀三地在各自人才政策的制定上，都是立足于自身的需求和利益。北京在疏解非首都功能、降低“大城市病”

的过程中,疏解的产业和人才也是尽量向辖区内的郊区县转移,而不是津冀。在招才引智上,三地分别举办各自的以“京津冀”命名的招聘大会。

三是京津冀人才数据信息一体化水平不高。对于京津冀专家的数据资源、科技成果宣传与交流、产业分布与人才流动监控等数据的收集和分析工作还有待进一步开展。在最基本的人才供需数据信息的共享上,京津冀三方还没有建立一个共有的人才信息平台。

四　京津冀人才协同共建面临的挑战

(一)三地间实际存在的差距

京津冀三地间在经济发展水平、科技创新能力、教育水平、人才培养能力、人才发展空间、人文环境等方面均存在着巨大的差距,给三地人才一体化发展带来巨大挑战。

首先,从经济发展水平来看,北京一枝独秀,天津、河北和北京的差距较大。2022 年上半年,北京生产总值达到 19,352.2 亿元,在全国所有城市中排名第一,而天津只有 7620.58 亿元,排名第十一,北京的生产总值是天津的 2.54 倍。在全国 50 强城市中,河北只有唐山、石家庄入围,而这两个城市的生产总值之和只有 7616.5 亿元,略低于天津。京津冀三地间经济发展水平总体呈阶梯形递减状态,而且落差较大,为人才的流动和一体化建设带来巨大障碍。

其次,从教育和高层次人才培养能力来看,三地也具有显著的差异。2021 年,北京研究生教育招生 13.9 万人,在学 41.3 万人,毕业 10.4 万人。而天津这三个指标分别为 3 万人、8.63 万人和 2.15 万人,河北则分别为 2.7 万人、7.29 万人和 1.75 万人,均显著低于北京。这种人才培养能力上的巨大差距,导致京津冀在人才共建共育上难以做到平衡发展。

最后,从科技创新能力看,北京也是遥遥领先。2021 年北京专利授权量达 19.9 万件,同期天津为 9.8 万件,河北为 12 万件。2021 年北京技术合同成交额达到7005.7亿元,而天津只有1321.83亿元,是北京的18.87%,河北只有752.03亿元,是北京的10.73%。

除了经济发展水平、教育和人才培养、科技创新外,在人才发展空间和发展环境、社会人文、医疗卫生以及生活保障等方面,北京都具有极大的优势,天津与河北根本无法和北京相比。京津冀三地区域内发展得极其不平衡,为三地间人才的三向均衡流动和人才的一体化建设带来极大的阻碍。北京对津冀两地的人才“虹吸”效应短期内很难发生改变。

(二)行政壁垒

京津冀协同发展虽然是国家战略,但是京津冀三地毕竟分属于三个行政区域,各自有自身的利益和站位,在京津冀区域协同发展和人才一体化构建中,行政壁垒问题不可避免。一是在战略性资源和项目的布局和相关人才的集聚上,京津冀三地在遵循国家战略的前提下,都会尽可能为各自区域争取最大利益,在重大项目的选址上竞争多于合作,行政区位在最后往往起到决定性的作用。二是京津冀分属三个行政区域,有着不同的人才资源、人才环境和人才目标,在人才合作共建中,也有着不同的利益诉求和不同的立场,对政策措施的制定和落实的积极性也不同,这些都会影响京津冀区域人才协同共建的速度和成效。三是在产业和人力资源的重新布局和转移上,各个区域都尽量使迁移活动最大限度地在行政区域内进行,这给三地间产业和人才的协同发展带来障碍。

(三)区域整体人才吸引力下降,人才竞争压力大

近年来,京津冀地区的经济发展势头总体上有所趋缓,区域整体的人才吸引力呈现下降趋势,这对京津冀地区的人才引进,尤其是对国内外高层次人才的引进非常不利,也降低了京津冀作为一个整体对外进行招才引智的品牌效应和吸引力,增大了京津冀地区在人才共建、人才引入上的压力。

常住人口的变化情况能在很大程度上反映一个地区人口迁移、人力资源的变化情况。而京津冀地区近年来常住人口增长缓慢,2021年出现负增长。

2021年末,京津冀三地常住人口比2020年末分别减少了0.4万人、14万人和16万人。而2018—2021年,京津冀三地常住人口只增长了8.6万人,增长率仅为0.08%,显著低于全国同期平均增长水平(0.51%)。而同一时期,长三角地区(上海、江苏、浙江)常住人口每年均呈正增长,四年间一共增长了340.83万人,增长率为1.98%。这说明京津冀地区在人口、人才上的吸引力明显低于长三角地区。另据《2020年山东省就业市场人才发展报告》,早在2020年,长三角城市群对山东大学毕业生的吸附力就已超过京津冀城市群。

人才流入流出最能直观反映一个地方的人才吸引力。从城市群看,长三角、珠三角近年来人才持续净流入,京津冀持续净流出。据《中国城市人才吸引力报告》(2021、2022),2017—2021年,长三角人才持续快速流入,人才净流入占比逐年上升;珠三角人才流入也保持稳定上升态势,京津冀人才则持续净流出。另外,在2021年中国城市人才吸引力前50名榜单中,长三角占据16个,珠三角占7个,而京津冀只有3个城市上榜。可见,长三角在各大城市群中的人才吸引力高居榜首,珠三角位居第二,人才不断向这两个地区汇聚,京津冀近年来人才吸引力持续下降,人才外流压力较大。

五 京津冀人才协同共建的对策分析

(一)加强人才共建保障机制的建设和完善

京津冀分属三个行政区域,在人才一体化建设中,不可避免地会出现政策对接困难、政策措施推进滞缓等问题。解决这些问题,根本的是要建立一套京津冀人才协同共建的保障机制。一是建立一套京津冀人才合作共建的法律法规体系,对京津冀人才合作共建的组织机制、执行机制,包括政策制定、政策实施、人才流动、项目推进等以法律法规的形式进行明文规定,为区域内人才的共同培养、引进、流动、共享等共建措施提供法律保障。二是建立一套切实可行的奖励和惩罚机制,根据政策措施落实情况和人才项目的实际推进效果给以相应的奖励和惩罚。奖励和惩罚措施可分为经济上的和行政上的,比如利益分配上的倾斜、政绩考核上的加分减分等。三是建立专人负责的三方人才组织,由中央委派和从三地抽调的专人专门负责,保证三方定期联席会议制度的持续和各种人才共建措施的推进。四是研制出一套符合三方利益的人才共建利益分配机制,在保证京津冀三地总体利益最大化的情况下,兼顾三地各方利益,提高各方的积极性。对于人才共建中付出较多的一方,给予相应的利益补偿。五是建立三地共同的人才共建基金和基金使用机制。基金用于三地人才共建中的利益分配、利益补偿、奖励以及一些特定的共建项目。

(二)以产业协同带动人才的协同发展

经济落差大、产业协同度差是京津冀人才合作共建的一个根本问题,这也导致津冀在承接北京疏解的产业和人才时,出现接不住、留不下的问题。解决这一问题的根本途径,就是加大三地产业发展的协同度,以产业协同带动人才协同。一是围绕京津冀协同发展规划纲要,加强各自产业的发展和人才的建设。依据北京科技创新中心建设的需要,加强北京高端研发和现代服务业发展,以及科技创新型人才的建设;根据天津先进制造研发基地发展的需要,加强天津制造业的转型升级,着力发展天津高端制造业,加强产业人才建设,尤其是产业创新型人才和高端制造人才;围绕河北转型升级以及全国现代商贸物流基地发展的需要,着力实施河北产业的全面转型以及创新转化人才的建设。二是构建京津冀三地科学合理、融合发展的产业价值链和人才链。依据京津冀现有的资源优势,构建三地一体化发展的产业链条。通过产业和项目的对接协作,加强上、中、下游产品之间的链接关系,将产品增值的各个环节构成有机整体,把科技创新业、生产制造业、生产性服务业串联起来,在三地之间形成一个完整的链条,从而形成三地产业协同合作、资源要素自由流动,人才相互配套的产业、人才协同发展模式。

(三)多途径提高人才共育共享水平

京津冀人才共建,既包括对区域外人才的共同引进,也包括对区域内人才的共同培育。对于京津冀地区而言,北京在人才资源、教育资源和科技研发创新能力上具有绝对优势,天津、河北与北京差距较大。在京津冀人才合作共建过程中,天津和河北可以借助北京的优势资源,实施人才共同培育,带动本地人才的发展。一是通过项目带动的方式实施人才的共同培育。京津冀三地在科技研发、人才培养等方面通过项目合作的方式,组建共同的项目团队,在项目合作中实施人才的共育。二是实施顶尖人才联合培养。以北京高端顶尖人才为核心,联合津、冀两地顶级人才,组建导师团队,建立顶尖人才选拔和培养机制,在京津冀三地科研院校、重点企业中选拔有实力、有培养前途的青年专业人才作为顶尖人才进行联合培养。三是创新跨区域高等教育的联合人才培养模式。比如建立京津冀优质学科集群,共建大学科技园,实现学科集群与产业集群联动;建立跨区域灵活的选课机制,在京津冀高校中遴选出若干精品课程组成共享课程,供三地高校学生选修。四是多途径实施技能人才联合培养。建设京津冀跨区域职业教育集团,加大京津冀“职高”建设联盟发展;支持京津冀三地职业院校和企业间的跨区域合作,联合开发校企实训课程,建立实训基地。

(四)构筑优良人才生态,提升京津冀整体的人才吸引力

现在的人才竞争已经从过去的“拼待遇”转向了“拼生态”。引进人才、构筑人才高地,需要同时打造微环境与大环境,使得人才既能引进来,还能留着得住,更能用得好。近年来,京津冀人才吸引力整体上有下降的趋势,影响区域人才的集聚和京津冀人才的共建。提高京津冀人才的吸引力和再生力,需要构建区域优良人才生态,从宜居、宜业到宜创,构建起一整套人才生态体系,由此形成引才聚才的“强磁场”。一是建立更加灵活的人才引进、任用措施。在海外高端人才的引进上,推出一批先行先试举措,在工作许可、永久居留、生活保障等方面给予特别措施,为高端人才创造一个宽松开放的生活和发展环境。二是在京津冀区域建立起科学、合理、完整的产业体系,为产业人才创造出大量的就业机会和发展空间,形成产业繁荣、人才兴旺的良好发展局面。三是构建京津冀一体化的宜居、宜业、宜流动的人才环境。从政策、人文、社会、生活、城市环境、教育、医疗、卫生等各个方面,为人才提供一个生活舒心有保

障、就业创业有机会、共享流动很顺畅的人才发展大环境。四是努力提高京津冀人力资源服务行业的服务水平和服务效率，为区域内外人才的快速流动提供支持。

参考文献：

［1］姜兴、张贵：《京津冀人才链与产业链耦合发展研究》，《河北学刊》2022 年第 2 期。

［2］周德胜、陆相林：《京津冀人才一体化发展政策协同路径研究》，《中共石家庄市委党校学报》2021 年第 9 期。

京津冀居民消费行为一体化进程研究报告

张雪筠　天津社会科学院社会学研究所副研究员

摘　要： 在推进京津冀一体化发展过程中，居民消费一体化起着至关重要的作用。但目前，京津冀居民消费一体化程度较低，消费能力差距大，消费结构有差异，消费倾向亦不同。因此，需要通过缩小京津冀三地的收入差距，构建京津冀消费利益共同体，错位发展、优化布局结构、培育各具特色的消费市场，促进京津冀居民消费行为一体化，促进区域经济的协调稳定发展。

关键词： 京津冀　居民消费　一体化

消费作为经济发展的“三驾马车”之一，在经济发展中具有举足轻重的作用。在推进京津冀一体化发展过程中，居民消费一体化无疑会对三地的一体化进程和经济的高质量发展起到极大的推动作用。因此，分析研究如何促进京津冀地区居民消费行为的一体化具有十分重要的意义。

一　京津冀居民消费一体化程度较低

京津冀地区历来都是我国经济文化发展最富活力的区域之一，改革开放后，随着经济体制改革的不断推进，三地经济社会事业得到了长足发展，并形成了各自的特点与优势。近年来，特别是京津冀协同发展上升为国家战略以来，三省市的经济发展取得不同程度的成就，居民生活水平不断提高，但不同省市之间消费的差异与差距仍比较明显。

(一)京津冀居民消费水平不断提高

1. 京津冀居民消费额呈上升趋势

从整体上看,伴随着收入水平的提高,京津冀居民的消费水平也不断提高。2021 年,北京市居民的人均消费达到了 43,640 元,比上年增长了 12.1%,天津市居民的人均消费达到 33,188 元,比上年增长了 17.2%,河北省人均消费达到了 19,954 元,比上年增长 10.6%。具体看,河北省的人均消费 2016—2021 年呈上涨趋势。北京市和天津市在 2016—2019 年人均消费呈现出上涨的趋势,2020 年受新冠肺炎疫情的影响,北京市与天津市的人均消费有不同程度的下降,但 2021 年两市的人均消费有一定程度的上升,超过了 2019 年的水平(见图 1)。

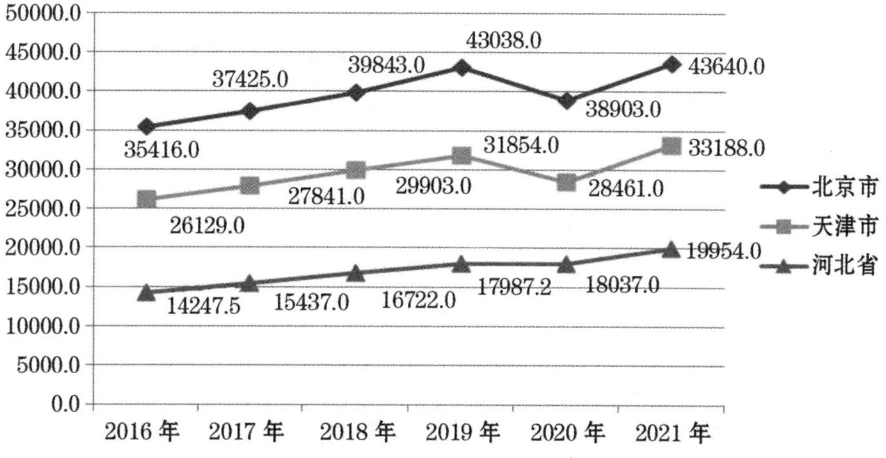

图 1 京津冀居民人均消费

数据来源:《北京市统计年鉴 2021》《天津市统计年鉴 2021》《河北省统计年鉴 2021》。

2022 上半年,北京市人均消费为 21,035 元,相比上年同期下降 2.5%,天津市人均消费为 15,203 元,相比上年同期下降 8.3%,河北省的人均消费为

9743元,相比上年同期名义增长5.3%。2022年疫情对北京市和天津市的居民消费造成了一定的影响,河北省居民消费则一直呈现出上涨的趋势。总的来看,受疫情影响,北京与天津市的人均消费出现了波动,但京津冀居民的消费水平总体上呈现出上升的趋势。

2. 恩格尔系数低,京津冀居民均处于富裕水平

从消费结构看,“十三五”以来,京津冀三省市居民的恩格尔系数基本都在30%以下,达到了富裕的程度,其中北京市的恩格尔系数已经达到了20%左右,达到了极度富裕的程度(见表1)。

表1 京津冀居民恩格尔系数

年份	北京市	天津市	河北省
2016	21.5%	30.7%	26.8%
2017	20.2%	31.1%	25.4%
2018	20.2%	28.9%	25.5%
2019	19.7%	28.2%	26.0%
2020	21.5%	29.9%	27.7%
2021	21.3%	27.5%	—

数据来源:根据《北京市统计年鉴2021》《天津市统计年鉴2021》《河北省统计年鉴2021》计算求得。

3. 农村居民消费增长较快

分区域看,京津冀农村居民的消费增长要快于城市居民。2016年京津冀城市居民的人均消费为28,568元,2021年为35,678元,增幅为24.9%;2016年,京津冀农村居民的人均消费为14,346元,2021年为19,416元,增幅为35.3%,农村居民的消费增长明显高于城市居民。分区域看,北京市和河北省农村居民的消费增长率高于城市,天津市农村居民的消费增长率要低于城市居民(见图2)。

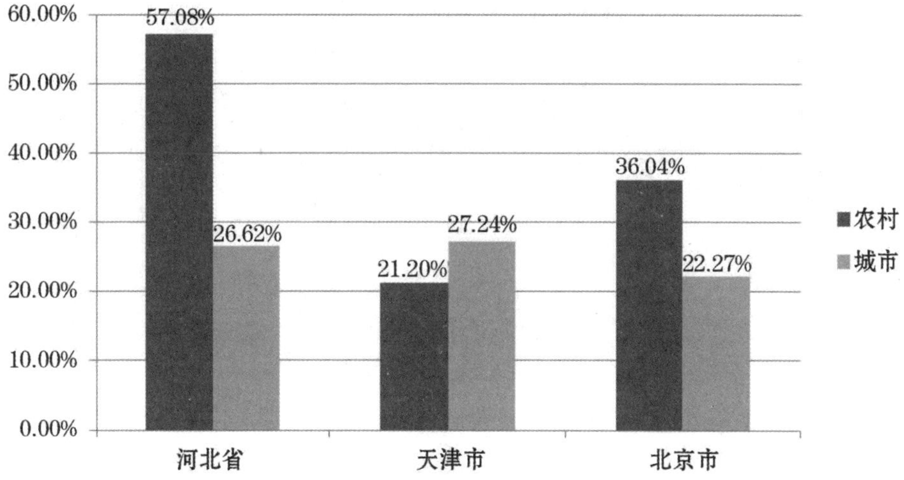

图2　京津冀城乡居民消费增长率

数据来源:根据《北京市统计年鉴2021》《天津市统计年鉴2021》《河北省统计年鉴2021》计算求得。

(二)京津冀居民消费能力存在差距

总的来说,京津冀居民的生活水平不断提高,但京津冀居民的消费能力有明显的差异。河北省的人均消费额是天津的60%左右,天津市的人均消费额是北京的75%左右,而河北省的人均消费额仅为北京的45%左右,差距十分明显,而且这种差距近年来在京津地区并没有明显的改善,河北省与京津地区的差距有一定的改善(见图3)。

图3 京津冀居民人均消费差距

数据来源:根据《北京市统计年鉴2021》《天津市统计年鉴2021》《河北省统计年鉴2021》计算求得。

进一步分析可以发现,河北省农村居民消费增长加快,与京津的差距有逐渐缩小的趋势,但天津市与北京市农村居民之间的差距有扩大的趋势。而城市居民的消费差距并没有明显的变化(见图4、图5)。

图4 京津冀农村居民收入差距

数据来源:根据《北京市统计年鉴2021》《天津市统计年鉴2021》《河北省统计年鉴2021》计算求得。

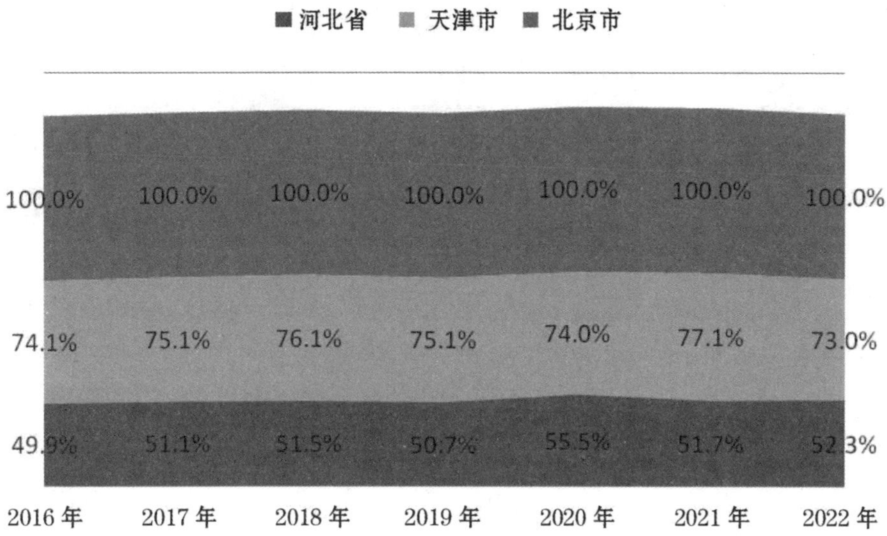

图5 京津冀城市居民收入差距

数据来源：根据《北京市统计年鉴2021》《天津市统计年鉴2021》《河北省统计年鉴2021》计算求得。

河北省居民消费的恩格尔系数虽然在30%以下，但是居民食品消费的实际金额大大低于京津地区，仅为京津地区的50%~60%，说明在基本生存消费方面河北省与京津地区也有很大的差别，生活质量有明显的差距，但差距在不断缩小（见图6）。

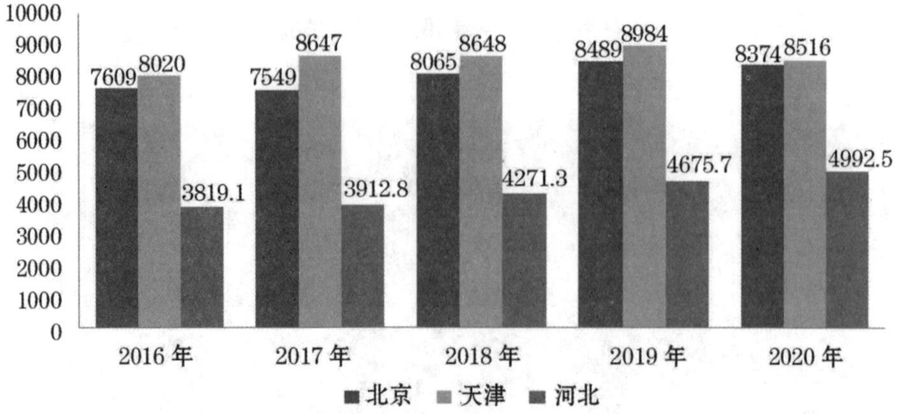

图6　京津冀居民食品烟酒消费状况

数据来源:根据《北京市统计年鉴 2021》《天津市统计年鉴 2021》《河北省统计年鉴 2021》计算求得。

(三)京津冀居民消费结构存在差异

京津冀三地虽然地理位置毗邻,文化相似,但是从消费结构看仍然存在一定的差异。比如,北京市居民的居住消费占比明显高于津冀(见图7)。

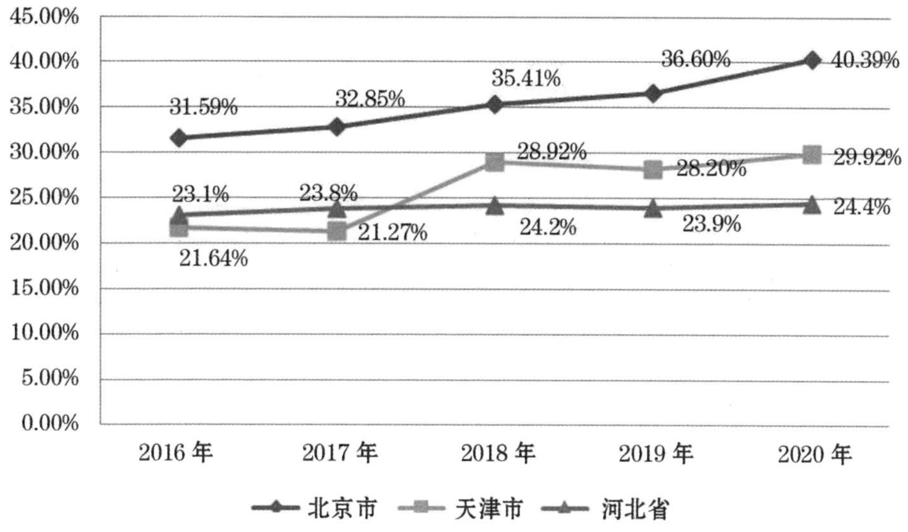

图7　京津冀居民食品烟酒消费状况

数据来源:根据《北京市统计年鉴2021》《天津市统计年鉴2021》《河北省统计年鉴2021》计算求得。

再比如,天津市居民食品烟酒消费的占比较高,一直保持在30%左右,高于其他两个省市。同时从消费金额上看,天津市居民食品烟酒的人均消费额一直居三省市之首,大大高于河北省,也略高于北京市(见图6),虽然整体的消费金额天津市仅为北京市的75%左右,说明天津市居民更偏好在“吃”上消费。

而河北省的居民偏好将资金分配给“穿”,三省市中,河北省居民中“衣着”占比是最高的(见图8)。

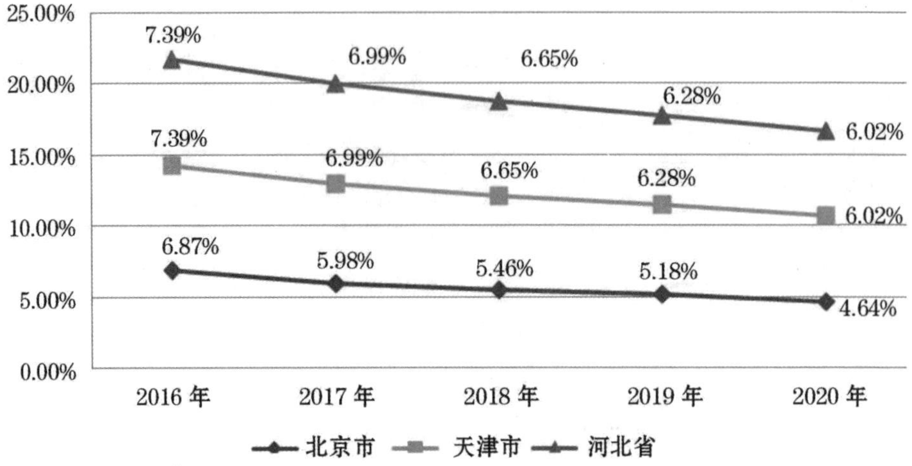

图 8　京津冀居民衣着消费状况

数据来源:根据《北京市统计年鉴 2021》《天津市统计年鉴 2021》《河北省统计年鉴 2021》计算求得。

(四)京津冀居民消费倾向不同

消费倾向有平均消费倾向和边际消费倾向两种。平均消费倾向是指居民人均消费支出占人均可配收入的比例。边际消费倾向指增加的消费支出占增加的可支配收入的比例。消费倾向在一定程度上反映居民的消费潜力。

根据凯恩斯理论,居民消费支出随着可支配收入的增加而相应增加,但消费支出增加的幅度会小于收入增加的幅度。且高收入人群与低收入人群在消费倾向、消费心理上有所不同,随着可支配收入的增加,居民还将收入用于储蓄和投资,因此会出现边际消费倾向逐渐下降的趋势。[①] 总的来看,随着居民收入的逐渐提高,京津冀地区居民的平均消费倾向值逐年降低(见表 2),符合上述理论。

① 崔苗:《京津冀地区城乡居民消费结构差异研究》,《天津商务职业学院学报》2019 年第 3 期。

表2　京津冀居民平均消费倾向

单位:%

年份	北京市	天津市	河北省
2016	67.4	76.7	72.2
2017	65.4	75.2	71.9
2018	63.9	75.7	71.3
2019	63.5	75.1	70.1
2020	56.0	64.9	66.5
2021	58.2	69.9	67.9
2022年1—6月	53.4	59.7	65.0

数据来源:根据《北京市统计年鉴2021》《天津市统计年鉴2021》《河北省统计年鉴2021》计算求得。

分城乡看,城市居民的平均消费倾向值要低于农村居民,说明城市居民的收入较高,有较高的消费能力,而农村居民的收入较低,消费水平提高的空间较大(见表3)。

表3　京津冀城乡居民平均消费倾向

单位:%

年份	北京市		天津市		河北省	
	城市	农村	城市	农村	城市	农村
2016	66.8	77.7	76.4	79.3	72.2	82.2
2017	64.7	77.6	75.2	75.3	71.9	81.8
2018	63.1	76.2	76.0	73.1	71.3	81.1
2019	62.8	75.6	75.5	71.9	70.1	80.5
2020	55.2	69.4	64.8	65.6	66.5	76.8
2021	57.4	70.8	70.1	69.0	67.9	84.7
2022	52.6	65.5	59.2	64.8	65.0	77.0

数据来源:根据《北京市统计年鉴2021》《天津市统计年鉴2021》《河北省统计年鉴2021》计算求得。

从边际消费倾向看,总体而言,北京的边际消费倾向值是最小的。也就是说在三省市中,北京市的边际消费是最低的。但在2019年之前,在平均消费倾向值逐年降低的情况下,北京的边际消费倾向值基本上是逐年上升的,也就是说居民的消费信心、消费倾向更强了。2020年受疫情影响,三省市的消费出现下降,边际消费率也出现了大幅度下降,但2021年消费有所恢复后,边际消费倾向有了较大幅度的提升,也显示出居民的消费信心。天津市与河北省的边际消费要明显高于北京市,说明天津市和河北省居民的收入较低,提高消费水平的空间较大。天津市边际消费值有波动,总体上要高于河北省,但联系天津市居民的整体收入、支出水平明显高于河北省,天津市居民边际消费倾向值高与天津市居民消费意愿较强有一定的关系,但另一方面天津市居民的整体消费水平要低于北京市,主要还是天津市居民的收入相较于北京市差距较大。因此,天津市消费增长的主要动力是收入的增长(见表4)。

表4 京津冀居民边际消费倾向

单位:%

年份	北京市	天津市	河北省
2017	42.7	58.1	67.6
2018	47.1	83.0	65.5
2019	59.2	67.3	57.0
2020	0.0	0.0	3.4
2021	85.1	131.5	85.3

数据来源:根据《北京市统计年鉴2021》《天津市统计年鉴2021》《河北省统计年鉴2021》计算求得。

从城乡对比看,在疫情之前,北京市与河北省农民居民的边际消费值都高于城市居民,说明北京市与河北省农民的收入较城市居民有较大的差距,消费潜力较大。而天津市农村居民的边际消费率处于波动的状态,且低于城市居民,这可能与天津市城乡差距比较小有一定的关系(见表5)。

表5　京津冀城乡居民居民边际消费倾向　　单位：%

年份	北京市		天津市		河北省	
	城市	农村	城市	农村	城市	农村
2017	40.7	76.7	61.2	28.2	65.0	76.7
2018	46.2	61.6	87.9	36.4	62.9	73.6
2019	58.6	69.2	68.6	56.4	49.1	73.7
2020	0.0	0.0	0.0	0.0	0.0	24.9
2021	85.4	83.8	135.8	107.8	40.9	160.4

数据来源：根据《北京市统计年鉴2021》《天津市统计年鉴2021》《河北省统计年鉴2021》计算求得。

总之，从消费倾向看，疫情之前，居民的消费意愿与信心均较强，且津冀以及三地的农村地区的消费提升空间较大。而疫情之后，居民的消费倾向波动较大，但可以预期的是在疫情好转的情况下，居民的消费意愿还是比较强的。

二　京津冀居民消费行为一体化程度低的原因

（一）京津冀居民的收入水平存在较大差距

收入是消费的决定性因素，京津冀居民消费差距明显很大程度上因为收入水平之间的较大差距。虽然近年来京津冀居民的收入水平不断上升（见图9），但三地之间的收入水平仍有明显的差距。2016—2021年，河北省的人均收入不到北京市的40%，是天津市人均收入的60%左右。2022年上半年，北京市居民的人均收入为39,391元，天津市为24,454元，河北省为14,998元，河北省的人均收入仅为北京市的38.1%，天津市的58.9%（见图10）。虽然目前这种差距有缩小的趋势，但如此大的收入差距必然导致消费水平之间的差距，这也在很大程度上加大了京津冀居民消费行为一体化的难度。

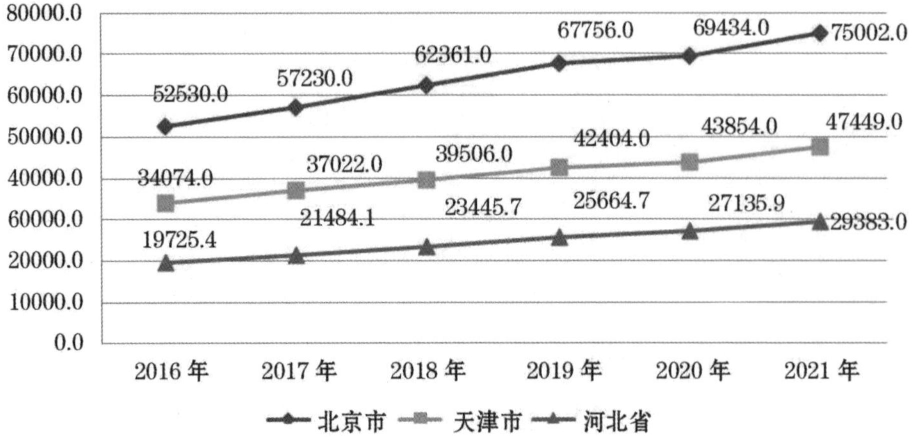

图 9　京津冀居民收入状况

数据来源:《北京市统计年鉴 2021》《天津市统计年鉴 2021》《河北省统计年鉴 2021》。

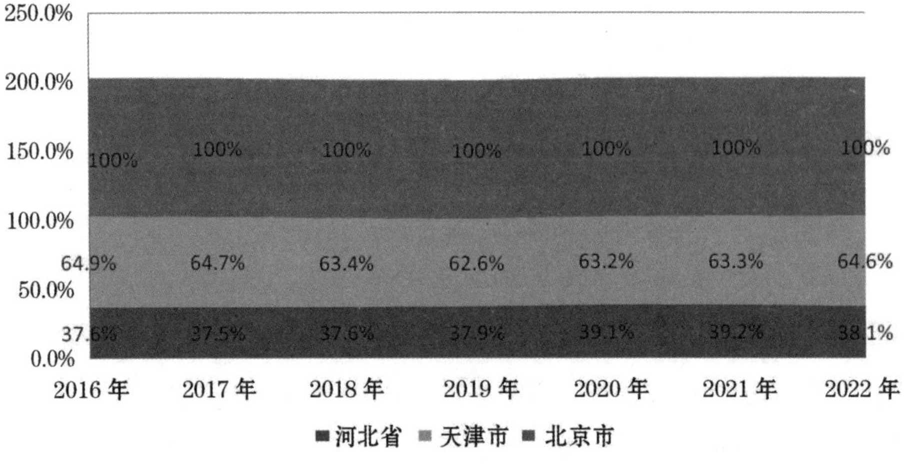

图 10　京津冀居民收入差距

数据来源:根据《北京市统计年鉴 2021》《天津市统计年鉴 2021》《河北省统计年鉴 2021》计算求得。

分城乡看，天津市城市居民的收入是北京市居民的六成多，河北省城市居民的收入是北京市居民的40% ~50%左右，而且河北省城市居民收入与京津地区有扩大的趋势。而京津农村居民之间收入差距要小于城市居民之间的差距，但京津农村居民的收入差距有明显的逐年扩大的趋势，同时津冀农村居民之间的收入差距也在缩小，京冀农村居民之间的收入差距有1个百分点的缩小（见表6）。

表6 京津冀居民收入差距

单位：%

年份	城市差距			农村差距		
	京津	京冀	津冀	京津	京冀	津冀
2016	64.8	49.3	76.1	90.0	53.4	59.4
2017	64.5	49.0	75.8	89.7	53.1	59.2
2018	63.2	48.5	76.7	87.1	53.0	60.8
2019	62.5	48.4	77.5	85.7	53.1	62.0
2020	63.0	49.3	78.2	85.3	54.7	64.1
2021	63.1	48.8	77.3	83.9	54.6	65.0
2022	64.9	46.4	71.4	79.8	54.4	68.2

数据来源：根据《北京市统计年鉴2021》《天津市统计年鉴2021》《河北省统计年鉴2021》计算求得。

总之，从收入差距的变化看，天津市和河北省面临的问题不尽相同，促进消费一体化要解决的问题也不相同，相关措施的制定需要根据区域的特点做相应的调整。

（二）京津冀居民消费一体化缺乏统筹规划

自2015年4月《京津冀协同发展规划纲要》正式颁布，京津冀协同发展上升为国家重大战略以来，京津冀协同一体化发展取得了有效的成果。制度框架基本完备，颁布了《关于推进京津冀产业协同发展战略合作框架协议》《京津冀文化领域协同发展战略框架协议》《京津冀区域环境保护率先突破合作框架协议》《北京加强全国科技创新中心总体方案》等政策文件,为京津冀的协同发展提供了制度基础。疏解北京非首都功能初见成效,三地在产业、交通、生态领域的合作共赢实现了突破。但另一方面,京津冀协同发展、一体化发展也存在诸多短板和不足,居民消费就是其中重要的一环。从规划布局看,三地之间并没有重视消费在促进京津冀一体化发展中的重要作用,鲜见统筹规划、有效联动三地消费市场、消费行为的政策文件。如北京的"十四五"规划中,京津冀协同发展产业转移的关注点是新能源、节能环保、智慧城市内容。而天津市"十四五"规划中,关于京津冀协同发展内容主要是全力服务北京非首都功能疏解和雄安新区建设。规划中虽然提出了建设国际消费中心城市、区域商贸中心城市,但内容是"通过打造标志性国际化商业中心、引进多元化国际消费品牌、推动老字号传承创新等方式促进商业繁荣繁华,建设国际文化旅游消费目的地和北方会展中心城市"①。其中并未体现与河北省的联动。总之,目前,消费在京津冀一体化发展中的重要作用未被重视,京津冀居民消费一体化缺乏统筹规划、有效联动。

(三)京津冀消费市场割裂

虽然在中央的协调下,京津冀三地已经打通了诸多行政壁垒,但在 GDP 为主要考核指标的情况下,三地消费市场的发展依然存在着本位主义,加之长期形成的管理机制、政策偏好以及市场发展程度的深度差异仍在存在,三地消费市场的资本、技术、劳动力、技能、信息、数据等要素都处于碎片化状态,制约了三地消费市场的一体化发展。

① 《天津市国民经济和社会发展第十四个五年规划和二〇三五年远景目标纲要》https://www.ndrc.gov.cn/fggz/fzzlgh/dffzgh/202104/P020210401307524156363.pdf。

三　推进京津冀居民消费行为一体化进程的建议

（一）缩小京津冀三地的居民收入差距

消费是由收入决定的，促进京津冀三地消费的一体化，首先要缩小三地的收入差距。目前京津冀三地居民的收入存在明显的差异，这种差异既体现在不同省市之间，也体现在城乡之间。而且不同区域面临的问题也不尽相同。比如天津面临的问题是居民尤其是农村居民的收入与北京市居民的差距逐渐扩大，河北省虽然与京津两地居民的收入差距有所缩小，但绝对值与京津相差巨大，促进居民增收的任务更重。而要缩小京津冀居民的收入差距，就要进一步深化京津冀一体化进程，在协同发展中缩小居民收入差距。此外，还要加大对落后地区公共服务与社会保障的投入力度。客观上，京津冀地区的社会福利与社会保障也有着相当大的差距。北京市和天津市的整体社会服务、社会保障水平要高出河北省不少。而公共服务与社会保障水平也会对居民的消费产生影响。在公共服务不足的情况下，居民更倾向削减日常消费，以应对本应该由公共服务提供的支出。因此，河北省居民的收入虽然低于天津市，但其平均消费倾向却低于天津市。所以，促进京津冀居民消费行为的一体化需要采取措施缩小三省市不同地域、城乡之间公共服务与公共福利之间的差距，通过二次分配平衡区域间的居民实际收入，促进居民消费。

（二）构建京津冀消费利益共同体协同发展

协同一体化发展，并不是简单的“1＋1＋1”，而是三地要形成利益共同体，相互依存，相互支持。这就需要三地充分认识到消费一体化对区域经济发展的重要作用。在政策机制上协同共进，共同打造京津冀消费大市场与利益共同体。在政策层面上，要注重产业政策、法律法规、行业自律等制度的共建互通互融，共同做大做强京津冀的区域消费市场。在机制方面，一是建立健全相关消费产业协同发展的组织联动机制和工作制度，保证三地消费市场建设的共治、共享、共通。二是要有效发挥相关行业协会的引导作用,通过组建产业联盟,搭建产学研创新服务平台,加强三地之间的沟通和交流,为京津冀消费产业一体化提出科学有益意见或建议。三是搭建消费大数据共享平台。数据是数字化时代生产、服务和消费的支撑,目前越来越多的企业、行业及政府部门搭建了各自的数字平台,但这些平台往往不能共享、对接,发挥最大的效能。一方面建立适应京津冀市场一体化发展和体现实际消费情况的大数据平台,通过信息共享,实时检测和统计分析,制定相应的消费引导政策;另一方面,三地要重视城市间消费微中心的建设。“现代化都市圈就是要将人口和产业从中心城区疏解到外围地区,通过在外围地区建立多个城市次中心,将中心城区和外围地区连接成整体实现一体化。与人口和产业布局相互匹配的消费微中心,在都市圈一体化中具有不可忽视的作用。”①目前,京津冀三地的城市外围地区的微中心建设严重不足,不能起到链接融合三地及城乡消费的作用。因此,应当将消费微中心建设纳入京津冀都市圈规划中,通过包容性消费微中心与产业创新相结合促进京津冀消费一体化的发展。

(三)培育三地各具特色的消费市场

一体化发展并不意味着同一模式在三地的“复制、粘贴”,而应该根据京津冀三地的经济发展水平、资源禀赋、比较优势错位发展,培育各具特色的消费市场,以创建国际消费中心城市为契机,优化结构,合理布局,创建京津冀大消费圈。三地可以根据自身的优势与资源确定在消费圈中的角色与定位。如北京市可以利用自身丰富的历史文化资源,创建全球文化旅游消费之都。天津市需要充分利用自身的港口及交通的优势,建成世界商品消费枢纽中心城市。河北省的定位是“全国现代商贸物流重要基地、京津冀生态环境支撑区”,因此河北省要重点发展绿色消费,大力发展如商贸物流业、工业旅游、近郊旅游业、康养旅游、生态教育旅游等绿色消费产业。

① 姚永玲:《消费微中心在都市圈一体化中的作用》,《上海城市管理》2022 年第 9 期。

天津市城市形象与国际影响力研究报告

王云芳　天津社会科学院文学与文化研究所副研究员

摘　要： 城市形象与城市国际影响力有着密切关系。通过相关数据调查发现,2022 年天津城市形象的热点报道主要集中在以下几个方面:以高端制造业为主的现代工业城市;人工智能先锋城市;绿色生态城市;中医药强市;文化资源多元化的现代化城市。2022 年,天津作为一个高质量发展中的社会主义大都市已基本成形;政府利用文化传媒打造天津城市形象的能力大为提升;中医药和非物质文化资源成为天津独特的识别标志,天津国际影响力在持续提升。不过,整体来看,城市的文化软实力、国际影响力仍有较大提升空间。因此,建议系统打造鲜明的城市识别标志;对经典的城市文化品牌全方位、与时俱进地开发利用;构建专门的国际化建设评估体系,有的放矢地提升城市的国际影响力。

关键词： 天津　城市形象　文化软实力　国际影响力

城市形象是一个复合的历史概念,包括政治、经济、历史、文化、生态等诸多侧面,有研究者从整体上将城市形象简略分为物质和精神两个层面。由于地理空间的固定、历史文化的积淀,一个城市的形象变迁往往具有延续性,但也会随着时代发展缓慢转变。现代社会中,城市形象是一个城市的无形资产,是城市软实力的象征,许多发达国家都将城市形象塑造作为营销城市的重要手段。城市形象与国际影响力有密切的关系,良好的城市形象有助于提升该城市的竞争力,扩大其国际影响力。因此,通过总结每一个历史阶段城市形象发展的轨迹,去粗取精,及时调整,有助于精准定位,塑造出独具特色的、正面的城市形象,为城市的未来发展提供动能。

一　2022 年天津城市形象与国际影响力的现状

2022 年是天津实施“十四五”规划的夯基之年,是政府坚定不移推动高质量发展的深化之年。本文以权威的媒介报道为根基,集中调查了 2021 年 10 月 1 日至 2022 年 10 月 1 日之间天津城市形象的发展状况。数据来源主要为以下三类:一是权威性的中央媒体、地方媒体以及相关的政府文件,包括《人民日报》《光明日报》《经济日报》《天津日报》及政府工作报告等;二是全国范围内相关的图书出版物、影视作品;三是权威性的网络媒介,包括光明网、北方网、官方公众号等。

(一)天津城市形象的现状

综合上述媒介信息来看,2022 年关于天津城市形象,相关的热点报道主要集中在以下几个方面:

1. 以高端制造业为主的现代工业城市

近现代史上,天津是一个工商业发达的大都市,工业发展有着雄厚的基础。即使到了新中国成立以后,天津也拥有许多全国知名的工业品牌。不过,传统工业往往伴随着污染严重的生态问题。新时代以来,随着信息革命浪潮的到来,结合国家的全局战略,天津开始实施制造业立市战略。通过积极发展高端制造业,推动产业结构调整,促进传统制造业升级。2022 年,天津在发展高端制造业方面取得显著成效。根据 2022 年天津市政府工作报告,天津市“服务机器人、新能源汽车、集成电路等重点产品产量分别增长 170%、54.3%和 53.2%,工业战略性新兴产业增加值、高技术产业(制造业)增加值占规模以上工业比重分别达到 26.1%、15.5%。生物医药、信息安全等先进制造业集群不断壮大,‘细胞谷’‘北方声谷’等加快建设,认定‘信创谷’等 10 个产业主题园区。国家先进制造业与现代服务业‘两业’融合试点区成功获批，项目投资持续增长。围绕 12 条重点产业链，新增环泰科技高效太阳能叠瓦组件智慧工厂等 1159 个项目，完成投资超过 1200 亿元、增长 9%。‘两化’搬迁、中沙聚碳酸酯等项目竣工投产，首装空客 A350 及空客 A320 机身系统装配项目交付使用，国家电网‘1001 工程’全面竣工，中环半导体智慧工厂三期等项目开工建设，一汽丰田新能源工厂等项目加快推进。”

2. 人工智能先锋城市

党的十八大以来，党中央高度重视发展数字经济，并将其上升为国家战略。2017 年习近平总书记在十九届中央政治局第二次集体学习时强调要加快建设数字中国，构建以数据为关键要素的数字经济，推动实体经济和数字经济融合发展；2018 年在中央经济工作会议上强调要加快 5G、人工智能、工业互联网等新型基础设施建设。数字化已经成了经济发展的重要引擎，叠加效应和倍增效应非常明显。天津抓住时代机遇，大力推动制造业数字化、网络化、智能化转型升级，人工智能程度处于全国前列。2022 年，“天津出台《天津市促进智能制造发展条例》，成为全国首部智能制造地方性法规。同时，天津加快建设智能网络，成功入选全国首批 9 个 DCMM（数据管理能力成熟度）试点地区。中新天津生态城打造全场景智慧‘城市大脑’，入选国家首批智慧城市建设试点、首批全球可持续发展标准化示范城市。”①“过去 5 年，天津建成 200 个智能工厂和数字车间，推动超过 8000 家工业企业上云。去年，天津智能科技产业营业收入占全市规模以上工业和限额以上信息服务业比重达到 24.8%，其中电子信息制造业增加值累计增长 9.1%，信创、集成电路产业链增速分别达到 31% 和 24%，智能制造成为支撑天津制造业立市新动能。”②除此之外，天津还通过筹办高端论坛，跻身人工智能领域的科技最前沿。从 2017 年至 2021 年，天津连续五年举办世界智能大会，第六届世界智能大会以“智能新时代：数字赋能 智赢未来”为主题。虚拟的网络空间需要监督管理，2022 年 8 月 28 日

① 《天津打造人工智能先锋城市》，《天津日报》2022 年 6 月 23 日。
② 《天津智能科技产业集群初步形成》，《人民日报》2022 年月 6 月 28 日。

至8月29日,天津又率先召开了中国网络文明大会,助力共建网上美好家园。智能化在提高人民生活质量方面同样表现突出,互联网医院、天津“银发”智能服务平台、津心办等都给百姓生活带来切切实实的方便,成为天津数字化的名片。

3. 绿色生态城市

习近平总书记强调,绿水青山就是金山银山。2022年,天津在打造绿色生态城市方面成绩显著。从法规支持方面看,2021年9月天津出台《天津市碳达峰碳中和促进条例》,成功发行全国首单“碳中和”资产支持票据;2022年4月,《天津市绿色生态屏障“十四五”建设实施方案》正式印发实施;根据2022年天津市政府工作报告,从治理实绩来看,污染防治攻坚持续深入推进。坚持“五控”治气,完成87台锅炉改燃并网或深度治理,天津港国Ⅴ及以上集疏港车辆占比达到80%。新建5座污水处理厂,消除一批雨污混接点,工业园区污水集中处理基本实现全覆盖,废水排放企业及污水处理厂排放达标率接近100%。开展重点企业土壤污染隐患排查整改,农用地、建设用地保持安全利用。建成一批垃圾处理、危废处置设施,生活垃圾分类设备不断完善,分类质量不断提升。从生态保护修复来看,“871”重大生态工程稳步推进,绿色生态屏障一级管控区蓝绿空间占比提升到65%以上,成规模生态区近300平方公里,湿地、海岸线和绿色矿山生态保护修复持续推进。创新金融支持“绿水青山”建设模式探索取得重大成果,宝坻区成为国家生态文明建设示范区,西青区辛口镇成为“绿水青山就是金山银山”实践创新基地。全市大气环境质量明显改善,PM2.5平均浓度为39微克/立方米、比上年改善20.4%,优良天数264天、增加25天,水环境质量持续改善,12条入海河流水质总体达到Ⅳ类以上,生态系统碳汇能力明显增强,生物多样性逐步恢复,市民逐渐享受到更多城市绿色发展成果。

4. 中医药强市

中医是中国传统文化的宝贵财富,天津中医药发展有着雄厚的基础。天津中医药大学是世界一流中医药大学联盟建设高校,国家卓越型、拔尖型中医药人才培养基地。抗击新冠肺炎疫情过程中,天津张伯礼院士创新性地采用中医治疗，被授予“人民英雄”称号。立足优势根基，天津市第十二次党代会报告指出，要“促进中医药传承创新发展，打造中医药强市”。2022 年 3 月 12 日，天津健康产业国际合作示范区内的天津中医药大学科技园正式揭牌。2022 年 8 月 17 日，现代中药创新中心成为首个部市共建国家制造业创新中心。天津中医药大学第一附属医院、第二附属医院建设项目入选国家中医药传承创新工程建设项目；截至 2022 年 7 月，“天津共有 7 家三级中医、中西医结合医院，14 家二级中医医院，267 家社区卫生服务中心和乡镇卫生院，2500 余个家庭医生团队均能够提供中医药服务，还有各区的民营医疗机构和中医药健康服务机构，已经基本实现‘15 分钟中医药健康圈’”①。2022 年 8 月，天津中医药博物馆开工。

5. 文化资源多元化的现代化城市

天津是一个文化底蕴丰厚多元的城市，2022 年天津的文化事业蓬勃发展。

第一，文化创作方面。2021 年 12 月，《全国革命老区县发展史丛书》天津卷发行，《全国革命老区县发展史丛书》天津卷是一部回望老区百年历史的寻根之作，是开展党史学习教育的生动教材。2022 年 6 月，西青文史学者杨鸣起、冯立主编的《西青大运河诗钞》由天津人民出版社出版，该书抄录整理了元明清三代歌咏西青境内大运河沿岸之地、之人、之事、之物的诗词 284 首，对研究大运河历史文化具有重要意义。2022 年 7 月，天津人民出版社推出“我与孙犁”系列丛书共五本，是近二十年来孙犁研究的最新成果。2022 年 7 月，天津入选第六批“中国名镇志”的志书之一——《杨柳青镇志》由方志出版社出版发行，该书全面记述了杨柳青镇的历史文化底蕴与现代文明建设。2022 年 8 月，天津作家王松的《红骆驼》荣获第八届鲁迅文学奖中篇小说奖，这是继冯骥才、尹学芸斩获第七届鲁迅文学奖之后，天津作家再获殊荣。2022 年 9 月，天津评剧院创演的评剧《革命家庭》获第十七届中国文化艺术政府奖文华奖，位列戏曲类榜首。

第二，文化推广方面。为了丰富广大群众的文化生活，2022 年天津举办第

① 《天津：“15 分钟中医药健康圈”基本实现》，《天津日报》2022 年 7 月 15 日。

六届市民文化艺术节和名家经典惠民演出300场。问津书院是天津重要的文化地标,2013年成立以来出版《问津文库》106种,保存珍稀史料的小开本《问津》120册,编印《天津文献集成》50册,还通过举办文化讲坛、学术年会等诸多形式积极推动天津历史文化资源的保护与传播,2021年至2022年挖掘的文化主题是天津非物质文化遗产和清代问津书院;2022年5月,天津人艺线上展播剧目《天下粮田》《一仆二主》《钗头凤》等,其中包括根据天津籍著名作家林希的同名小说改编的经典津味话剧《蛐蛐四爷》。2022年5月,天津杨柳青画社推出"线上赏年画 走进工作室""5·18国际博物馆日"主题直播活动;2022年6月,天津和平区非遗展览馆创新展陈方式,以科技赋彩古韵非遗,观众可以通过AR(增强现实)、VR(虚拟现实)等技术手段沉浸式体验非遗魅力,受到人民日报的点赞。① 国家文物局组织开展了2022年度"弘扬中华优秀传统文化、培育社会主义核心价值观"主题展览项目征集工作,平津战役纪念馆"红色医药文化遗存展"成为天津唯一入选展览。②

第三,文化经济方面。2022年,虽然受到疫情影响,但政府及相关部门仍积极采取多种举措提升文旅经济。2021年10月,天津市秧歌(西码头百忍京秧歌高跷)、单弦牌子曲(含岔曲)、花毽(穆氏花毽)等14个非遗代表性项目入选第五批国家级非遗代表性项目名录;天津市红桥区文化馆、天津市曲艺团、天津市北辰区天穆镇天穆村民委员会等14家单位被列为第五批国家级非遗代表性项目保护单位。③ 2021年10月19日,文化和旅游部公示第一批国家级夜间文化和旅游消费集聚区名单,天津市和平区五大道和西青区杨柳青古镇景区入选;2022年6月26日,天津市非物质文化遗产保护中心与天津津旅海河游船股份有限公司联合举办"薪火'船'承——海河上的非遗"展示体验活动;2022年7月举办第三届"天津夜生活节""你好,天津"第三届津彩文创

① 《人民日报点赞和平区非遗展览馆:科技赋彩古韵非遗》,人民日报客户端,2022年6月13日,https://sdxw.iqilu.com/share/YS0yMS0xMjc0MTI2Mw.html。

② 《国家文物局主题展览推介名单公布 平津馆红色医药展入选》,《天津日报》,2022年9月15日。

③ 《天津市14家单位入选第五批国家级非物质文化遗产代表性项目保护单位》,"文化随行"网,2021年10月8日,http://www.bhwh.gov.cn/home/content/detail/id/20640.html。

展览;2022 年 8 月举办“I·游天津”旅游季之“炫出津彩·打卡 100”天津文旅消费新场景评选活动;2022 年 9 月,由市委宣传部、市委网信办、市商务局、市市场监管委指导,天津市消费者协会主办,微观资讯承办了“津彩”相伴——天津特色“伴手礼”活动。此外,2022 年 4 月“百年历史,现代公交”主题车厢亮相,展示天津从第一条有轨电车——白牌电车到新能源车的历史变迁轨迹。“从‘津味’十足首座相声文化主题地铁站,到全国首个‘家国情怀·党风楷模’革命文化主题车站……近年来,天津大力实施‘公共文化进轨道’,将党的历史、优良传统、辉煌成就,巧妙地与车站共享空间有机结合,拓展了文化传播空间。”①

第四,文化传媒方面。2022 年,与天津城市形象密切相关的主要有三类。其一,纪录片。2022 年 2 月,五集人文纪录片《过年的画》由中共天津市委宣传部、天津市文化和旅游局、中共天津市西青区委员会联合出品,向观众展示了第一批国家级非物质文化遗产“杨柳青木版年画”的前世今生,在央视纪录频道播出后反响热烈;2022 年 4 月,天津海河传媒中心打造了中英双语宣传片《品味天津》,以天津 24 小时的时光流动为主轴,分为“看见天津”“听见天津”“踏寻天津”“筑梦天津”四个篇章,向世界展示中国天津形象;2022 年 4 月,市委宣传部、天津海河传媒中心联合策划制作了三集纪录片《行走海河》,分为《风云》《巨变》《气韵》三集,分别从天津具有世界影响力的城市文化基因、天津建城 600 余载的历史使命、天津独具特色的城市性格和地理风貌出发,讲述一座城市的过去、今天和未来。2022 年 6 月,中共天津市委宣传部、天津海河传媒中心联合策划制作六集专题片《行进天津》,共分为《逐梦远航》《红色画卷》《星河璀璨》《魅力之都》《拱卫之城》《津沽韵味》六集。其二,融媒体节目。影响最大的当数“2022 天津卫视德云社相声春晚”,这是全国首台以相声为主题的晚会,主题鲜明、名家云集,集合歌曲、舞蹈、快板、京韵大鼓、京剧等表演形式,“播出当晚,天津卫视相声春晚播放量居优酷站内各大卫视春晚总

① 《风起渤海之滨,潮涌海河两岸》,中国日报网,2022 年 7 月 12 日,https://baijiahao.baidu.com/s? id = 1738147336492448860&wfr = spider&for = pc。

榜第一位,并且多次进入微博、抖音、今日头条、网易、新浪新闻、腾讯新闻等媒体的热搜榜单”①。天津曲艺文化之乡的城市形象深入人心。2022 年 9 月,中央广播电视总台文艺节目中心制作了 16 集大型融媒体文化节目《行走大运河》,邀请冯骥才等 16 位具有社会影响力的文化学者、作家、艺术家作为“大运河文化推广人”,第二集《津门合韵》讲述了天津如何因运河而生、因运河而兴的故事。其三,网络短视频。这一方面影响最大的当数“你好,天津”网络短视频大赛。大赛由市委宣传部、市委网信办、天津海河传媒中心主办,津云新媒体承办,2021 年 11 月启动后,“截至 9 月 23 日,大赛共收到短视频作品超过 30.3 万条,全网累计播放量超过 62 亿”②。此外,值得注意的尚有“津云新媒体集团制作的短视频《无胆英雄张伯礼》获得短视频专题报道一等奖。电视新闻中心制作的《白衣英雄张伯礼》获得电视新闻专题类三等奖;津云新媒体集团制作的短视频《科学的中医药》获得中国新闻奖国际传播三等奖”③。

除了以上三类,2022 年 9 月,话剧《俗世奇人》在北京保利剧院首演。该剧根据著名作家冯骥才的同名小说集创作而成,原作以清末天津的市井生活为背景,讲述长期流传津门的民间传说。2022 年 4 月 21 日,天津作家王松的《暖夏》荣获“全民阅读大会·2021 年度‘中国好书’”奖。《暖夏》以天津宁河区农村脱贫攻坚、乡村振兴故事为原型,对进一步推动现实主义题材创作有重要意义。

(二)天津国际影响力的现状

天津拥有北方最大的港口,地理区位决定了它在对外交往中具有得天独厚的优势,近几年来,在“一带一路”的指引下,天津的国际影响力大为提升。2022 年,天津开创了全球首个智慧零碳码头、全球首个港口自动驾驶示范区,

① 《打造城市文化名片〈天津卫视德云社相声春晚〉成“新年俗”》,每日新报,2022 年 2 月 1 日,https://baijiahao.baidu.com/s?id=1723538225532678517&wfr=spider&for=pc。

② 《“你好,天津”网络短视频大赛第三个季赛结果揭晓 收获满满点燃城市热度》,澎湃网,2022 年 9 月 27 日,https://m.thepaper.cn/baijiahao_20082368。

③ 《海河传媒中心喜获两项一等奖、三项三等奖》,《天津日报》2021 年 11 月 8 日。

服务业扩大开放综合试点获国务院批准。“今年前 5 个月，天津港集装箱吞吐量完成 847 万标准箱，同比增长 2.2%，创历史新高。”①与“一带一路”沿线国家和地区的交流合作增多，根据天津市政府 2022 年的工作报告，“中埃·泰达苏伊士经贸合作区、天津意大利中小企业园等重点项目加快推进，累计建成‘鲁班工坊’20 个（截至 2022 年 11 月 29 日已建成 21 个）。天津港中蒙俄经济走廊集装箱多式联运项目，成为国家级多式联运示范工程。外贸进出口总额 8567 亿元，增长 16.3%，进出口额创历史新高，实际直接利用外资超 50 亿美元，实现较快增长。”此外，市政府还多次举办高端会议，如中国建筑科学大会暨首届绿色智慧建筑博览会、中国国际矿业大会、中国（天津）非公有制经济发展论坛、全国糖酒会、中国（天津）国际汽车展、第六届世界智能大会、世界职业技术教育发展大会等活动，有效扩大了天津的国际影响力。截至 2022 年 7 月，天津各类国际友好关系省/市共 97 对。天津茱莉亚学院落成启用，国际文化交流及其溢出效应开始显现。

二 2022 年天津城市形象和国际影响力的现状分析

一个城市的国际影响力，与其政治、经济、文化、交通、开放交流的程度等许多因素密切相关。通过调查 2021 年 10 月至 2022 年 10 月天津的城市形象与国际影响力的现状，认为天津发展存在以下优势与不足。

（一）现有优势

1. 高质量发展中的社会主义大都市已基本成形

近几年来，天津调整产业结构，发展数字科技，优化生态环境，坚持绿色发展道路，高质量发展的方向及成效大大改善了城市硬件层面的建设，极大地提升了天津的城市形象，为天津国际影响力的传播打下了坚实的基础。

① 《天津港四变》，《经济日报》2022 年 7 月 4 日。

2. 独特的文化资源成为天津的可识别标志

2022 年,天津有两种文化资源在 2022 年表现突出。其一,中医文化资源。在抗击新冠肺炎疫情的过程中,张伯礼院士带领的中医治疗团队发挥了重要的作用,天津的中医药文化资源得到挖掘,并在国家和市政府的扶持下飞速发展。其二,天津的非物质文化遗产资源。2022 年,在非物质文化遗产的保护和传播中,数字化应用广泛,不仅支持线上点播,还利用最新科技形式创新了传播模式。此外,全国首个非物质文化遗产学交叉学科硕士学位授权点落户天津大学;日常生活中关于非物质文化遗产的研习活动也逐渐增多,津南区一些有条件的小学还将其列入了课外学习课程;非物质文化遗产出现拍卖的数字藏品;在世界智能大会上以及国内外交流中都专门开设了“津彩非遗”的展区。这一切使得 2022 年天津非物质文化遗产成为众多文化资源中独放异彩的一脉,而非物质文化遗产鲜明的地域文化属性也使其成为天津城市形象的可识别标识之一。

3. 政府利用文化传媒打造天津城市形象的能力大为提升

近几年来,市政府和相关媒体部门联手合作,在利用文化媒介塑造天津城市形象方面表现出色。2022 年天津沿袭了过往纪录片的优势资源,从非物质文化资源杨柳青年画到天津的历史脉络,从纵深视角着力挖掘天津历史文化资源。如果说纪录片属于官方媒体的大制作,网络小视频的方式则更为灵活机动。“你好 · 天津”网络视频大赛,调动了市民参与城市形象展示的热潮,让大家拿起相机,随时随地拍出身边的美好生活,这无疑会增强市民对天津的认同感,也为外来游客提供了生动直观的导览图。2022 年文化传媒利用非常出彩的案例还有天津的相声春晚,特殊时间节点的把握、最具地域文化特色的艺术形式的选用,都极大地提升了天津城市形象的影响力。

(二)不足之处

经过近几年转型发展,天津城市形象较以往已有很大提升,国际影响力也在逐渐增强。不过,如果立足全球视野,借鉴如伦敦、东京、北京、上海等大都市的成功经验,天津仍有一些不足之处。

首先，城市的文化软实力仍有较大的提升空间。天津城市形象中，物质层面的提升比较明显，属于文化软实力的精神层面在 2022 年虽有较大发展，但与经济形象、生态形象仍不相匹配。

其次，文化创意产业的发展之路任重而道远。2022 年天津的非物质文化遗产资源表现突出，但多为展示推广，相关的文化创意产业发展得尚不充分；传统经典文化品牌，尤其是曹禺、梁启超、严复、孙犁、梁斌等名人资源，开发利用得远远不够。

最后，天津的国际影响力大为提升，但发展不太均衡。一是受地域影响比较大，国际影响力主要集中于“一带一路”沿线国家和地区，港口的交流能量尚未完全释放。二是天津距离成为国际消费中心的目标仍有较大差距，国际影响力主要局限于经济层面，文化层面的交流比较少。

三　提升天津城市形象及国际影响力的对策建议

对标天津“十四五”发展规划，完善天津城市形象，提升天津国际影响力，认为可以从以下几方面着手。

第一，建议系统打造鲜明的城市识别标志。全球化社会中，经济的高速发展也带来了千城一面的弊端。一座城市如何在全国乃至全世界的城市中凸显出来？在经济高质量发展的基础上，必须打造鲜明的城市识别标志。城市形象的塑造离不开经济基础，但城市容易被识别往往取决于本土特色、人无我有的文化资源，包括名胜古迹、非物质文化资源、饮食文化等诸多方面。2022 年，天津在利用非物质文化资源塑造城市形象方面做得非常成功，杨柳青年画、曲艺文化等与天津形象一起传播到了全国乃至世界。应该持续发力，将更多天津味道浓郁的文化资源打造为城市文化品牌，借此提升城市的吸引力和辨识度。在此基础上，利用独特的文化资源大力发展相关的文化创意业，将经济国际化的优势带到文化传播领域，实现城市国际化与本土文化特色相结合。

第二，建议充分盘活城市的经典文化资源。经典文化资源往往具有丰厚的文化底蕴与社会影响力，也是城市形象最具文化特色的组成部分，值得与时俱进地深入开掘。天津有非常多的名人故居以及其他名人文化资源,建议选取其中正面的、有爱国意义的经典品牌,如梁启超、曹禺、严复、李叔同、林希等,多层次、立体性地进行开发利用,如可以在特殊的时间节点开展庆祝及研讨活动,可以经常展演他们的改编作品,可以以此开发文化含金量高的文旅商品,可以将其设置为城市公共空间的文化符号……所有随着时代变化而产生的崭新的开发利用及传播方式都可以借鉴,以此吸引一代又一代年轻的观众,也可以借此提高城市的文化品位。

第三,建议构建专门的国际化评估体系,有的放矢地提升天津国际影响力。根据天津市“十四五”规划的要求,健全工作推进机制,明确每年具体的工作目标,发布城市国际化建设报告,查缺补漏,明确不足和努力方向。扩大港口交流的优势,进一步落实打造国际消费中心城市的各项举措,以经济的国际化引领文化、科技、教育等领域的国际交流合作,形成全方位开放的新格局,努力打造现代化国际港口城市。此外,天津过往的努力证明,通过主办国际性的会议或文化活动,利用重大赛事或事件,成为世界媒体关注的焦点,都能极大地增强城市的国际影响力。

天津市国际友好城市发展研究报告

邵红峦　天津社会科学院舆情研究所助理研究员

摘　要： 1973年天津与神户正式建立国际友城关系，揭开了中国城市外交的序幕。作为中国国际友城合作的开创者，天津即将迎来友城合作50周年。半个世纪以来，友城关系规模持续保持增长势头，友城始于东亚，聚于欧美，遍及东南亚与非洲有特色的领域翘楚，有海陆交通要塞，也有商贸文化中心。在友城交流与合作上，天津充分发挥自身的国际化发展特征，积极调动友城资源，对接友城发展方向，聚集高质量友城资源，形成类型化合作交流模式。然而，面对高水平改革开放要求，天津友城发展仍存在发展速度相对缓慢、全球布局相对不平衡、友城关系资源利用有限等问题和挑战。在未来的发展进程中，既要整合国际友城及关系网络资源，继续完善类型化友城合作，还要服务国家战略，统筹国际友城国际布局及重点发展方向。

关键词： 天津　国际友好城市　友城关系　全球布局

1973年天津与神户正式建立国际友城关系，揭开了中国城市外交的序幕。天津是中国国际友城合作的开创者，据天津市人民政府外事办公室网信息公布，截至2022年3月已拥有28个国际友城，33个交流与合作关系城市，35个签订友好交流与合作意向书及备忘录城市。《天津市国民经济和社会发展第十四个五年规划和二〇三五年远景目标纲要》（以下简称《纲要》）指出，目前天津改革开放不断深化，积极融入"一带一路"，国际友好城市已增至92对，覆盖国家多达50个。《纲要》要求天津要"深化改革，扩大开放，激发新发展活力”。其中,一方面要“全面提升城市国际影响力”,做到加强国际交流合作,深化国际友好城市合作,以“一带一路”沿线港口城市为重点,持续优化友城布局,力争实现友城结好100对;另一方面,要构建大招商新格局,向友好城市延伸,加快高端要素资源向天津聚集。在天津第十二次党代会上也提出,要以高质量发展、高水平改革开放、高效能治理、高品质生活为目标导向。在高水平改革开放目标下,着力打造天津对外开放新优势,深度参与共建“一带一路”,深化国际友好城市合作是重点内容。

近年来,天津主办与承办了众多世界级论坛、大会。继2017年首届世界智能大会在天津举办以来,2018年第十二届夏季达沃斯论坛也在天津举行。迄今为止,已有六届世界智能大会在津连续召开,进一步扩大了天津的世界影响力和全球“朋友圈”,世界智能大会已经成为天津的一张名片。2022年首届世界职业技术教育大会落户天津,又一国家战略规划在天津落地开花,继金砖国家职业技术教育联盟建立以来,世界职业技术教育联盟在“天津倡议”下得以建立。此外,天津在智慧城市、职技教育等方面的城市品牌国际影响力、号召力逐渐提升。

时值党的二十大以及天津第十二次党代会召开,天津发展国际友城将迎来交流合作50年。深化拓展天津国际友城发展,不仅是天津高水平改革开放的题中之义,更是天津聚力国际友城交流合作,推动友城工作的重要发展契机。

一　天津市国际友城发展概况及现状

随着全球化的发展,城市尤其是全球城市(Global City)在国际合作中具有重要的战略性作用。作为国际关系的次国家行为体,城市是跨国公司、国际组织、社会组织等非国家行为体的地缘载体,是国际社会与国内社会互动的重要枢纽载体和平台。[①] 在全球城市化发展趋势下,城市外交是当今外交领域的重

① 赵可金:《中国城市外交的若干理论问题》,《国际展望》2016年第1期。

要组成部分。城市不仅是双轨外交的重要主体,也是国家外交和公共外交领域的重要桥梁纽带,更是国家对外战略实施的重要主体。国际友好城市(International Friendship City,International Sister City)机制的建立和发展是城市外交的重要形式。国际友好城市在第二次世界大战后于欧洲国家间广泛发展起来,是城市之间以共同发展、增进友谊为目标,以签署友城协议、交流合作备忘录或意向书等为标志,以政治、经济、社会、文化等多领域合作为内容的正式、综合、长期的友好关系或制度安排。从 1973 年天津与神户建立中国第一对国际友城关系后的近 50 年间,天津友城逐渐发展成为网络化、多面化、多主体的国际友城网络体系,在中国城市外交、友城交流领域发挥了引领性、示范性作用。在百年未有之大变局和世界疫情的背景下,天津国际友城的数量、质量、布局与天津国际化水平、国际影响力息息相关。以"一带一路"、高质量伙伴关系、全球发展倡议等为导向,盘活、深挖友城合作资源存量,开拓、建立新友城关系增量,优化全球友城布局,是天津国际化发展的重要抓手。

(一)天津国际友好城市资源分析

1. 国际友城类型及发展态势

当前天津(截至 2022 年 3 月)国际友好城市分为三个类型:一是签订友好城市文件,建立正式结好关系①,共计 28 对;二是建立交流与合作关系的城市,共计 33 对;三是与天津签订友好交流与合作意向书或备忘录的城市,共计 35 对(如图 1)。1994—2003 年是天津建立国际友好城市的高峰期,尤其是建立第二、三类型友城关系的重要阶段。正式友城关系建立主要集中在1973—2003 年,随后 20 年间发展较缓。近 20 年间,国际友城的建立主要集中在第二、三类型,尤其是第三种类型。

① 系获中国人民对外友好协会中国国际友好城市联合会批准的,具有正式编号的国际友好城市关系,截至 2022 年 2 月,天津共有 28 对此类国际友好城市关系。

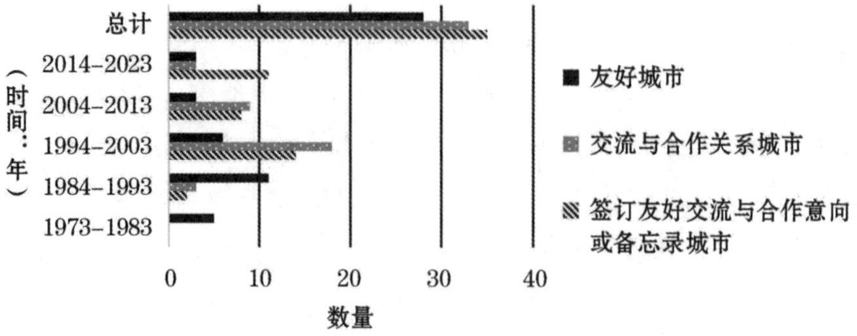

图1　1973—2022 年天津国际友好城市数量统计

数据来源:天津市人民政府外事办公室,数据截至 2022 年 2 月。

天津国际友城关系发展进程有以下几个特点:第一,正式友城关系建立时间早,发展较缓。呈现五个发展时期:初始期(20 世纪 70—80 年代),快速发展期(20 世纪 90 年代),停滞期(21 世纪初),再发展期(2011—2015 年),停滞期(2015 年至今)。第二,非正式友好城市关系逐渐成为天津友城关系发展的趋势,这在一定程度上弥补了正式友城关系发展较缓甚至存在停滞带来的问题,从侧面体现了天津国际友城机制发展的灵活性、创新性、持续性。第三,天津友城关系近 5 年保持快速增长势头。从具体数据上看,2016 年以来友城关系建立频率显著提升,保持在每年至少新建 2 对友好关系,2021 年就与巴基斯坦确立三对友好关系意向。

2. 国际友城地缘布局

从地理分布上看,天津国际友城全球布局表现出以下特征(如图 2)。

第一,有聚集效应。三类友城关系中,欧洲为主要聚集地,亚洲次之,且三类关系数量相对趋同。具体来看,欧洲友城分散于 20 个国家,三类友好城市数量分别为 10 个、9 个、11 个,其中俄罗斯、法国、瑞典、西班牙较多,总量均达到 3 个。这源于欧洲既是现代城市的发源地,也是城市外交机制的开创者,有良好的制度支撑和历史基础,开放性、国际化程度较高。亚洲友城分布在 15 个国家,三类友好城市数量分别为 7 个、6 个、7 个,主要集中在日韩,且是天津最早建立关系的友城,在天津友城格局中发挥着重要的引领性、示范性、开创

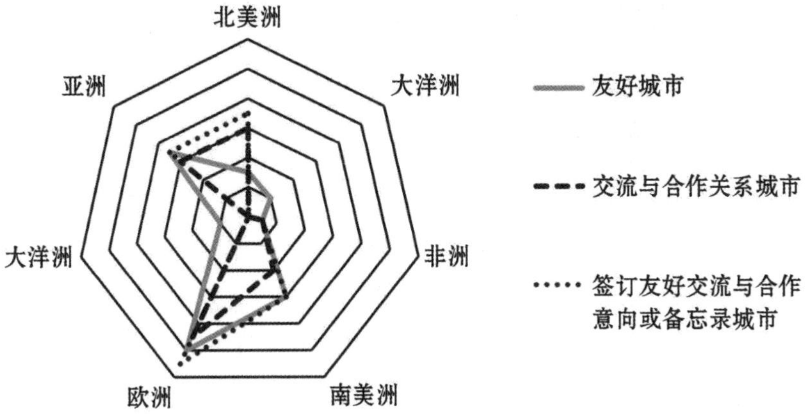

图2　1973—2022 年天津市国际友城全球布局

数据来源：天津市人民政府外事办公室，数据截至 2022 年 2 月。

性作用。东南亚友城集中于泰国、柬埔寨、印尼。北美洲友城主要集中在美国，共计 10 个。

第二，与友城经济发展水平存在一定程度的正相关性。亚欧大陆、北美洲地区的发达国家，以及部分经济水平较高、国际化水平较高发展中国家是天津友城的主要分布区，而在非洲地区天津的友城关系则较少。这从侧面反映了天津国际友城具有较强的国际经济合作导向和意义。

第三，友城关系的建立还与对方城市的开放程度、城市化水平，以及双方城市的地缘政治、经济产业结构等要素有关。与日韩友城关系的建立就具有明显的地缘政治要素的影响。和欧洲友城关系的建立就与对方城市的开放水平、城市外交偏好等要素相关。例如 2000 年天津就与在全球城市外交领域中具有突出影响的芬兰图尔库[①]建立了交流与合作关系。另外，从产业结构上看，天津与众多以海洋经济为依托的港口城市关系密切，如日本神户、韩国仁川、马来西亚马六甲、土耳其伊兹密尔市、埃及塞得港省、澳大利亚墨尔本等。

① 艾弗·西文编著：《城市外交：当前趋势与未来展望》，王勇等译，上海人民出版社，2022。

(二)与国内其他城市的国际友城比较

1. 中国城市全球友城关系网络分析

自1973年天津与神户建立友好城市关系以来,全国各个城市开始了建立友城关系的进程,渐已形成全球友城关系网络。复旦大学国际关系研究数据库①共收录统计我国1970条友好城市数据,本报告采用社会网络分析方法对此展开分析。图3显示了中国全球友好城市关系网络,黑色节点为中国城市,灰色节点为结好外国城市。从网络结构上看,呈现明显的中心—边缘格局,处于中心结构的中方城市拥有多个共同国际友城,处于外围结构的中方与外方城市多为一对一形式,缺少共同友城。

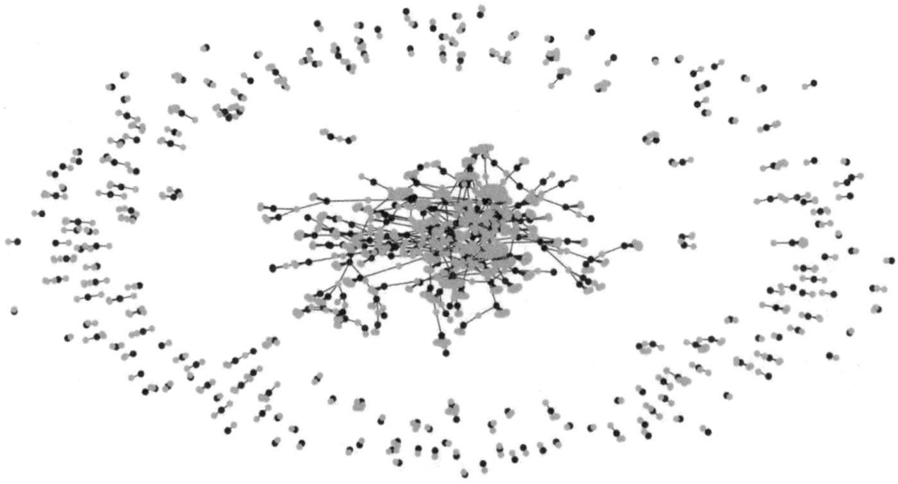

图3 1973—2017年中国国际友好城市关系网络

数据来源:笔者依据复旦大学国际关系研究数据库整理分析绘制。

① 该数据库根据中国人民对外友好协会下设机构中国国际友好城市联合会往年公布的友好城市数据整理而成,只收录正式建立友好城市关系的数据,即上文所述天津第一类国际友城。当前最新数据仅更新至2017年,通过考察,各省市2017年后正式友好城市关系建立数量较少,对整体分析影响较小,因此本文最终选取1973—2017年数据进行相关分析。网址:http://www.database.apcenter.fudan.edu.cn/,登录时间:2022年7月10日。

社会网络分析方法可通过对节点行为体中心度的分析量化衡量个体的网络位置。笔者对城市进行中介中心度(Betweenness Centrality)分析,该指数显示各城市在友城关系网络的位置,体现的是行为体的中介作用,表示行为体在什么程度上对其他节点之间的交往具有控制力,标准化中介中心度取值范围是[0,1],值越大,越靠近网络中心。在本研究中,节点城市的中介中心度越高,表示该城市与其他城市共同拥有的友城关系越多;外方城市中介中心度越高,表示该城市在与中国建立友城关系方面具有越高的开放度,中介中心度计算公式如下:

$$C_{AD}(i) = \sum_{i=1}^{n} \sum_{k}^{n} b_{jk}(i), j \neq k \neq i, \& \cdot j < k \quad (1)$$

其中,j、k、i 表示三个行为体,j 和 k 是一组点对,i 为第三方,g_{jk}表示 j 和 k 之间的关联捷径数据,i 控制 j 和 k 的交往能力,可表示为 $b_{jk}(i)$,j 和 k 之间存在的经过点 i 的捷径数可表示为 $g_{jk}(i)$,则 $b_{jk}(i) = g_{jk}(i)/g_{jk}$。那么 i 点的中间中心度表示为 $C_{AD}(i)$。通过计算得出中方城市和外方城市中介中心度分别居于前十位的数据(如表 1)。

表 1　排名前十位的中方城市与外方城市中介中心度

中方城市	中介中心度	外方城市	中介中心度
上海市	0.08582996	清迈市	0.051736062
广州市	0.06146885	曼谷市	0.039516204
重庆市	0.06095414	光州广域市	0.032970478
成都市	0.056972488	圣彼得堡市	0.027500248
无锡市	0.054178379	索罗卡巴市	0.020337981
天津市	0.049557709	仁川广域市	0.019973087
北京市	0.043602621	维多利亚市	0.019085952
杭州市	0.041386332	沃尔夫斯堡市	0.01702332
苏州市	0.032230854	惠灵顿市	0.016853942
沈阳市	0.031619996	蒙特利公园市	0.016395831

从中方城市计算结果看,天津居于第六位,处于友城关系网络的相对中心位置,不仅友城数量相对较多,与其结好的外方城市也与中国其他城市建立较多对友好关系。从外方城市计算结果看,天津的结好城市曼谷、仁川广域市、惠灵顿市具有较高中介中心度,在友城关系网络中处于中心位置。其中,天津与仁川友城关系具有示范作用,双方结好后仁川陆续与葫芦岛市、重庆、沈阳结好。

2. 主要中方城市的友城关系网络分析

2022 年 4 月 13 日参考消息报社参考智库发布《中国城市对外交往影响力分析报告(2022)》,选取 9 个国家中心城市和 5 个计划单列市(共计 14 个城市)作为研究对象,对其对外交往影响力进行评估。结果显示 14 个城市对外交往影响力总体差异较大,可分为 4 个发展梯队。第一梯队有上海和北京;广州和成都列为第二梯队;深圳、重庆、武汉、西安、厦门、青岛、天津为第三梯队;宁波、大连、郑州列为第四梯队。值得关注的是,广州、成都、重庆、天津等城市外事活动频次靠前,较好地把握了疫情防控与对外交往的平衡。[①] 依据此研究结果,抽样选取 14 座城市的国际友城网络数据进行社会网络分析。如图 4 所示,黑色节点代表 14 个样本城市,灰色节点代表外方友城,结合中介中心度计算结果,中方城市中上海、天津、北京任居前三位,分别为 0.335、0.263、0.262;外方城市中曼谷、清迈、伊兹密尔市、惠灵顿市排前四位,分别为 0.16、0.13、0.09、0.08。曼谷与惠灵顿均为天津结好城市。

由此可见,从全国城市的国际友城关系网络结构上看,天津及其部分友城占据较为中心的位置;从 2022 年公布的对外影响力较强的 14 个城市的国际友城关系网络结构上看,天津虽被列为第三梯队,但在国际友城关系网络中处于仅次于上海的第二中心位置,具有较强的关系影响力。

① 《中国城市对外交往影响力分析报告(2022)》,参考消息报社,2022 年 4 月 13 日,http://www.cankaoxiaoxi.com/zhiku/2022/0413/2475822.shtml。

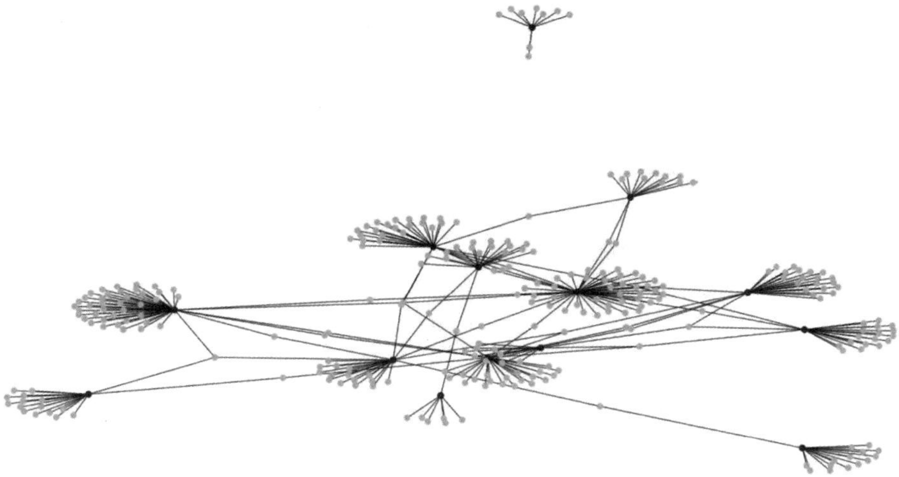

图 4　部分中国城市的国际友城关系网络

数据来源:笔者依据复旦大学国际关系研究数据库整理分析绘制。

(三)友城交流合作领域特征分析

1. 聚集高质量优势友城,有利于天津城市形象对外传播

天津拥有众多在全球具有较强影响力及较高综合实力的友好城市,这些世界级大都市在一定程度上充当天津在国际交流与合作事务中的中介角色,是天津进一步推进高水平改革开放新格局的重要支点与潜在抓手。这些城市在文化交流、城市品牌价值、城市声誉等方面具有突出优势。日本森纪念基金会城市战略研究所①发布的《2021 年全球城市实力指数》报告显示,在 48 个全球城市(Global Power City)中,曼谷、莫斯科在城市文化与交流方面居前十位,马德里大区、莫斯科则在国际游客量上居前十位。首尔、马德里、墨尔本的城市综合力指数排名分别为第八、第九、第十一位(见图 5)。

① 日本森纪念基金会成立于 1981 年,2008 年成立城市战略研究所,2011 年起连续发表年度报告,根据经济、交通、学术研究与发展、环境、居住、文化与交流 6 个指标,排列全球前 40 余个综合实力最强的城市,最新发表的 2021 年报告,排列出 48 强"全球城市",具体参见:https://mori-m-foundation.or.jp/pdf/GPCI2021_summary.pdf。

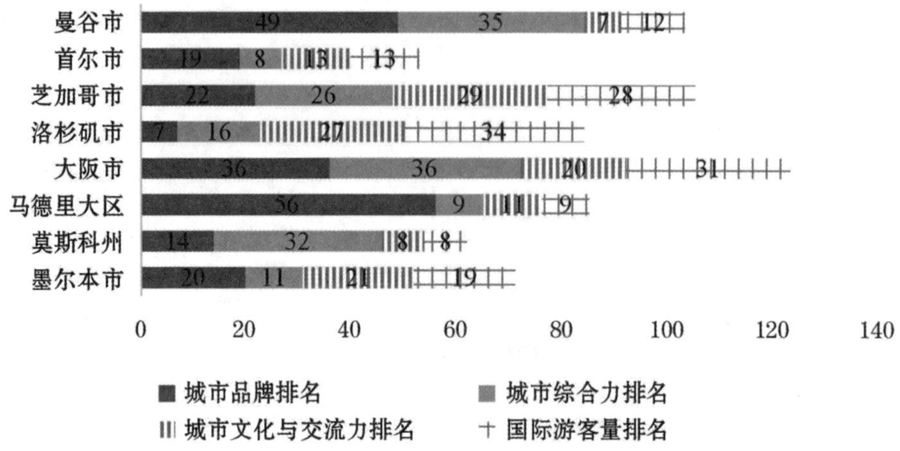

图 5　2021 年天津部分国际友城的全球城市综合力指数

数据来源:Institute for Urban Strategies The Mori Memorial Foundation,“Global Power City Index 2021 Yearbook ”,2022 年 1 月 17 日;全球实验室:《2021 年全球城市 500 强报告》。

全球城市实验室发布的《2021 年全球城市 500 强报告》,通过对城市经济能力、文化旅游、行政管理、居住生活、城市声誉、人才创新的评分评价,对城市品牌价值进行总体排名。天津位居 175 名,城市品牌价值为 1075.6 亿美元,且共计 20 个友城排名居于天津之前(如图 4),其中洛杉矶、莫斯科、首尔、墨尔本、芝加哥、休斯顿、大阪、费城、达拉斯、曼谷位居前 50 强。在文化旅游方面,曼谷位居旅游指标第四位,2021 年旅游人数达 910 万人次,虽受新冠肺炎疫情影响,相比于 2020 年游客减少 64.73%,但旅游指标评估仍居高位。在城市声誉方面,莫斯科、首尔、墨尔本、芝加哥、休斯顿评分为 5 分(满分),其他友城也多为 4 分高值。此外,报告统计 2021 年品牌价值增幅最大的前十强城市，达拉斯、莫斯科、大阪分列第三、四、五位。①

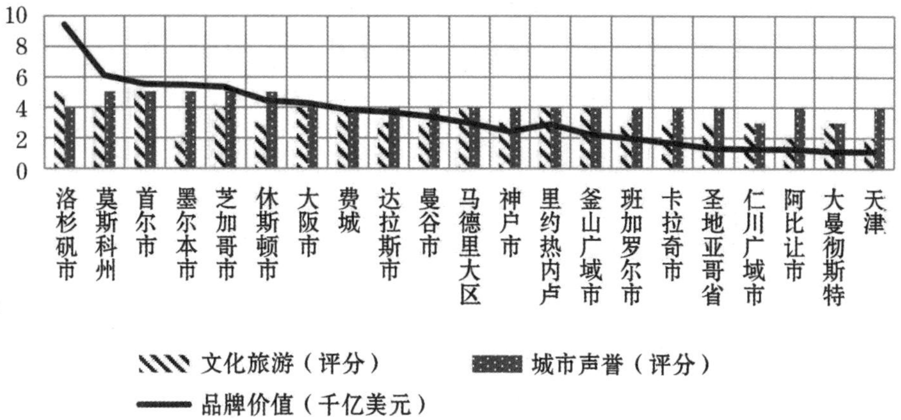

图6　天津国际友城城市品牌影响力排名

数据来源：全球城市实验室：《2021 年全球城市 500 强报告》。

综合两份世界城市评估报告，墨尔本、马德里、首尔、曼谷、莫斯科、休斯顿、大阪等城市拥有较高的国际交流影响力，且在城市品牌价值和声誉方面具有相对优势。从它们与天津的友好关系上看，早在 1980 年，天津就与墨尔本正式建立友城关系，并在高层互访、经贸、港口、教育培训、文化等领域开展广泛的交流合作。此后，天津于 1993、1997、2009、2012 年分别与休斯顿、马德里、首尔、曼谷建立友好交流与合作关系，1993 年和 2008 年分别与莫斯科、大阪签订友好交流与合作意向书。这些友城具有充当天津扩大国际影响力的优势资源，是天津形象对外传播的优质窗口。

① 全球城市实验室（Global City Lab）建立了城市品牌估值模型（City Brand Valuation Model，简称 CBV 模型），并以 CBV 模型计算的城市品牌价值为衡量标准，编制出全球城市 500 强报告。全球城市 500 强报告通过城市的经济、文化、治理、环境、人才和声誉 6 个指标维度对城市品牌价值进行测评，各项评分区间为 1—5 分。全球城市实验室创新性地在测评中加入城市声誉指标，能够更加准确地反映城市在社会大众心中的品牌形象，评定城市的外部价值和品牌的未来发展潜力，参见：http://globalcity-lab.com/file/2021report.pdf。

2. 国际合作领域成果丰硕,有利于形成多领域示范效应

天津与国际友城开展不同领域的深度合作,发展了一批重点战略合作项目。第一,建立示范性产业园。如2021年批复建立的“中日(天津)健康产业发展合作示范区”就是以日本神户、北九州市等天津国际友城为重点,建立的示范区合作机制,旨在吸引更多健康领域的中日合作大项目、好项目落地示范区。[①] 2018年获批建立“天津中欧先进制造产业园”、2019年设立天津意大利中小企业产业园等都是推动“一带一路”国际合作的重要成果。欧洲是天津国际友城数量最多、建立关系较早的地区,这些国家级产业园的规划建成离不开国际友城的支持与合作。第二,鲁班工坊在全球落地,促进和深化天津与国际友城间的交流与合作。如2002年天津与金边正式建立友好交流与合作关系,2016年在金边建立柬埔寨鲁班工坊;2012年天津与东爪哇省建立友好城市关系,2017年在东爪哇省建立印尼鲁班工坊;2016年天津与利物浦建立友城城市关系意向书,2017年在利物浦建立了欧洲首个鲁班工坊;2018年天津与赛图巴尔签署建立友好城市关系意向书后,开设了首家葡萄牙鲁班工坊;2018年巴基斯坦旁遮普省建立鲁班工坊,2021年该省与天津签署友城关系意向书。第三,以友城为支点,建立发展海外经贸合作区。例如1993年天津成为仁川的首个中国友好城市后,天津港又与仁川港结为友好港,签署《天津滨海新区与仁川自由经济区域厅友好交流意向书》,此后又与仁川自由经济区签署战略合作协议[②],推动构建中日韩自贸区战略先导区,高质量落实《区域全面经济伙伴关系协定》(RCEP),发挥了国际友城深度合作的引领示范作用。

① 《天津市人民政府关于同意设立中日(天津)健康产业发展合作示范区的批复》,天津市人民政府网,2021年4月15日,https://www.tj.gov.cn/zwgk/szfwj/tjsrmzf/202104/t20210420_5431258.html。

② 中共天津市委宣传部编著:《“三个着力”领航天津》,天津人民出版社,2022年,第91-92页。

二　天津市国际友城发展面临的主要挑战

（一）关系建立与发展速度相对缓慢

第一，第一类友城关系建立缓慢。从整体进程看，虽然第二、三类友城关系数量一直持续平稳增长，且在 2021 年出现第三类关系建立的小高峰，分别与巴基斯坦三座城市签署建立友好城市关系意向书。然而，第一类友城关系数量相对较少，自 1979 年至 1999 年，基本保持每年新增一对友城关系，此后处于停滞状态，2011 年至 2015 年有所回升，但此后再度停滞。

第二，区（镇）及国际友好城市关系建立机制有待完善。天津国际友城关系均以天津市为单位，其他城市如北京、上海、重庆①等早在 20 世纪 80 年代已开始以区（镇）为单位建立一批友城关系，且持续发展至今。天津迄今仅有武清区与丹麦科灵市在 2015 年 11 月 25 日正式签署友城关系协议，并在经贸文化特别是节能环保领域开展长期合作。②

（二）全球布局仍有待优化

第一，国际友城布局与天津共建“一带一路”工作的结合程度有待提高。在深度参与“一带一路”共建中，不论是新的友好关系的建立，还是现有友好关系的深化，国际友城都是天津开展国际合作的有力支点和有效资源。当前天津友城主要集中在东北亚、欧洲以及北美地区。2013 年“一带一路”倡议提出以来，天津在 2018 年与柬埔寨西哈努克省签署建立友好城市关系意向书，2021 年 9 月 17 日又分别与巴基斯坦旁遮普省、伊斯兰堡市、卡拉奇市签署建

① 参见北京市人民政府外事办公室网站：http://wb.beijing.gov.cn/home/yhcs/；上海市人民政府外事办公室网站：http://wsb.sh.gov.cn/node551/index.html；重庆市人民政府外事办公室网站：http://zfwb.cq.gov.cn/dwyx/yhcs/202107/t20210706_9454208.html。

② 冯斌、程钊：《丹麦科灵市政府代表团访问武清区 深化交流合作》，天津北方网，2017 年 6 月 27 日，http://news.enorth.com.cn/system/2017/06/27/033235091.shtml。

立友好城市关系意向书,与“一带一路”沿线城市建立的友好关系有待增加和深化。

第二,国际友城布局与天津服务国家对外开放、开展中非合作、践行全球发展倡议工作的结合度有待提高。2016年以来,以鲁班工坊为国际特色品牌的天津职业技术教育国际合作快速发展。2022年8月19日天津举办世界职业技术教育发展大会,国务院副总理孙春兰宣读习近平主席贺信并发表视频致辞,指出中国愿意与国际社会一道,加大对发展中国家特别是非洲国家职业教育支持力度,推动各国人民共享职业教育发展成果。① 2022年8月天津已先后在泰国、柬埔寨、葡萄牙、英国、吉布提、埃及等国家建成20个鲁班工坊②,2022年11月29日全球第21个鲁班工坊——塔吉克斯坦鲁班工坊最新建成并运营。其中非洲地区就建有10个鲁班工坊③,未来非洲也将是全球职业技术教育合作的重要对象。目前天津友城合作与鲁班工坊建立工作对接已成趋势,与柬埔寨、印尼、英国、巴基斯坦相关友城均已展开合作,然而天津在非洲地区的友城数量有待增加。

(三)友城资源有待开发和利用

第一,经贸合作区建设仍需合理利用友城资源。天津持续加快国际化发展,国际友城是天津深化国际合作的重要抓手,但友城资源利用和开发有限。例如在天津加快推进中埃·泰达苏伊士经贸合作区战略合作中,作为中埃合作共建“一带一路”的旗舰项目,泰达合作区距离埃及第三大港因苏哈那港仅2公里,天津友城塞得港省与因苏哈那港位于苏伊士运河走廊两端,同属于苏

① 新华社:《孙春兰在世界职业技术教育发展大会宣读习近平主席贺信并发表视频致辞》,中华人民共和国中央人民政府网站,2022年8月19日,http://www.gov.cn/xinwen/2022-08/19/content_5706109.htm。

② 《全国首批25个鲁班工坊运营项目揭晓!“一带一路”合作与鲁班工坊建设发展论坛举行》,新浪网,2022年8月21日,http://tj.sina.com.cn/news/zhzx/2022-08-21/detail-imizmscv7083297.shtml?from=tj_cnxh。

③ 《我国在非洲设立的第10个鲁班工坊正式投用》,鲁班工坊网,2022年2月28日,http://www.lubanworkshop.cn/html/2022/dtgf-lb_0228/418.html。

伊士运河经济区，两个港口城市分别面向欧洲与非洲，是埃及经济重点发展区域[①]。又如天津柬中综合开发试验区战略合作中，项目区虽毗邻天津友城柬埔寨西哈努克省，但对国际友城资源的利用和调动程度仍然有待提高。相比来看，与仁川自由经济区战略合作的顺利进行则与深厚的友城合作历史息息相关，有效利用了友城机制和资源，合作态势持续向好。

第二，对友城关系网络利用还有待重视。2018 年第 32 届东盟峰会上宣布建立东盟智慧城市网络（ASEAN Smart Cities Network，ASCN），2019 年 11 月 3 日在中国—东盟领导人会议上，双方共同发表《中国—东盟智慧城市合作倡议领导人声明》，一致同意建立互惠伙伴关系，支持中国南宁、厦门、杭州、济南、昆明、深圳、南京、成都等城市同东盟城市，特别是东盟智慧城市网络相关城市建立互惠互利的城市伙伴关系。[②] 目前来看，虽然天津与泰国、柬埔寨、印尼三国八市建立了友城关系，且在鲁班工坊、经贸合作区方面有突出成效，并且在推进智慧城市建设，着力建设城市智能体方面成效突出，但是，在发挥友城支点作用、利用东盟智慧城市伙伴网络方面仍需深入，未来需要推进与东盟城市伙伴网络战略对接，发展互惠互利的智慧城市伙伴关系，提高天津的国际化水平。

三　天津市国际友城发展的对策建议

（一）发挥国际友城窗口作用，展现天津现代化大都市形象

友城是塑造、推广城市形象的窗口与载体，友城关系更是城市形象传播的天然渠道。在“一城一策”工作机制下，以天津特色为指挥棒，立足友城特征，

① 2014 年埃及总统塞西提出“苏伊士走廊经济带”开发战略，计划用 10—20 年在苏伊士运河沿岸打造制造业、物流、商贸于一体的经济区，提升苏伊士运河在全球贸易中的战略地位，积极对接“一带一路”，加强中埃合作。

② 《中国—东盟智慧城市合作倡议领导人声明》，中华人民共和国外交部网站，2019 年 11 月 4 日，http://new.fmprc.gov.cn/web/gjhdq_676201/gjhdqzz_681964/lhg_682518/zywj_682530/201911/t20191104_9386087.shtml。

撬动友城资源,建立和发展类型化、多元化、精准化、重点化的“友城 + 故事”的城市形象,国际宣介天津模式。

第一,发挥生态友城窗口作用,推广天津生态文明形象。环境合作一直是中国与东盟重要合作领域,“中国—东盟生态友好城市发展伙伴关系”是《落实中国—东盟面向和平与繁荣的战略伙伴关系联合宣言的行动计划(2021—2025)》的重要内容。在天津大力实施“871”重大生态工程的同时,可有针对性地增加与相关友城的合作内容,达成生态形象传播合作,利用友城本土媒介载体以及生态城市发展伙伴关系网,宣介更多诸如《行进天津》《“871”生态保护密码》等类型片,讲述天津生态治理的动人故事,宣介天津的“山河林海湿”生态友好形象。

第二,发挥职教合作友城协同作用,共述制造业立市故事,传播天津职教国际发展合作形象。鲁班工坊作为天津原创的职业教育国际品牌,在全球,尤其是发展中国家和地区已具有较高的知名度和国际影响力。2022 年 4 月金砖国家共同建立金砖国家职业教育联盟,建有四个国别工作组,天津轻工业职业技术学院牵头印度工作组。而印度鲁班工坊作为全国在海外建设的第三个工坊,已成为中印两国职业教育合作的名片。2022 年 8 月在天津召开的世界职业技术教育发展大会发布筹建世界职业技术教育发展联盟的倡议、天津倡议,展现了天津在国际职业教育合作领域的示范性、引领性作用。可在此基础上大力塑造富含天津特色的“友城 + 鲁班工坊”的城市形象,紧跟工坊走出去,通过友城合作,共述、共颂天津国际职教合作与援助故事,提高天津在国际职教领域的影响力。

第三,依托港口友城文化多样性,传播天津数字化、智能化“海洋强市”形象。天津友城中河港、海港城市居多。神户港、千叶港分别为日本第一、二大港,神户港与天津港亦为“姐妹港口”。马六甲地处十字路口,是连接印度洋与太平洋的咽喉要道。休斯顿是美国第三大海港。哥斯达黎加蓬塔雷纳斯下辖该国第二大港卡尔德拉港,是该国产品出口中国的唯一通道。港口经济塑造了其开放、包容、多元的文化偏好,为东西融合、土洋结合的天津形象扎根当地提供了良好的文化土壤。在友城港口发展相似性上做文章,结合“智慧零碳码头”“世界港口城市论坛”等战略资源，重点打造、包装、宣介绿色智慧港口的天津新国际标签，让天津港成为更亮丽的天津名片。

第四，利用医疗友城合作，传扬健康天津形象。在世界疫情常态化局势下，天津中医药行业发展突出。健康医疗合作也是天津与友城合作的重要领域。在诸如中日（天津）健康产业发展合作示范区建设合作中，以及在与双方医疗卫生合作已卓有成效的格罗宁根市，生物医药和医疗救助等领域具有突出优势的费城与芝加哥等友城的合作中，以《天津市中医药事业发展“十四五”规划》为导向，将推进天津中医药“走出去”与友城合作相结合，发挥相关友城的国际号召力、信息传播力，讲述天津“卫药”新老故事，打造卫字号名片，提升天津中医药的国际知名度、吸引力，有的放矢，重点传扬健康天津形象。

（二）服务国家战略，统筹国际友城国际布局及重点发展方向

第一，依托地缘优势，立足日韩重点友城，深耕东北亚城市“朋友圈”。天津地处东北亚经济圈，是北方国际航运枢纽，在地缘优势、历史政治等因素影响下，天津最早与东北亚地区城市建立友好关系，且在多领域开展深度合作。天津还是“一带一路”中蒙俄经济走廊的主要节点城市，天津友城乌兰巴托市同样是此经济走廊的重要节点性城市，双方早在 1992 年建立友城关系。从天津友城总体情况看，东北亚是友城合作开始最早、程度最深、合作领域最广、交流合作机制较完善的区域。在统筹国际友城全球布局时，要以国家对外开放为导向，激活、走深东北亚友城群国际合作，尤其是在参与共建“一带一路”进程中，以及在参与金砖国家合作进程中，发挥东北亚友城合作的示范性、引领性作用。

第二，撬动现有友城资源，对接当地经济发展战略规划，发挥累积效应、联动效应。2012 年中欧双方共同发表《中欧城镇化伙伴关系共同宣言》，推动双方城镇化建设，天津成为第一批结对子城市，2019 年天津举行“中欧城市科研创新产业发展论坛”，积极参与欧盟“地平线 2020”科研规划项目，在此框架下，天津企事业单位、高校、科研机构积极参与中欧合作。天津友城在欧洲的较多，具备参与中欧城市合作的优势条件，可在此合作框架内调动相关友城合

作。在非洲地区，发挥中埃·泰达苏伊士经贸合作区的示范作用，吸引和调动周边友城合作，将周边的塞得港省友城交流合作内容与泰达合作区项目这一“一带一路”旗舰项目深度结合，持续推进苏伊士运河走廊开发合作，落实全球发展倡议。[①] 与此同时，深化周边友城合作，以此为支点建立更多友好关系。

第三，立足天津市智慧城市建设规划，利用东盟智慧城市网络机制与框架，撬动地区城市资源，完善天津东南亚友城布局，深化友城交流合作。2022年天津发布《天津市智慧城市建设“十四五”规划》提出要建设高水平“数字天津”，推进城市智能化运行，打造精细化城市治理体系。而东盟近年来持续推进智慧城市伙伴网络计划，发布《东盟互联互通总体规划 2025》。天津已与东盟成员国的多个城市如曼谷、东爪哇省、金边市等建立友好关系，并且近几年呈增长趋势。实现战略对接，依托本市战略规划与发展基础，发展和现有友城的伙伴关系具有必要性和现实意义，也有相应的合作基础。另外，已有深圳、成都等城市与东盟建立智慧城市伙伴关系，天津可借鉴相关合作经验，拓展在东南亚的城市关系网络，实现双方战略对接的同时，增加友城交流合作关系，加深智慧城市领域合作。

第四，依托天津职教国际化平台，服务全球发展倡议，扩展与发展中国家尤其是非洲的友城关系网络。从目前鲁班工坊的发展趋势和重点布局上看，非洲无疑是未来的重点发展方向。当前天津与友城之间已经逐渐形成了“友城 + 鲁班工坊”的合作模式，并取得一系列实质性进展。以鲁班工坊为代表的天津职业教育国际合作逐渐呈制度化、规范化、专业化发展趋势，也是当前南南合作，尤其是中非合作的重要领域。这一发展态势既为天津建立新的非洲友城关系提供了良好契机，也提供了较为坚实的制度基础、战略条件，是天津未来友城关系与交流合作内容的新增量点。

① 《廖力强大使赴苏伊士省考察中埃·泰达经贸合作区》，中华人民共和国驻阿拉伯埃及共和国大使馆，2022 年 6 月 17 日，http://eg.china-embassy.gov.cn/mtjj/202206/t20220617_10704701.htm。

专 题 篇

天津市零工经济服务数字化平台监管发展研究报告

韩 阳 天津社会科学院舆情研究所助理研究员

摘 要： 在数字经济快速发展和国家加强平台监管的宏观背景下，针对高速发展的零工经济服务平台，天津市构建了行之有效的监管路径。在坚持依法原则、全方位原则、动态原则和效能原则的基础上，天津市正在建构三位一体的平台监管模式，即高效系统的政府监管，零工经济服务平台“类公权力监管”与平台“内部监管”。同时，监管中也存在着相关风险和挑战，如平台监管存在运动式倾向，央地政府间监管动力存在差异，平台与双边用户地位存在落差，平台自我监管较软弱等。为进一步推动零工经济服务平台规范发展，应坚持依法监管，为平台提供稳定有效预期；加强源头监管，防范化解重大安全风险；鼓励自我监管，督促平台落实主体责任；力求精准监管，有效降低制度性交易成本；完善协同监管，建立多元化、长效化监管机制。

关键词： 零工经济 监管 平台治理 数字化

零工经济服务平台,是指依靠线上数据运营中介型管理模式,通过为劳动力供需各方提供资质认定、保险缴纳、收入结算、报税等专业化、便利化、集成化服务,使相互依赖的双边或者多边主体在特定载体提供的规则下高效交互,以共同创造价值的互联网商业服务组织新形态。目前,全国范围内较为知名的零工服务平台,如云账户、爱员工、好活科技等,已累计为2亿多人次提供零工服务。目前,零工经济服务平台已成为零工经济发展中的重要一极,尤其在疫情防控常态化的情况下,零工经济服务平台对于新发展格局下畅通国内经济大循环——促进就业、保障民生、企业减负、巩固税源等发挥了关键性作用。天津高度重视零工经济服务平台的发展,在经济性监管、社会性监管、技术与安全性监管方面推出了一系列支持性措施,既落实了国家关于平台治理的要求和精神,也回应了零工经济服务平台加强企业社会责任和自我监管的现实呼唤,为推动零工经济服务平台的规范发展提供了有力支持。

一　天津市加强零工经济服务数字化平台监管的原则与举措

(一)零工经济服务平台监管的基本原则

1. 依法原则

“立善法于天下,则天下治;立善法于一国,则一国治。”新经济业态的发展离不开善法的支撑,零工经济服务平台的有效运行要置于法治监管的框架下。截至2022年2月,从中央到地方,适用监管零工经济服务平台的相关法规和政策已经陆续颁布与实施。如《国务院反垄断委员会关于平台经济领域的反垄断指南》《互联网平台落实主体责任指南(征求意见稿)》《天津市共享经济综合服务平台管理暂行办法》《海南省关于对互联网灵活用工平台及零工服务平台实施包容审慎监管的指导意见(征求意见稿)》等。上述不同位阶的法律法规,都强调在推动和支持零工经济服务平台发展中,秉持法治原则,强化过程监管，促进社会公平，如“依法科学高效监管”“维护各方合法利益”①。

2. 全方位原则

坚持全方位原则源于现实需要。当前，随着平台经济的发展壮大，一些零工经济服务平台开始进入公共领域。这些零工经济服务平台得到了政府的授权，无论从规模效应还是从服务功能来看，均在多方面对多主体施加影响。如云账户已开展了秒批办照等业务，与政府合作向社会提供必要的公共服务，其影响已经超越了传统意义上的私域范畴，而向公共领域不断延伸。正因此，对此类平台的监管就应遵循全方位原则，即一方面，超越单一的经济或安全维度，“以‘影响大众利益’标准去构建新的监管框架”②，针对监管对象特别是具有一定规模的监管对象，开展多事项的全方位监管；另一方面，对于互联网平台型企业，要建立“事前 + 事中 + 事后”的全生命周期监管网络，形成规范而周密的负面清单管理体系。从 2020 年以来发布的系列法规和指引来看，本轮平台监管是全方位的，劳动保障、数据安全和隐私保护都涵盖在内。

3. 动态原则

动态原则与现实发展相适应。平台经济的发展日新月异，正在以超出常规预期的速度高速迭代。因此，对于零工经济服务平台的监管自然不能缘木求鱼、刻舟求剑，而应坚持动态发展的眼光，对平台最新的情况提出相应的监管措施。中央和地方的相关法规制度中也都体现了动态原则。例如，《天津市共享经济综合服务平台管理暂行办法》自 2021 年 3 月 1 日起施行，2023 年 2 月 28 日废止，有效期为 3 年，某种程度上体现出了动态原则。类似的是，海南在 2021 年印发的《关于对互联网灵活用工平台及零工服务平台实施包容审慎监管的指导意见（征求意见稿）》，提出按照“促进发展与规范管理并行、在发展中规范和在规范中发展并重”的原则，推动建立健全适应平台经济发展特点的新型监管机制，防范化解互联网灵活用工平台及零工服务平台的各类风险。

① 《国务院反垄断委员会关于平台经济领域的反垄断指南》，中国政府网，2021 年 2 月 7 日，http://www.gov.cn/xinwen/2021-02/07/content_5585758.htm。

② 高薇：《平台监管公用事业理论的话语展开》，《比较法研究》2022 年第 4 期。

4. 效能原则

习近平总书记强调,国家要发展,经济是第一要务。秉承效能原则,正是让风险防控和有效监管,置于发挥平台发展的经济带动正向功能的前提之下。特别需要看到,在全球化视野下,在技术竞争大背景下,大型互联网平台和成长型独角兽数字平台,正日益成为我国数字经济屹立世界舞台的核心竞争力。因此,规范平台经济发展、治理平台经济乱象时,也要充分考虑到我国平台经济的发展势头和在世界范围内的领先地位。在平台的监管中体现效能原则,"平台的'规模经济'特征不等于垄断","'强监管'政策不是要整垮平台企业","平台治理逻辑应从'突击型'向'规范化'转变"。[①]

(二)三位一体的零工经济服务平台监管模式

1. 高效系统的政府监管

政府监管是指通过监管主体——不同的行政管理机构,以发布法律法规和公布行政指令的形式,对涉事客体——平台企业进行直接干预,以实现"监管有据,运行高效"的基本目标的政府治理过程。"监管有据"指的是,对于平台的监管应依据正式的法律法规与制度。考察我国零工经济服务平台的监管依据,既可遵循国家层面的法律法规,如《中华人民共和国反垄断法》《中华人民共和国电子商务法》《关于平台经济领域的反垄断指南》等,也可遵循相关地方性法规,如《天津市共享经济综合服务平台管理暂行办法》。值得说明的是,《天津市共享经济综合服务平台管理暂行办法》是零工经济服务平台监管的典型性地方性法规,其于 2021 年 3 月正式实施。该办法涉及相关业务管理、风险管理、监督管理等措施,直接体现了地方政府对零工经济服务平台监管的进一步探索。

"运行高效"指的是,构建设置合理、权责明确、运行高效的平台监督机构。与欧美国家设置全国性执法权的竞争机构进行统一监管的模式不同,我国是

① 黄益平、邓峰、沈艳、汪浩:《超越"强监管"——对平台经济治理政策的反思》,《文化纵横》2022 年第 4 期。

针对不同行业设定不同的管理机构。具体而言，对零工经济服务平台具有监督职能的主体包括以下几类：①发展和改革委员会。其监管功能在于，制定和规范零工经济运行中的灵活就业人员管理与服务机构业务风险管理原则、业务风险管理过程、业务风险管理系统、业务风险管理体系和业务风险管理文化。②市场监督管理委员会。其监管功能在于，规范维护市场秩序，营造公平竞争市场环境，以包容审慎原则通过放管结合，为灵活用工经济发展提供监管保障。③人力资源和社会保障局。其监管功能在于，从事相关日常管理，拟定社会保险政策、劳动人事争议调解仲裁制度，对接社保关键数据，并组织实施宣传。④税务局。其监管功能在于，监督相关主体依法履行纳税义务，监督相关主体按照法律法规规定及税收要求的数据报送内容、方式和时间进行报送，组织实施相关税（费）源监控和风险管理。⑤网络安全和信息化委员会办公室。其监管功能在于，制定共享经济灵活就业人员管理与服务机构在开展各项活动及软件平台开发过程中的安全基本要求，包括系统安全、应用安全、数据安全、管理安全。⑥公安局。其监管功能在于，引导相关企业利用自身技术能力，整合资源和数据信息优势，为有关部门依法开展国家安全工作和防范、调查违法犯罪活动提供必要的技术支持与协助。⑦商务局。其监管功能在于，负责推进相关产业结构调整，指导商贸服务业发展，牵头协调整顿和规范市场经济秩序，拟订规范市场运行、流通秩序的政策。⑧金融监督管理局。其监管功能在于，依法依规开展相关领域金融监督管理，负责防范和化解相关金融风险，会同有关部门依法依规打击非法金融活动，有效规范金融秩序。⑨工业和信息化局。其监管功能在于，制定共享经济灵活就业人员管理与服务平台在开发过程中的功能要求、性能要求、安全要求及质量要求。从中观机制运行看，属地政府中的相关职能部门，对零工经济服务平台行使着主导监管职能，它们各尽其责、相互配合，保证了零工经济服务平台监管的有序运转（见图1）。

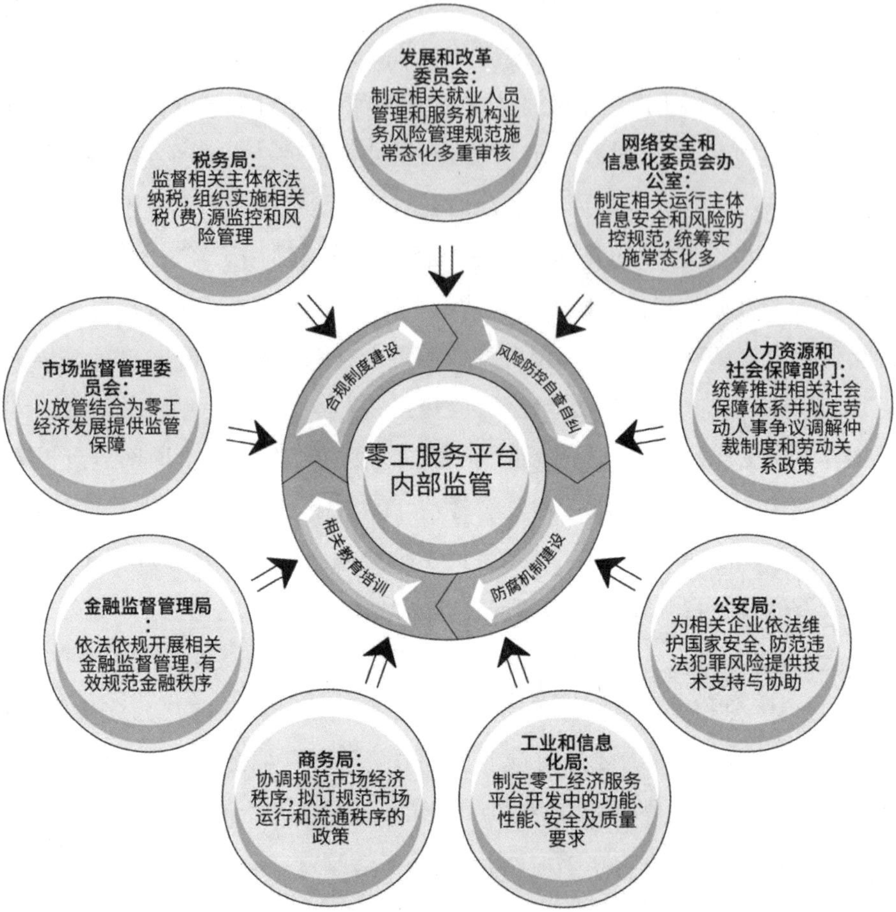

图1　属地政府监管零工经济综合服务平台体系图

2. 承担中介职责的零工经济服务平台“类公权力监管”

区别于传统企业,零工经济服务平台类企业最显著的特征在于其双边市场属性,其作为链接市场双边用户的链接侧与服务侧,实现市场双边用户最大程度地聚合,通过独特的平台商业模式最终搭建平台生态圈。在平台生态圈的公共场域内,零工经济服务平台类企业作为公共交易与公共市场的建构者、聚合者与组织治理者,具备“类政府”的公共社会角色,其市场行为也需要具备公共社会理性特征①。当扮演公共市场组织治理者的角色时，零工经济服务平台企业作为“类政府”组织，具有公共物品属性，其代表的是公共利益，这个层面的平台需要为维护好基于商业生态圈的公共市场内各类市场主体的良好交易秩序而实施平台监管。零工经济服务平台链接着零工劳动者和平台企业，同时，零工经济服务平台的监管对象亦直指零工劳动者和平台企业（见图2）。

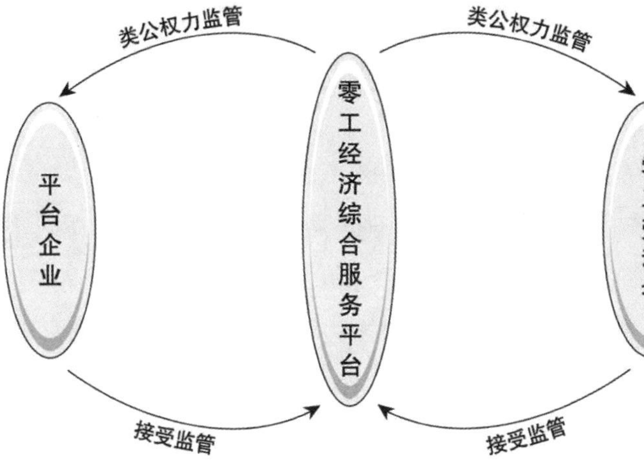

图2　零工经济综合服务平台类公权力监管体系图

需要进一步指出的是，零工劳动者和平台企业具有不同的社会属性，如何周全地将社会福利与资本利益置于同一监管逻辑下进行不同考量，是每一个平台企业在监管时都要直面的重要议题。与政府机构以行政命令式为核心的监管不同，平台监管包括多种方式，这些方式根据监管对象的不同，可分为协议监管和技术监管两种类型。协议监管指的是平台企业对用户进行监管，这种监管往往以双方签订服务协议的形式进行。技术监管指的是平台企业通过物联网、大数据、智能算法等技术，实现对用户和自身的双重监管。根据罗纳德·科斯的理论，企业内部的信息是完全的，所以平台只需运用上述技术手段对用户交易所产生的商品信息、价格信息、位置信息等以及对平台所产生的流

① 李广乾、陶涛：《电子商务平台生态化与平台治理政策》，《管理世界》2018年第6期。

量信息、定价信息、补贴信息等进行及时消化和吸收，并妥善处理信息背后所反映的问题，即可达到良好的技术监管效果，并且这两种监管手段的中立性、适配性与客观性，可进一步反映出零工经济服务平台在监管中所扮演的角色。

3. 零工经济服务平台“内部监管”的有效开展

平台内部监管源于企业治理理论，即企业主动对自身的生产经营活动进行有组织、有计划地监督和调节，对组织内部利益相关方关系予以协调和治理，使得组织的各类运营管理活动更加有序协调。有效的内部监管可以降低平台活动的负外部性，与政府监管、社会监管形成良性互动，是降低相应的治理成本、落实平台主体责任的有效举措。

2021 年 10 月，国家市场监督管理总局发布《互联网平台落实主体责任指南(征求意见稿)》，涉及 34 条需要平台落实的主体责任，涵盖了平台内部监管的诸多方面。在 34 条责任中，前 9 条关涉超大型平台的监管。具体分为三类，一类涉及开放与公平(第一条“公平竞争示范”，第二条“平等治理”，第三条“开放生态”)；一类涉及内部合规和风险防控(第四条“数据管理”，第五条“内部治理”，第六条“风险评估”，第七条“风险防控”，第八条“安全审计”)；还有一类则针对促进全市场的创新(第九条“促进创新”)。值得关注的是，第五条专门关注了平台的内部治理问题，要求超大型平台经营者应当设置平台合规部门，不断完善平台内部合规制度和合规机制，积极响应监管部门的监管要求；第六条专门要求超大型平台的经营者应当至少每年进行一次风险评估，确保平台不会因无法正常提供服务导致社会正常生活秩序、公共利益、国家安全受到侵害。除了上述 9 条外，还有 25 条责任条款覆盖所有的互联网平台经营者。这份指南明确要求，超大型平台要履行全部的 34 项义务，大型平台和中小平台要履行后面的 25 项义务。这些责任和义务有效且明确地回应了近年来社会高度关注的反垄断、反不正当竞争、数据安全和隐私保护、保护知识产权、打击黑产灰产、灵活就业人员劳动保障以及未成年人保护等相关焦点问题。可以预见，在不久的将来，该指南的正式出台执行一定会为零工经济服务平台的内部监管提供基本遵循。

二 零工经济服务数字化平台监管建设中的挑战和风险

(一)平台监管存在运动式倾向,可能增添政策环境的不确定性

2020年之前,我国对平台经济主要采取包容审慎的监管原则。随着平台经济体量的壮大,包容审慎的监管理念在实际应用当中,尤其是在平台经济反垄断中的问题也逐渐显现。基于此,中央部委在2020年底发出了"强监管"动员令,2021年迎来了中国平台经济"强监管"政策元年。这些监管举措在反垄断、反不正当竞争、数据保护和劳动者权益保障等方面发挥了积极成效,对平台经济健康发展发挥了积极的作用。但同时,"强监管"政策也存在两方面的短板,一是平台监管政策往往就事论事、一事一议,还缺乏稳定的、高阶位的统一政策框架;二是缺乏有效的政策协调机制,各个部门基本上各自为政,相互之间缺乏协调,长期目标和短期目标之间也缺乏平衡。具体表现为,在过去很长时间,很少有监管部门出手规范平台企业的行为。但"强监管"政策甫一出台,各部门就显现出运动式监管倾向,突出表现为"两多""一弱",即涉及的监管部门较多,颁布的法规、办法、条例较多,而问题判定标准的稳定性较弱。那些过去比较普遍的做法,现在忽然变成了大问题,而且常常面临"追溯型"处罚。这种做法的好处是效率高、见效快,但同时很容易造成平台经济的大起大落,给平台经济政策环境增加了较强的不确定性。从目前的情况来看,零工经济服务平台虽然尚未受到运动式监管的影响,但不确定性依然存在,需要规避一些部门因对政策的理解和执行出现偏差而阻滞平台经济持续性发展的行为。

(二)平台与双边用户地位存在落差,制约用户监管平台功能的发挥

在平台经济框架下,双边用户和特定平台形成了相对稳定的共生系统,用户自然具有了监管平台的动机、责任和义务。但反观实践,由于平台与用户之间的地位悬殊,用户难以单方面与监管者主动互动,用户监管平台的能力非常

有限。主要表现为:一方面,在共生系统内,用户行使监管的部分权力在零工经济服务平台所赋予的环境内实施。如果平台在设计之初并不提供渠道以施加监管功能,则用户很难真正行使监管的权力,即便平台提供了相应的渠道,但发现这种监管对平台的成长造成负面影响时,就会对其进行修改,依然会使得用户监管难以实施。另一方面,用户与平台之间存在天然的信息不对称。在平台经济系统内,平台企业拥有围绕交易所产生的海量信息,凭借这些信息,平台企业存在着利用信息保有优势的做法,在隐匿状态下,即使平台违反了相关法律法规,用户也很难搜索到证据。这种天然的信息不对称为用户对平台实施有效监管设置了屏障。类似情形在美国已经发生,"工人没有正式的权利质疑账户被冻结或工资被扣发的情况;如果平台禁止他找工作,他也没有申诉的途径,也几乎没有或根本没有追索权"①。在整体上,平台和劳动者之间并不是真正意义上的平等关系,后者在交易过程中对前者几乎没有什么约束力和谈判能力。②

(三)平台自我监管软弱性特质,令涉足陌生领域的自我监管缺位

尽管零工经济服务平台有加强自身监管的义务,但受到资本逐利本性下短视行为的影响,平台放弃自我监管、追求眼前利益的行为仍难以避免。尤其当短期收益的吸引力趋于强烈时,平台会倾向于弱化自我监管。有研究表明,如果平台实行严格的自我监管,则资本不能顺利实现增值,这使得平台自我监管与平台资本扩张之间的悖论难以调和。③ 有平台企业担心,如果按照《中华人民共和国价格法》《互联网信息服务市场秩序监督管理暂行办法》等规定,实行严格的自我监管,可能直接导致平台企业的经营成本提高,竞争对手增多,进而限制资本扩张。与此同时,资本逐利本性,亦让平台涉足陌生领域时,

① [美]玛丽·L.格雷、西达尔特·苏里:《销声匿迹:数字化工资的真正未来》,左安浦译,上海人民出版社,2020,第229页。

② 钱贵明、阳镇、陈劲:《平台监管逻辑的反思与重构——兼对包容审慎监管理念的再反思》,《西安交通大学学报(社会科学版)》2022年第1期。

③ 钱贵明、阳镇、陈劲:《平台监管逻辑的反思与重构——兼对包容审慎监管理念的再反思》,《西安交通大学学报(社会科学版)》2022年第1期。

容易放松对自我的监管。如近年来众多知名平台企业纷纷涉足金融行业，通过高杠杆的运作方式实现监管套利。平台放松自我监管的结果，常常引致企业“爆雷”的风险由全社会买单。

（四）舆论对“零工经济”认知偏差，或构成影响监管政策的重要变量

围绕着“零工经济”这一概念和经济现象本身，舆论场上长期有不同的观点，在某些具体问题中甚至存在激烈的争论。涉及零工经济与宏观经济形势关系方面，到底是“零工经济提供了更多的就业岗位并成为新的经济增长点”，还是“经济衰退带来的负面就业冲击催生了零工经济”，不同的理论解释势必会对政府相关的监管态度产生或多或少的影响。在零工经济劳动保障方面，“平台和劳动者之间究竟是什么关系?”“零工经济服务平台在其中到底扮演了什么角色?”等问题也在持续引发关注和讨论，且多指向零工经济发展中所包含的各种风险和隐忧。有多位学者提出，“这一新型用工形式的巨大灵活性却以不确定性和不稳定性为代价，企业的商业风险被转移到零工者身上。”①“平台算法管理将劳动者置于监管之下，根据劳动过程理论，零工者实质上受到比传统工作更为严苛的劳动控制。”②值得关注的是，近期有关零工经济的话题“破圈”趋势显现，反映出部分民众对灵活就业乃至零工经济存在着认识上的巨大差异。

① 杨滨伊、孟泉：《多样选择与灵活的两面性：零工经济研究中的争论与悖论》，《中国人力资源开发》2020 年第 37 期。

② 吴清军、李贞：《分享经济下的劳动控制与工作自主性——关于网约车司机工作的混合研究》，《社会学研究》2018 年第 4 期。

三　进一步推动零工经济服务数字化平台监管发展的对策建议

(一)坚持依法监管,为平台提供稳定有效预期

“法治是最好的营商环境。”在科学立法、严格执法、公正司法、全民守法的环境下,各类市场主体才能够获得稳定、公平、透明、可预期的良好环境,也才有助于更好地激发企业活力和创造力。和所有平台类企业一样,零工经济服务平台要在相关法律法规的框架下有序发展,“要依法加强对资本的有效监管”①。正因此,政府对于零工经济服务平台的监管,要在法治的轨道上运行。作为地方政府,应认真贯彻《互联网平台落实主体责任指南(征求意见稿)》精神,主动践行中央关于反垄断、反暴利、反天价、反恶意炒作、反不正当竞争等相关监管要求,努力将属地平台打造为落实平台主体责任的标杆性企业。在相关法律法规不断健全完善的过程中,地方政府可以加强与具有代表性的零工经济服务平台联系沟通,及时了解并吸纳平台治理中的问题和经验,相关部门抓紧完善法律法规,积极落实监管责任。

(二)加强源头监管,防范化解重大安全风险

2020 年以来,属地政府被赋予了更大的监管责任。习近平总书记指出:“要加强属地监管,地方要全面落实属地监管责任,确保监管到位。”②根据艾媒数据的调查,2022 年中国灵活用工行业劳动者对于政府方面的期待主要包括:“加强工资支付保障”“改善社会保险政策”“完善相应就业政策和服务”“支持技能培训”“维护好相应的劳动权益”“加强法律援助”③。这些来自百姓

① 习近平:《习近平谈治国理政》第四卷,外文出版社,2022,第 211 页。

② 习近平:《习近平谈治国理政》第四卷,外文出版社,2022,第 221 页。

③ 艾媒咨询:《2022 年中国灵活用工行业市场调研分析报告》,艾媒网,2022 年 3 月 15 日,https://www.iimedia.cn/c400/84058.html。

的强烈诉求和美好期待，很大程度需要由地方政府来实现。基于此，地方政府应加强源头监管，健全相关领域规则制度和风险防控体系。例如，地方政府在自上而下的金融监管过程中，可以和平台的内部风控监管相结合，进一步加强平台工资结算的安全性、效率性保障，确保平台在核心业务领域不出纰漏，降低相关风险的生成概率。此外，为了鼓励企业承担社会责任，有效防范化解社会风险的延伸，政府在做好监管的同时，还可以支持平台适当扩大零工经济服务平台的服务范围，在技能培训、法律援助、安全教育、税费缴纳等方面为零工劳动者提供更多高质量的服务和支持，进一步降低社会治理成本，提升社会治理效能。

（三）鼓励自我监管，督促平台落实主体责任

在数字经济时代，社会期待的平台类企业社会责任，正在由被动社会责任①和主动社会责任②，转变为积极社会责任。所谓积极社会责任，即平台企业要自觉自发自为地参与社会治理，积极创造正外部性。从系统的角度看，监管与激发是一体两面，两者相互配合，并行不悖。也就是说，从本质上来看，监管的终极目标在于"以防带促"。监管既是为了防范资本的无序扩张，更是为了通过发挥相关企业的积极社会责任，激发企业活力，推动创新发展。例如，《互联网平台落实主体责任指南（征求意见稿）》里对超大型平台明确了责任要求：要真金白银去扶持中小科技企业创新，要激发整个平台经济领域的创新和发展活力。从企业的角度，特别从相关头部企业的角度看，"企业的社会责任和担当不再是附加在商业利益上的光环或者对外部期待的被动回应，而是企业竞争力的核心组分和主动追求的长期目标"③，即价值理性目标。因此，在当前促进共同富裕的大社会背景下，重视发挥企业的积极社会责任，以"科技向善"助力实现共同富裕，就成为了应有之义。例如，腾讯在 2021 年先后投资

① 注：被动社会责任是先发展后治理，自己收拾自己创造的负外部性。

② 注：主动社会责任是边发展边治理，让负外部性别出现或者少出现。

③ 李刚：《企业的原则》，搜狐网，2021 年 5 月 25 日，https://www.sohu.com/a/468549461_455313。

了1000亿元,用于设立可持续社会价值事业部,研究如何落地“科技向善”的企业使命,计划结合自身的数字和科技能力,回应乡村振兴、低收入人群增收、完善基层医疗救助体系、普惠教育等民生需求。这为头部零工经济服务平台提供了良好示范。

(四)力求精准监管,有效降低制度性交易成本

针对当前监管过程中出现的“运动式监管”和“监管竞争”趋势,不少学者提出优化建议。“凡改变人民生活方式的事,一定要充分听政、逐渐展开。”①“应该考虑放弃‘强监管’的提法……平台经济治理应该是常态性的过程,应采取日常性、回应型、适应平台经济特性的监管方式。”②与此同时,作为属地政府,面对经济新业态要坚持包容审慎的监管态度,不断增进监管的精准性。一方面,地方政府应该积极创新监管方式,平衡监管侧与被监管侧之间的信息不对称,避免单一部门或媒体在信息误判和缺乏充分理性考量的情况下,出于自身立场采取监管加压;另一方面,地方政府也可以建立制度化的渠道,与平台就如何建立与平台经济发展特性相协调的长效化监管机制问题,进行意见征集和舆情采集。同时,通过协同式监管,支持监管部门建立完善科学化、精准化的监管规则和施政手段,把治理从一过性行为转化为日常性行动。

(五)完善协同监管,建立多元化、长效化监管机制

从天津的实践来看,政府对于零工经济服务平台的监管,涉及发改委、市场监管委、人社局、税务局、网信办、公安局、商务局、金融局、工信局共九大治理主体。在“协同”式零工经济服务平台监管模型中,上述九大政府监管主体所形成的相互配合,形成兼包并容的“九龙共治”。并且,它们与零工经济服务平台一道,形成了“9+1”协同式监管新模式。一方面,九大部门协作呼应,可

① 黄奇帆:《规范平台经济,应坚持发展与监管并重》,搜狐财经网,2022年6月1日,https://baijiahao.baidu.com/s?id=1734427583002835331&wfr=spider&for=pc。

② 黄益平、邓峰、沈艳、汪浩:《超越“强监管”——对平台经济治理政策的反思》,《文化纵横》2022年第4期。

以同时进行合法合规和风险防范问题的自查自纠；另一方面，零工经济服务平台也接受来自九大关联职能部门的联合或单独监管的同时，经属地政府职能部门授权，行使“类公权力监管”职责，担负起对平台企业和零工劳动者的监管责任。正是从政府职能部门（九大监管部门）到零工经济服务平台，十个核心节点分别置于内外，它们有主导、有辅助，既联动又分动，各司其职、相互关联、叠加互动，才使得相关监管环节相互衔接、首尾呼应，既从政府职能出发，统筹合作，共同监管，又基于政府授权，配合商业活动，实施协同监管，同时针对自身活动，着力自律监管，进一步确保协同式零工经济服务平台监管的机制化运行。

天津市涉农区域推进义务教育优质均衡发展研究报告

杨春芳　天津市教育科学研究院党群工作处副研究员

王志辉　天津市教育科学研究院教育法治与评估研究所助理研究员

摘　要： 加快义务教育优质均衡发展和城乡一体化是新时期发展素质教育、促进教育更加公平的重要目标和任务，也是建设高质量教育体系、办好人民更加满意教育的关键环节。天津市涉农区域在推进义务教育优质均衡发展上，在资源配置方面的总体综合达标率高于非涉农区域，但校际差异较大，同时在教育质量提升方面仍然存在一定差距。针对涉农区域存在的短板，推进义务教育优质均衡发展亟待在优化巩固“均衡”发展的基础上，更加聚焦“优质”发展，超前谋划布局调整，进一步加强顶层设计，保障统筹实施的行政推力，健全区域内行政部门之间协调聚力的协同机制，优化骨干教师队伍建设，深化落实“双减”政策，全面提质增效，不断提升义务教育内涵发展水平。

关键词： 涉农区域　义务教育　优质均衡

义务教育优质均衡发展就是义务教育以均衡的样态，朝着提高质量的方向持续发展的过程。[①] “优质均衡”既是一种状态，也是一个过程。与“基本均衡”相比，“优质均衡”更加注重内涵发展和质量提升，“优质”和“均衡”已成为

① 杨清溪、柳海民：《优质均衡：中国义务教育高质量发展的时代路向》，《东北师大学报（哲学社会科学版）》2020 年第 6 期。

加快推进义务教育高质量发展必不可少的核心诉求。党的十八大以来，我国始终坚持教育优先发展，把义务教育作为国民教育体系的“重中之重”优先保障，实现从“基本均衡”迈入“优质均衡”发展的新阶段。2022 年 10 月 16 日，党的二十大报告强调要“办好人民满意的教育。……坚持以人民为中心发展教育，加快建设高质量教育体系，发展素质教育，促进教育公平。加快义务教育优质均衡发展和城乡一体化，优化区域教育资源配置……”[①]加快推进义务教育优质均衡发展，已成为建设高质量教育体系、完善教育治理新格局的关键环节。

一　义务教育优质均衡发展的政策演变

2011 年，我国全面实现“两基”，完成基本普及九年义务教育和基本扫除青壮年文盲。2012 年，《国务院关于深入推进义务教育均衡发展的意见》，明确要求“率先在县域内实现义务教育基本均衡发展”，“到 2020 年，全国实现基本均衡的县（市、区）达到 95%”。[②] 同年，教育部印发《县域义务教育均衡发展督导评估暂行办法》，并于 2013 年正式启动“全国义务教育发展基本均衡县（市、区）”评估认定工作。2016 年，国务院印发《关于统筹推进县域内城乡义务教育一体化改革发展的若干意见》，明确提出按照全面建成小康社会目标，加快缩小城乡教育差距，促进教育公平，统筹推进县域内城乡义务教育一体化改革发展。2017 年，教育部印发《县域义务教育优质均衡发展督导评估办法》，明确从资源配置、政府保障程度、教育质量、社会认可度四个方面，对义务教育优质均衡发展进行督导评估。

2019 年，中共中央、国务院印发《关于深化教育教学改革全面提高义务教育质量的意见》，明确提出“实施义务教育质量提升工程，促进县域义务教育从

① 习近平：《高举中国特色社会主义伟大旗帜，为全面建设社会主义现代化国家而团结奋斗——在中国共产党第二十次全国代表大会上的报告》（2022 年 10 月 16 日），人民出版社，2022，第 34 页。

② 《国务院关于深入推进义务教育均衡发展的意见》（国发〔2012〕48），中央政府门户网站：http://www.gov.cn。

基本均衡向优质均衡发展”。同年,中共中央、国务院印发《中国教育现代化2035》,明确2035年主要发展目标是:建成服务全民终身学习的现代教育体系、普及有质量的学前教育、实现优质均衡的义务教育、全面普及高中阶段教育、职业教育服务能力显著提升、高等教育竞争力明显提升、残疾儿童少年享有适合的教育、形成全社会共同参与的教育治理新格局。[①]

截至2021年12月,全国31个省区市(港澳台除外)和新疆生产建设兵团的2895个县全部实现县域义务教育基本均衡发展,实现继基本普及九年义务教育之后的又一个新的里程碑。[②] 2022年4月,教育部发布135个义务教育优质均衡先行创建县名单,标志着我国义务教育发展进入由“基本均衡”向“优质均衡”迈进的新的历史起点。

二 天津市推进义务教育优质均衡发展的基础

2011年,天津市政府与教育部签署关于推进义务教育均衡发展备忘录,明确了义务教育均衡发展的“时间表”和“路线图”。2012年,全市1,190所义务教育学校全部通过现代化标准建设评估验收,有力推进了义务教育均衡发展,为缩小城乡间、学校间教育水平的差距,实现义务教育高水平均衡发展奠定坚实基础。2014年2月,滨海新区、北辰区、河东区、河北区、红桥区、西青区等11个区县通过国家评估认定,正式被认定为首批“义务教育发展基本均衡县(市、区)”。2015年5月,天津市16个区整体通过国家评估认定,成为继上海、北京之后,全国第三个全域实现义务教育发展基本均衡的地区。2016年,《天津市义务教育学校现代化建设标准(2016—2020年)》开始实施,进一步巩固前两轮义务教育学校现代化标准建设成果,促进义务教育更加优质均衡发展。到2020年,全市1200余所义务教育学校全部完成第三轮现代化标准建设,为加快推进区域义务教育优质均衡发展奠定扎实基础。

① 中共中央、国务院印发《中国教育现代化2035》,《人民日报(海外版)》2019年2月25日。
② 《义务教育十年“三变”》,《中国青年报》,2022年4月29日。

（一）天津市义务教育基本均衡发展巩固情况

根据《县域义务教育均衡发展督导评估暂行办法》，国务院教育督导委员会办公室建立县域义务教育基本均衡发展国家监测复查制度，对已通过国家督导评估认定的县（区），每年基于 8 项关键办学条件指标，测算义务教育学校小学和初中综合差异系数。对义务教育校际间均衡状况的评估，重点评估县级政府均衡配置教育资源情况。以生均教学及辅助用房面积、生均体育运动场馆面积、生均教学仪器设备值等 8 项指标，分别计算评估县域内小学和初中的差异系数，评估校际间的均衡状况。具体的评估合格标准分别为小学的综合差异系数小于等于 0.65，初中的综合差异系数小于等于 0.55。年度监测复查的合格标准分别为小学的综合差异系数小于等于 0.60，初中的综合差异系数小于等于 0.50。

对天津市 16 个行政区历年义务教育校际差异状况的综合差异系数指标进行动态监测发现，各区小学阶段的校际综合差异系数均值基本稳定在 0.4 的水平，处于较高水平均衡状态，总体水平略优于全国平均水平。各区初中阶段的校际综合差异系数均值进一步向好，近两年达到 0.35 左右，处于较高水平均衡状态，总体上略低于全国平均水平（如图 1）。

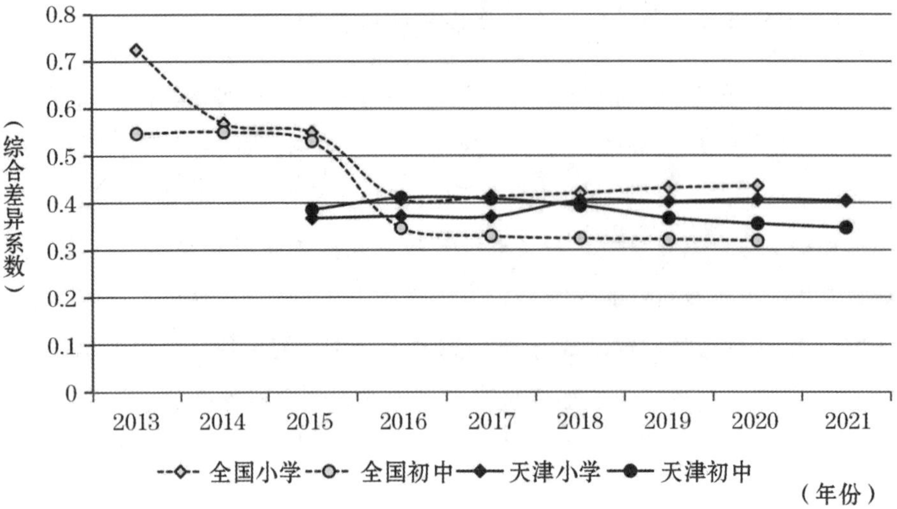

图 1　天津市义务教育基本均衡发展巩固情况

1. 小学阶段综合差异系数监测结果

对天津市各区义务教育小学阶段资源配置校际差异状况进行监测分析，发现各区义务教育小学阶段校际综合差异系数保持在国家监测标准要求范围内，总体均衡发展状况良好，多数区域在较好均衡状态波动，且环城四区、市内六区小学阶段资源配置校际差异状况要优于远郊六区(如图 2 至图 4)。

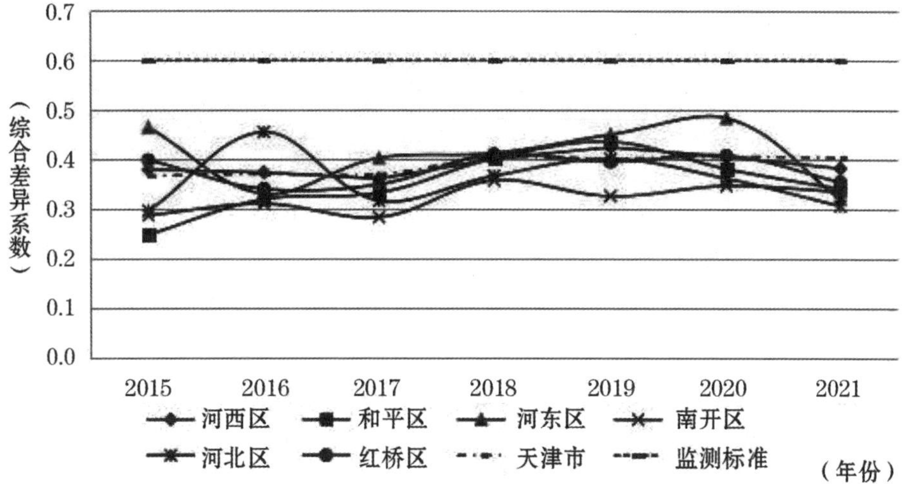

图 2　天津市义务教育基本均衡发展区小学阶段综合差异系数（市内六区）

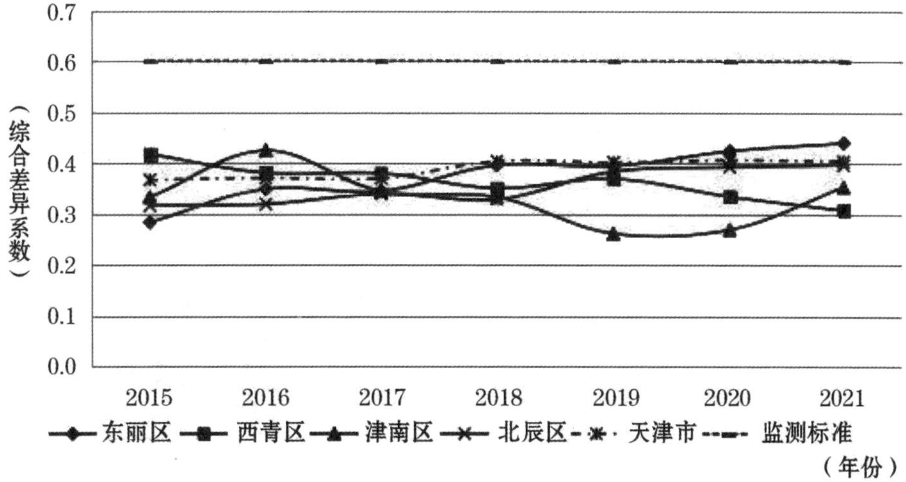

图 3　天津市义务教育基本均衡发展区小学阶段综合差异系数（环城四区）

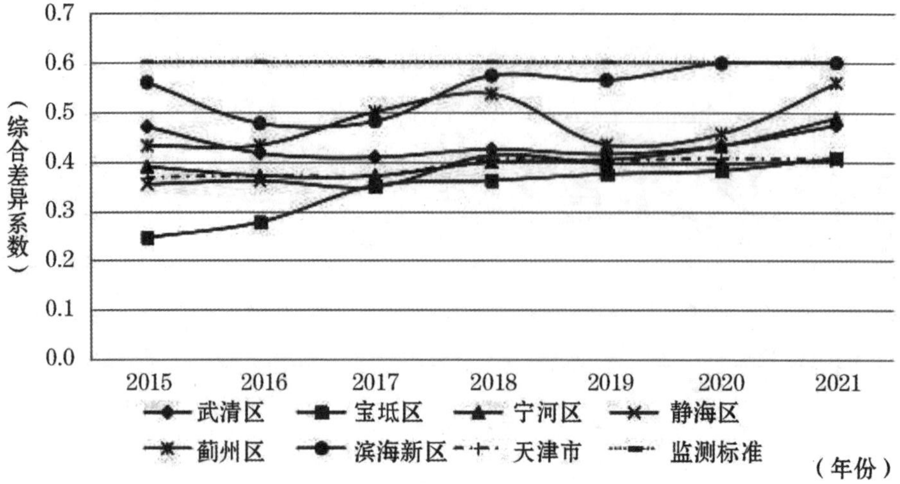

图4　天津市义务教育基本均衡发展区小学阶段综合差异系数(远郊六区)

2. 初中阶段综合差异系数监测结果

对天津市各区义务教育初中阶段资源配置校际差异状况进行监测分析，发现多数区域呈现均衡状况提升态势，但各区初中阶段校际综合差异系数近几年波动较大，个别区域多次突破国家监测标准，或者持续在国家监测标准线上波动(如图5至图7)。

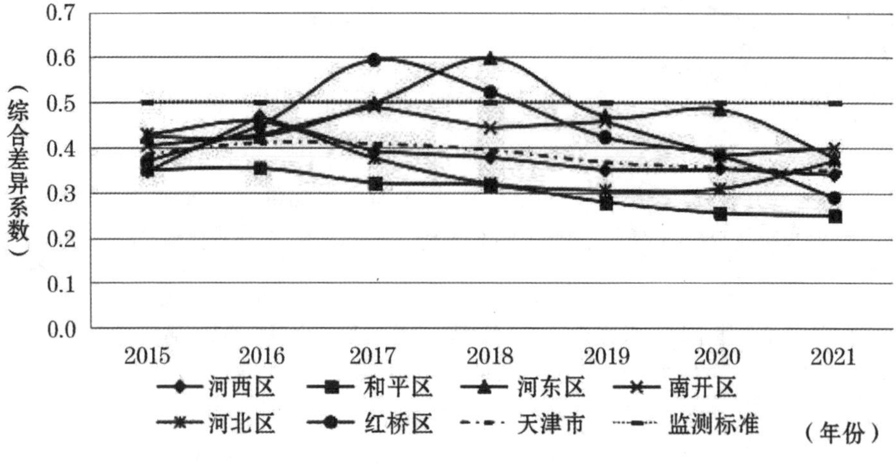

图5　天津市义务教育基本均衡发展区初中阶段综合差异系数(市内六区)

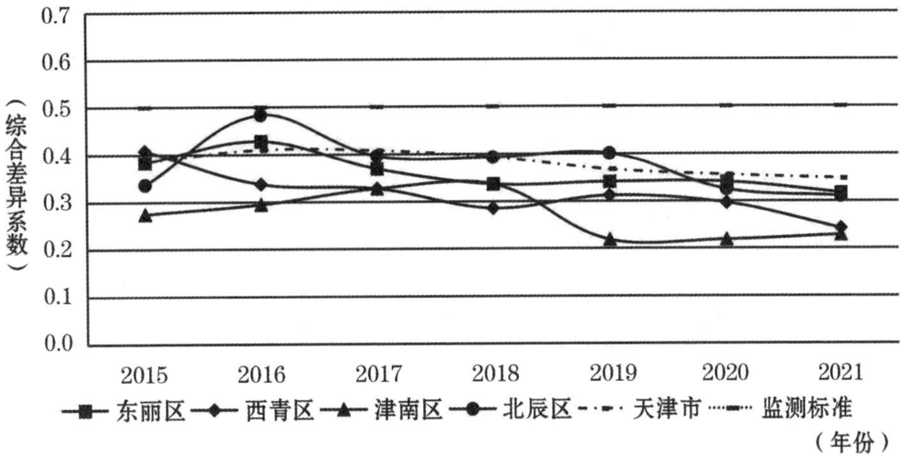

图6　天津市义务教育基本均衡发展区初中阶段综合差异系数(环城四区)

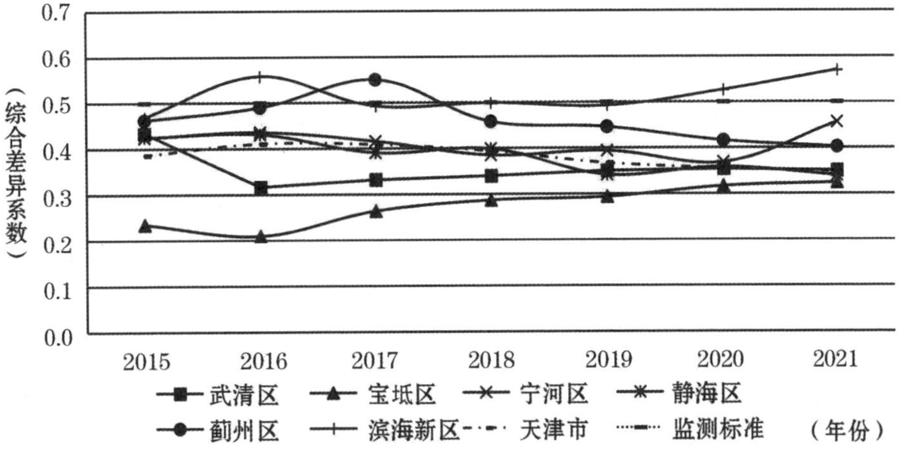

图7　天津市义务教育基本均衡发展区初中阶段综合差异系数(远郊六区)

(二)天津市涉农区域义务教育基本均衡发展巩固情况

1. 涉农区域小学阶段基本均衡巩固情况

分析10个涉农区域近三年义务教育小学阶段资源配置均衡状况发现,西青区小学阶段校际均衡程度提升,津南区、北辰区等 4 个区基本持平,滨海新区、蓟州区等 5 个区小学阶段校际综合差异系数持续增大,高于天津市均值水平,但仍符合国家监测标准要求(如图 8)。

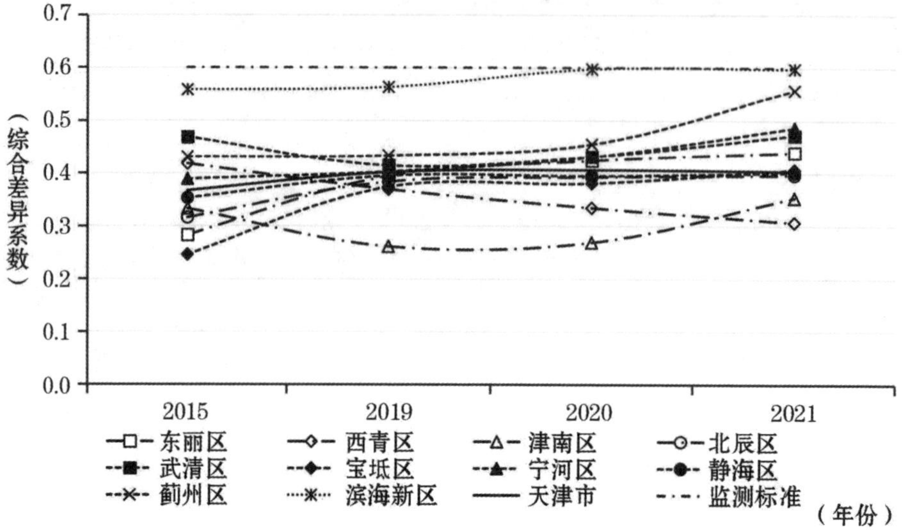

图 8　天津市涉农区域义务教育基本均衡发展小学阶段综合差异系数

以 2015 年义务教育基本均衡发展小学阶段资源配置指标发展水平为基数,对比 2021 年各指标发展水平,测算各区各指标的增长情况,并与在校生数增长情况进行对比(如图 9)。

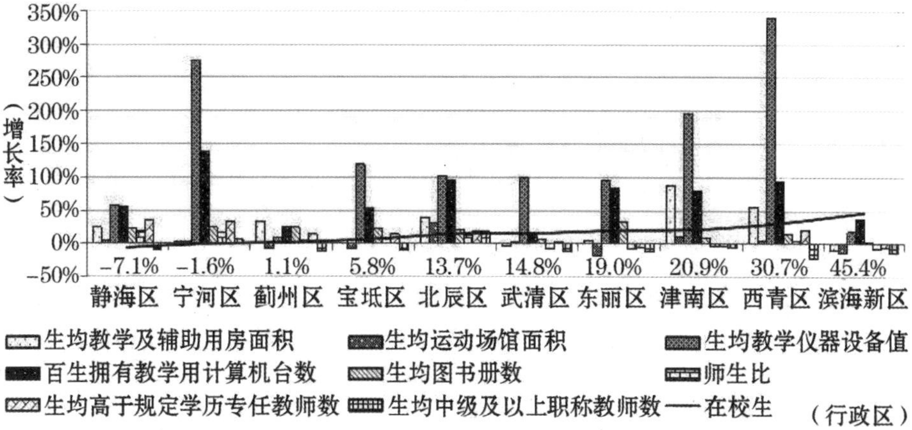

图 9　天津市涉农区义务教育小学阶段基本均衡发展资源配置指标变化情况

注：横轴旁数据标签对应于图中折线，为各区 2021 年小学在校生相对 2015 年的增长率。

监测结果发现，在 8 项资源配置指标中，教学仪器设备值、教学用计算机台数、生均图书册数这三项资源配置的区域生均值增长最为突出，涉农区域均为正增长。有 8 个区的“中级及以上职称教师数的区域生均值”为负增长，有 4 个区的体育运动场馆面积指标的区域生均值为负增长。个别区的“高于规定学历专任教师数、专任教师数，教学及辅助用房面积”三项指标的区域生均值为负增长。

2. 涉农区域初中阶段基本均衡巩固情况

分析 10 个涉农区域近三年义务教育初中阶段资源配置均衡状况发现，除个别区域有突破国家监测标准的情况，多数区域近三年义务教育初中阶段资源配置均衡状况均保持在较高水平均衡发展状态（如图 10）。

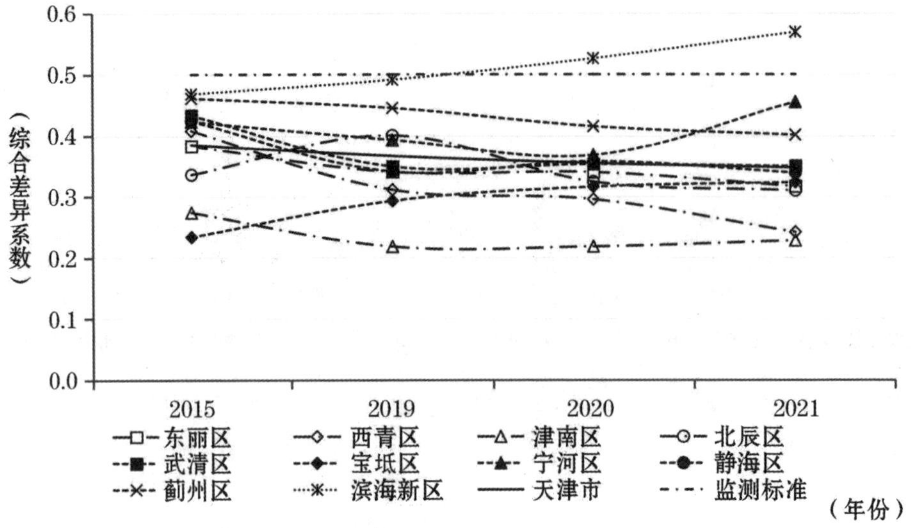

图 10　天津市涉农区域义务教育基本均衡发展初中阶段综合差异系数

以 2015 年义务教育基本均衡发展初中阶段资源配置指标发展水平为基数,对比 2021 年各指标发展水平,测算各涉农区域各项指标的增长情况,并与在校生数增长情况进行对比,监测结果发现,在 8 项资源配置指标中,“生均教学仪器设备值”和“百生拥有教学用计算机”两项指标的区域生均值增长最为突出,且除蓟州区外的 9 个涉农区域均为正增长。“生均体育运动场馆面积、专任教师数、中级及以上职称教师数”这三项指标的区域生均值有 7 个区域为负增长。个别区“生均高于规定学历专任教师数、生均图书册数”和“生均教学及辅助用房面积”三项指标的区域生均值为负增长(如图 11)。

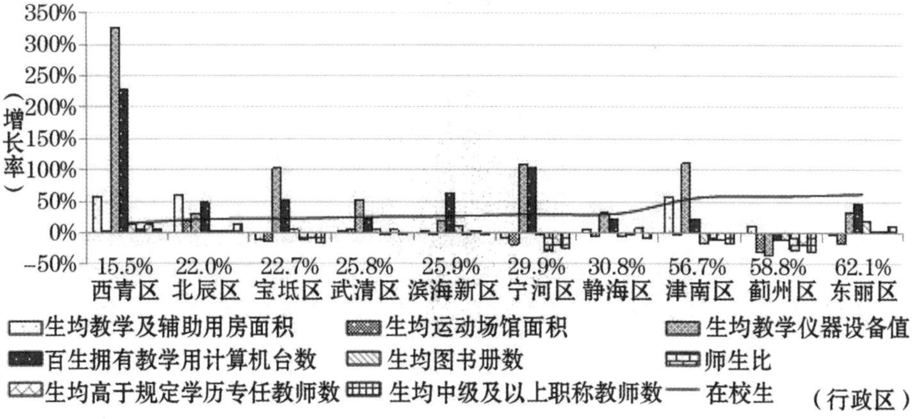

图 11　天津市涉农区义务教育初中阶段基本均衡发展资源配置指标变化情况

注：横轴旁数据标签对应图中折线，为各区 2021 年初中在校生相对 2015 年的增长率。

整体来看，涉农区域初中阶段资源配置指标基本均衡巩固情况好于小学阶段，但个别涉农区小学和初中阶段均有校际差异出现扩大的趋势。此外，综合各涉农区域分指标比较情况看，小学阶段个别涉农区最多有 5 项指标出现负增长，初中阶段个别涉农区最多有 7 项指标出现负增长。

三　天津市涉农区域义务教育优质均衡发展情况

2021 年，依据《县域义务教育优质均衡发展国家督导评估认定工作规程》（国教督办函〔2019〕30 号），天津市人民政府教育督导室印发《天津市“义务教育优质均衡发展区”督导评估实施办法》（津教督导室〔2021〕2 号）和《天津市“义务教育优质均衡发展区”督导评估细则》（津教督导室〔2021〕3 号），进一步细化了义务教育优质均衡发展区督导评估各项指标的评估实施和监测标准。通过采集《2021 年教育事业综合统计调查制度》新版教育事业统计年度报表数据，并对个别涉农区域开展推进义务教育优质均衡发展的实地调研，进一步对天津市各区特别是涉农区域义务教育优质均衡发展评价指标进行监测。

(一)资源配置水平

义务教育优质均衡发展在资源配置方面重点评估县域义务教育学校在教师、校舍、仪器设备等7项指标的配置水平。同时,评估7项指标的校际均衡情况,具体的评估标准要求是:每所学校至少6项指标达到上述要求,余项不能低于要求的85%;所有指标校际差异系数,小学均小于或等于0.50,初中均小于或等于0.45。①

1. 涉农区域资源配置达标水平

对涉农区域与非涉农区域7项义务教育优质均衡资源配置指标差异状况和发展水平进行比较分析,结果如下:

“每百名学生拥有高于规定学历教师数”指标,全市各区小学、初中高于规定学历教师数与在校生规模总体上基本匹配,区生均值总体上均达到国家标准,但未实现“校校达标”要求。

“每百名学生拥有县级以上骨干教师数”指标,涉农区中,滨海新区小学阶段县级以上骨干教师总体数量不足,骨干教师配置达标率为29.2%;西青区、北辰区小学阶段实现100%达标,西青区、静海区初中阶段学校实现100%达标。

“每百名学生拥有体育艺术专任教师数”指标,除津南区初中阶段学校体育艺术专任教师配置达标率为31.3%外,各区小学、初中阶段体育艺术专任教师配置总体数量可与在校生规模匹配。涉农区中,西青区小学和初中阶段学校体育艺术专任教师配置达标率为100%;津南区、北辰区小学阶段学校体育艺术专任教师配置达标率为100%。

“生均教学及辅助用房面积”指标,涉农区域中,宁河区、滨海新区的小学阶段和宝坻区、宁河区、蓟州区、滨海新区的初中阶段在总量配置上不足。各区小学、初中阶段学校教学及辅助用房面积配置达标率均没有实现100%达

① 教育部:《县域义务教育优质均衡发展督导评估办法》,教督〔2017〕6号。

标，教学及辅助用房面积成为义务教育资源配置的明显短板。

“生均教学仪器设备值”指标，多数区的小学、初中阶段学校教学仪器设备值配置水平总体上基本与在校生规模匹配，涉农区域中，静海区、蓟州区配置达标水平较低。其中，静海区小学、初中阶段学校教学仪器设备值配置达标率分别为53.8%和43.9%；蓟州区小学、初中阶段学校教学仪器设备值配置达标率分别为39.5%和9.8%。

“生均体育运动场馆面积”和“每百名学生拥有网络多媒体教室数”指标，涉农区域均未实现100%达标要求，但多数区的小学、初中阶段学校网络多媒体教室配置水平总体上基本与在校生规模匹配。

综合分析，全市小学阶段956所学校总体综合达标率为44.6%，其中涉农区域共有小学（部）782所，7项指标综合达标校390所，达标率为49.9%；非涉农区域共有小学（部）174所，7项指标综合达标校36所，达标率为20.7%（如图12）。

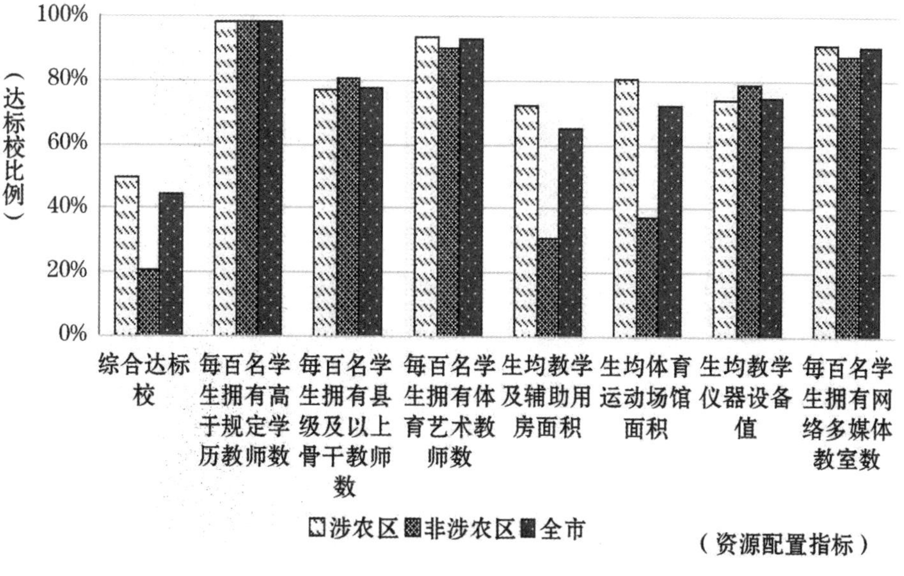

图12　涉农区域与非涉农区域资源配置指标小学达标比较

全市初中阶段451所学校的总体综合达标率为37.3%,其中涉农区域共有初中(部)346所,7项指标综合达标校135所,达标率为39.0%;非涉农区域共有初中(部)105所,7项指标综合达标校33所,达标率为31.4%(如图13)。

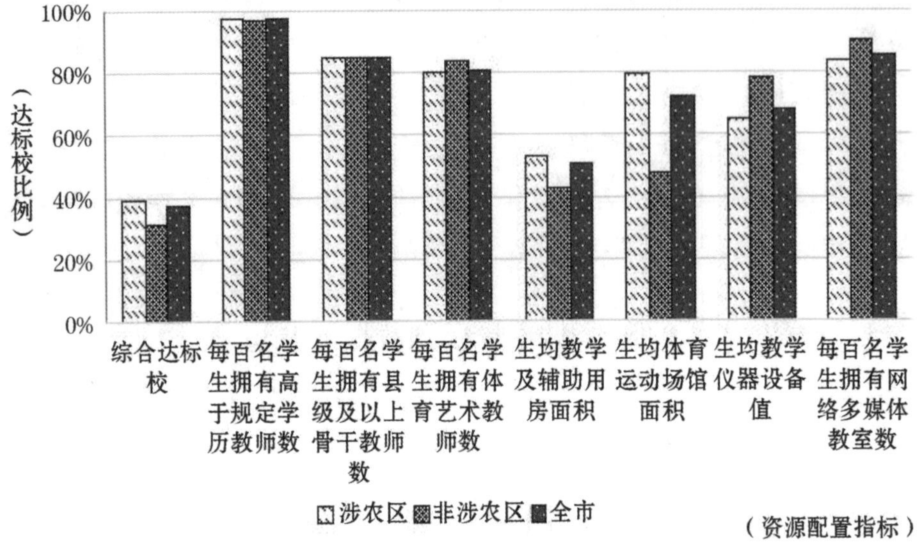

图13 涉农区域与非涉农区域资源配置指标初中达标比较

2. 涉农区域资源配置校际均衡情况

涉农区域小学阶段资源配置综合差异系数在0.276~0.797之间,个别区资源配置综合差异系数超出评估要求"小于等于0.5"的标准范围。其中,"生均教学及辅助用房面积、生均体育运动场馆面积、生均教学仪器设备值"这三项指标的校际差异较大。涉农区域初中阶段资源配置综合差异系数在0.218~0.610之间,个别区资源配置综合差异系数超出评估要求"小于等于0.45"的标准范围。

整体来看,在资源配置方面,涉农区域义务教育学校总体综合达标率高于非涉农区域,特别是小学阶段。总体上环城新四区在7项指标上整体表现较优。涉农区域在"每百名学生拥有县级以上骨干教师数"和"生均教学仪器设备值"两项指标,小学和初中的综合达标低于非涉农区域。但涉农区域校际差异较大,特别是“县级及以上骨干教师”配置的校际差异显著,个别区域体育艺术专任教师配置达标率明显不足。

(二)政府保障程度指标差异比较

优质均衡发展督导评估“政府保障程度”设置的15项指标,重点评估区人民政府依法履职,落实国家有关法律、法规、政策要求,推进义务教育均衡发展和城乡一体化的工作成效等。通过对各区相关数据进行统计分析,发现各区在落实教育规划布局、城乡学校建设标准四统一、特殊教育、小规模学校、随迁子女入学、教师队伍建设等方面保障程度较好。但各区均存在义务教育学校音乐、美术专用功能教室配置保障不足问题,既有建筑设计标准衔接问题,也有教室挤占现象。在中心城区和其他区的核心城区,学校规模超标、班额超标现象依然存在,而此类超规模、超班额学校,也面临生源分流、片区调整等诸多难题。实地调研中发现,各涉农区域均把优质均衡发展创建作为落实教育优先发展、提升区域教育水平的根本抓手,把推进义务教育优质均衡发展作为重要民生民心工程,纳入区、乡镇社会经济发展规划。但个别涉农区域在细化落实市级相关文件、有针对性地制定本区具体落实办法或实施规划方面普遍比较滞后。对照市文件中明确提出的主要任务,在区级层面如何具体推动实施,缺乏行之有效的行动举措。

(三)教育质量指标差异比较

优质均衡发展督导评估“教育质量”设置9项指标,重点评估区域义务教育普及程度、学校管理水平、学生学业质量、综合素质发展水平等。通过实地调研发现,部分涉农区域“全县所有学校按照不低于学校年度公用经费预算总额的5%安排教师培训经费”指标不达标,问题表现较为突出。

与“基本均衡”相比,优质均衡评估重心在教育质量提升上。通过比较近几年国家义务教育质量监测结果,发现部分涉农区域四年级和八年级学生,音乐和美术学业质量校间差异率不达标,八年级学生语文学科表现水平为“Ⅲ级”,存在校际差异率不达标等问题。在实地调研中也发现,“双减”政策实施后，部分涉农区域学校虽然能够严格落实政策，但在加快深化教育教学改革，不断提升教育质量方面仍存在较大差距。如部分涉农区域学校各学科作业形式普遍比较单一，分层、弹性和个性化作业的探索尚未全面开展，课后服务内容更多局限于课业辅导等。

四　加快推进涉农区优质均衡发展的对策建议

综合数据监测和实地调研结果发现，天津市涉农区域推进义务教育优质均衡发展存在的突出问题主要表现在“一硬”和“一软”上。“一硬”即在资源配置方面，涉农区域的教学仪器设备值、教学及辅助用房面积等保障依然不足，校际间差异较大。同时，个别涉农区域的城镇核心区，学校规模超标、班额超标现象依然存在。“一软”即在教育质量提升、教师队伍建设方面，骨干教师数量、教师工资收入、教师培训经费等问题比较突出。亟需在实现“均衡”发展的基础上，更加聚焦“优质”发展，提升涉农区域义务教育内涵发展水平，进一步缩小校际间的差异。

（一）加强顶层设计，保障统筹实施的行政推力

调研发现，涉农区域在加快推进义务教育优质均衡发展中均存在一定困难，在高水平巩固“基本均衡”发展各项指标、努力向“优质均衡”迈进的积极性、主动性、创新性也呈现出明显差异。区域教育行政管理部门应按照全市顶层设计，切实强化属地责任，针对义务教育基本均衡巩固情况和优质均衡创建动态监测过程中发现的短板，加快制定本区推进义务教育优质均衡发展的具体办法。顺应新时代义务教育改革发展需要，抓住制约本区义务教育优质均衡发展的瓶颈问题，充分发挥自身特色优势，切实采取具体推进优质均衡的有效措施，明确深入推进优质均衡发展的具体行动。同时，每项具体行动任务，都要明确具体的责任部门，压实主体责任及完成时限，确保行动计划如期完成，有力统筹各部门协调推进、协同共治，向义务教育质量全面提升阶段迈进。

（二）健全行政部门之间协调聚力的协同机制

调研中发现，当前各区推进义务教育优质均衡发展的主体均为区教育局，但统筹推进区域义务教育优质均衡发展不能单纯依靠教育行政部门，需要其他有关行政部门的协同配合。如在调整义务教育学校布局规划时，需要各区发展改革、机构编制、财政和人力资源社会保障等部门，在义务教育学校布局、安排重大项目和资金投入、统筹分配教职工编制和岗位等方面进行统筹考虑、联动配合。但是，在实践中，部分涉农区域相关行政部门间的协同机制、政策灵活调整机制尚不完善，凝聚发展合力破解瓶颈问题的力度不足。因此，市区两级教育督导部门要深入贯彻落实《关于深化新时代教育督导体制机制改革的意见》，细化落实《教育督导问责办法》，进一步完善对区级层面考核评估管理机制，把统筹推进义务教育优质均衡发展作为政府政绩考核的重要内容，将加强部门间的协同治理、发挥合力破解体制机制改革中难点问题的实效作为对相关部门进行履职考核的重要依据。对于相关部门在积极打破机构壁垒和僵化体制方面的消极应对、不作为慢作为，导致义务教育优质均衡发展评估指标中存在的问题始终得不到有力解决的，要给予严肃问责，借此督促有关部门切实履行职责。

（三）实施示范区建设和“一区一策”精准帮扶计划

针对距离实现优质均衡目标比较接近的区域，加大鼓励和扶持力度，通过实施示范区创建工程，给予政策保障和财政奖励，进一步突出试点示范，大力实施优质均衡发展先行区、城乡一化化样板区、义务教育现代化改革创新先导区等建设计划，激励各区充分发挥自身优势，积极探索创新先行先试的工作推进机制，为其他区域提供示范借鉴。注重理念先行和规划先行，以有利于推动义务教育优质均衡为出发点，鼓励各区在办学标准、学校管理、用人体制等方面大胆改革、探索创新。大力宣传示范区建设创新成果和典型经验，引导各区先行先试，使示范区建设过程成为边探索、边总结、边提高的过程，推动全市尽快实现优质均衡。

针对在持续巩固基本均衡发展各项指标中出现明显倒退的区,以及距离实现优质均衡目标差距较大的区域,针对具体问题实施“精准托底”,给予更具针对性的指导和精准帮扶,结合各区面临的实际困难和具体问题,制定具体的改进方案和问题清单、任务清单,逐项加以解决。

(四)超前谋划布局调整,保障标准学校的建设规划

随着“全面二孩”“三孩政策”的放开和新时代城镇化建设的加快,涉农区域普遍面临农村学校规模不断缩小、城镇学校学位压力激增与优质教育资源供给校际间不均衡的巨大压力。涉农区域应结合全面落实区域经济社会“十四五”发展规划,积极探索破解“两增一减”趋势的途有效径,科学测算农村地区、城镇地区的学位需求,国土资源部门、城建部门应及时会同教育行政部门,及时修订编制新的义务教育学校布局规划,动态分析并科学测算区域内教育设施用地的供需状况,足额预留城镇新建中小学校建设用地,并纳入城镇规划严格实施。

(五)优化教师队伍建设,保障优质均衡的人才活力

调研发现,全面加强新时代教师队伍建设、深化教师队伍管理体制改革仍是涉农区域共同面临的重点问题。教师队伍年龄结构、学科结构、职称结构不合理,教师培训支撑体系不完善,优质教师资源合理流动共享等,是当前各区迫切需要解决的难点问题。目前中小学校依然沿用 2003 年的“小学1∶19,初中1∶13. 5”编制标准,但在个别区个别学校,因受编制控制,学校无法及时引进有编有岗的优秀教师,不能满足学校教学和学生发展需要。市级层面在政策制定上,以及对各区的教师编制管理上应充分考虑不同区域的实际情况,加强与各区的沟通协调,避免对各区统得太死。各区在现行编制政策框架下,应积极探索创新中小学教师编制核定动态管理办法,如建立“中小学教师编制周转池”制度,采取“区域统筹、保障急需、用后返还、动态流转”的管理办法,保障城乡学校临时急需和阶段性用编需求。要加强对区级骨干教师的培养,优化完善“轮岗交流”、深化“区管校聘”改革,提升骨干教师队伍水平。

(六)深化落实“双减”政策,全面提质增效

各涉农区域要进一步聚焦课堂教学改革,坚持德育为先,提升智育水平,强化体育锻炼,增强美育熏陶,加强劳动教育,加强教学管理,规范教学行为,保证开齐、开足、开好国家规定课程。进一步深化落实“双减”政策,强化“三个提高”:提高作业管理水平、提高课后服务水平和提高课堂教学质量,积极探索、大胆创新,丰富课后服务形式和内容,积极探索创新作业设计、丰富课后服务的内容和形式,深入挖掘教材,拓宽作业设计思路,在提升学生思维活动上下功夫,切实减轻中小学生过重的学业负担,让发展素质教育落到实处。

天津市文学艺术知识产权专题研究报告

罗海燕　天津社会科学院文学与文化研究所副研究员
王　谦　天津社会科学院文学与文化研究所助理研究员

摘　要： 党的十八大以来，以习近平同志为核心的党中央高度重视文化建设和文艺工作，习近平总书记指出："文艺事业是党和人民的重要事业，文艺战线是党和人民的重要战线。"优秀文艺作品在弘扬中华传统文化、推动精神文明建设等方面发挥着重要作用，近年来随着网络技术的高速发展，各类文艺侵权现象屡见不鲜，使得文艺知识产权保护成为当前需要思考解决的重要课题。目前，天津文艺知识产权保护工作也面临着一些难点，如何进一步加强天津市文艺知识产权保护，强化全社会文艺知识产权保护氛围，成为现阶段亟待解决的问题。

关键词： 天津文艺作品　知识产权　版权保护

创新是引领发展的第一动力，保护知识产权，就是保护创新。知识产权是文艺工作者的核心权益。这就需要加强知识产权保护宣传，提升业界的法律意识，在文艺界营造尊重文艺创作、尊重知识产权、促进知识产权保护和运用的良好氛围，用知识产权赋能文艺创新发展，依法维护广大文艺工作者权益，进而推动文艺创新，繁荣文艺创作。

2022 年 8 月 11 日，国家知识产权局发布《国家知识产权局关于确定国家知识产权强市建设试点示范城市的通知》，天津市滨海新区入选国家知识产权强市建设示范城市名单，天津市北辰区、东丽区、河西区入选国家知识产权强市建设试点城市名单,为天津市深入实施知识产权战略和创新驱动发展战略注入强大动力。

一　天津市文学艺术知识产权保护的现实意义

(一)提升思想认识,增强行业自律

根据《保护文学和艺术作品伯尔尼公约》,“文学和艺术作品”是指文学、科学和艺术领域内以任何方法或形式表现的一切产物。文学与艺术形式门类众多,具有一定的差异性特征,这也造成了文艺作品相较于其他形式,在侵权界定上存在一定难度。近年来,互联网技术飞速发展,网络文艺(网络小说、微电影、微动画、创意短视频等)蓬勃兴起,随之而来的侵权、维权事件不胜枚举。由于网络传播特别是自媒体传播存在着无序性等,相关维权工作更加复杂困难。虽然政府部门对知识产权的宣传力度有所加大,“知识产权宣传周”、著作权法宣传教育等行动不断深入,但是由于我国知识产权制度特别是文艺知识产权相关制度形成较晚,尚未深入基层,有相当部分民众,甚至是从业者,对文艺知识产权的认识仍处于低层次阶段,对知识产权的确权、维权工作等不重视,没有认识到保护知识产权的重要性,导致产权大量流失。因此,新时代做好文艺维权工作,鼓励从业者进行版权登记等,有助于培育文艺群体的知识产权意识,引起全行业对维权重要性的认识。同时,新时代做好文艺维权工作,也有利于发挥行业协会主导作用,健全文艺从业人员道德监督机制,加强行业自律和行风建设,增强向心力和凝聚力。

(二)推动文艺创新,激发创作活力

据国家统计局数据,2022 年第二季度全国 6.8 万家规模以上文化及相关产业企业营业收入累计值为 56,052 亿元,比上年同期增长 0.3%,其中内容创作生产营业收入累计值达 12,380 亿元,比上年同期增长 5.0%。文艺群体的知识产权作为文化产业建设的重要方面,与文艺作品生产创作、传播、消费等

息息相关。但是随着文艺产业的快速发展,商业潜力不断增大,也存在着文艺作品数量多而精品少、创新能力不足、盗版抄袭层出不穷等现象,从而使得原创动力缺乏、创新力量薄弱。因此,新时代做好文艺维权工作,保护原创者合法权益,有利于规范行业市场秩序,从而引导和激励广大文艺工作者创作出更多精品,以创新驱动文化产业高质量发展,避免粗制滥造、“劣币驱逐良币”,增强产业竞争力。

(三)完善保护体系,扩大国际影响

《知识产权强国建设纲要(2021—2035 年)》提出:到 2035 年,我国知识产权综合竞争力跻身世界前列,知识产权制度系统完备,知识产权促进创新创业蓬勃发展,全社会知识产权文化自觉基本形成,全方位、多层次参与知识产权全球治理的国际合作格局基本形成,中国特色、世界水平的知识产权强国基本建成。文艺群体的知识产权保护涉及多个行业、部门,需要发挥各方面主体的主动性和积极性,在政策法规、公共服务等多个环节创造良好环境,形成多元合力,拓宽广度和深度。新时代做好文艺维权工作,有利于进一步加大文艺知识产权保护力度,建立健全文艺维权体制机制,优化文艺知识产权司法监督保护体制,提升相关人员专业化水平,探索统一的文艺知识产权行政执法机制,完善跨区域协作机制。近年来,我国持续深化与世界知识产权组织等国际组织以及各国各地区知识产权机构的交流合作。发挥文联系统的独特优势,新时代做好文艺维权工作,有助于提升文艺工作者海外维权的能力,进而讲好中国故事,展示中国文艺新气象,扩大中国文艺的全球性影响。

(四)推进文化建设,营造保护氛围

《“十四五”国家知识产权保护和运用规划》专门将“推进知识产权人才和文化建设,夯实事业发展基础”作为五项重点任务之一。新时代做好文艺维权工作,推动尊重知识、崇尚创新、诚信守法、公平竞争的知识产权文化理念日益深入人心,不仅能够有力支撑知识产权强国建设,而且通过广泛宣传维权知识,加强教育引导,推进文艺群体知识产权教育,培养公民尊重知识产权的行为意识,自觉抵制盗版侵权等行为,可以推动营造促进知识产权高质量发展的人文社会环境,加快促进实现“到2035年全社会知识产权文化自觉基本形成”的发展目标。

二　天津市文学艺术知识产权保护的实践与探索

2021年1月1日实施的民法典中(第一百二十三条)规定:民事主体依法享有知识产权。知识产权是权利人依法就作品,发明、实用新型、外观设计,商标,地理标志,商业秘密,集成电路布图设计,植物新品种,法律规定的其他客体享有的专有的权利。其中,主要的三种知识产权分别为著作权、专利权和商标权。与文艺群体关系最为密切相关的则是著作权,又称版权。2019年天津市作品著作权登记5万多件,到2020年增至21万多件,占全国总登记量的6.44%,总量位居全国第四。作品著作权登记数量的逐渐增高,从侧面可以反映出天津市文艺维权工作实践和探索的有益和有效。具体而言,其主要体现在以下几个方面。

(一)持续出台政策措施

在京津冀协同发展层面,北京维权中心、天津保护中心、河北保护中心于2021年共同签署了《京津冀知识产权公共服务行动计划(2021—2023年)》,正式启动“京津冀知识产权公共服务行动计划”。这标志着京津冀三地将继续携手持续深化京津冀知识产权公共服务一体化。

天津市委、市政府及各级部门也推出了一系列有关文艺维权的综合性政策。2020年,市委办公厅、市政府办公厅制定《关于强化知识产权保护的实施意见》,市市场监管委制定《2020—2021年天津市强化知识产权保护推进计划》,旨在全面提高知识产权保护意识,着力打造知识产权保护高地。2021年,市委常委会会议专题学习习近平总书记在中央政治局第二十五次集体学习时的重要讲话精神,研究部署全市知识产权保护工作。近两年,天津市以“十四五”开局为契机,编制印发了《天津市知识产权“十四五”规划》《天津市落实〈"十四五"国家知识产权保护和运用规划〉的任务措施》《天津市知识产权特色小镇建设行动方案》《天津市知识产权强市建设纲要》等。其中,《天津市全面加强知识产权保护激发创新活力的工作措施》明确了做好知识产权顶层设计、加大知识产权保护力度、强化知识产权全链条保护、创新服务方式、强化组织保障等具体举措。

为贯彻落实推进中央、市委的相关方针、政策等,天津市各区相继推出了地方性政策文件。其中,河东区发布《天津市河东区关于强化知识产权保护的实施办法》,围绕知识产权事业重点与难点,明确工作方向,高质量促进经济社会发展。东丽区发布《天津市东丽区强化知识产权保护的实施意见》,提出围绕高标准打造知识产权保护高地目标,系统谋划区域知识产权保护工作,为工作落实提供政策保障。静海区发布《静海区知识产权强区建设实施方案》,提出将知识产权工作重心从追求数量向提高质量转变。滨海新区出台《滨海新区知识产权运营服务体系建设实施方案》《天津滨海高新技术产业开发区关于促进知识产权保护和高质量发展的支持办法(暂行)》和《天津滨海高新技术产业开发区关于促进知识产权保护和高质量发展的支持办法实施细则(暂行)》。《滨海新区关于强化知识产权保护的实施意见》特别提出两大目标:一是"知识产权保护社会满意度达到并保持较高水平"的短期目标,二是"建成全国一流、有国际影响力的知识产权保护高地"的五年预期目标。

(二)不断完善法律法规

近年来,天津始终把参与国家立法作为依法维权的重要源头性工作,征求立法诉求,组织立法研讨,出台地方综合性或专门性法令法规等。尤其是,2021年《中华人民共和国民法典》正式实施,天津在严格执行民法典相关规定的前提下,加快完善了相关法律法规。一是统筹推进专利法、商标法、著作权法、反垄断法、科学技术进步法等修订工作,增强了法律之间的一致性。特别是通过开展知识产权基础性法律研究,做好了专门法律法规之间的衔接,增强了法律法规的适用性和统一性。二是构建起了门类齐全、结构严密、内外协调的法律体系。三是完善了规制知识产权滥用行为的法律制度以及与知识产权相关的反垄断、反不正当竞争等领域的立法。四是研究建立健全了符合知识产权审判规律的特别程序法律制度。五是加快了大数据、人工智能、基因技术等新领域新业态知识产权立法。六是为适应科技进步和经济社会发展形势需要，依法及时推动知识产权法律法规立改废释，适时扩大了保护客体的范围，提高了保护标准，全面建立并实施了侵权惩罚性赔偿制度，加大了损害赔偿力度。尤其是《天津市知识产权保护条例》和《天津市非物质文化遗产保护条例》的正式实施，从法律法规层面为文艺维权提供了更为具体的遵从和依据。

2019 年 1 月 1 日，《天津市非物质文化遗产保护条例》正式实施。其中第四十二条规定："本市鼓励和支持非物质文化遗产代表性项目的传承人、保护单位通过申请专利、注册商标、申报地理标志、登记版权等方式，对非物质文化遗产代表性项目进行知识产权保护。"这标志着包括民间文学、传统音乐、传统舞蹈、传统戏剧、曲艺、传统体育与游艺及杂技、传统美术等在内的非遗保护工作进入有法可依的全新阶段。

2019 年 11 月 1 日起，《天津市知识产权保护条例》正式施行。该条例密切结合天津实际情况，与《中华人民共和国专利法》及其实施细则、《中华人民共和国商标法》《中华人民共和国著作权法》《中华人民共和国反不正当竞争法》等相关知识产权、行政、民事方面的法律法规进行了有机衔接。通过制定保护更全面、措施更具体、处罚更严格的措施，对国家知识产权保护方面的各部专法加以延伸、细化、补充和配合。市和区知识产权行政执法机构也因此有了更加明确的监督监管和执法依据。在查处知识产权案件中，具体涉及法律适用问题时，能够坚决落实执行，以震慑和打击侵权知识产权的违法行为。

（三）多措并举宣传培训

做好新时代文艺维权的一个重要任务，就是通过制度化、经常化的维权宣传教育，提高文艺群体的法律意识和法治观念，使他们知法、懂法、守法、养成依法办事的习惯，既能有效维权，又能不去侵权，促进文艺事业健康有序发展。近年来，天津通过多种手段、不同方式，大力进行文艺维权的宣传引导和教育培训。

天津市文化和旅游局常态化组织维权培训,如2020年举办了著作权法专题培训,以此为契机,不断提升尊重版权、尊重创新创造的氛围。滨海新区律师行业自觉主动开展知识产权宣传活动,并通过网络平台宣传知识产权法律知识,以此帮助民众树立保护知识产权的意识,营造尊重知识产权、维护市场经营秩序的良好社会氛围。

天津市版权局在宣传时特别注意创新引导方式,一是充分利用多元化载体开展宣传活动;二是面向创新主体、重点版权企业以及社会公众,开展送版权服务到一线的系列活动;三是联合市教委、团市委向大学生群体普及版权保护与产业发展的学术研究成果,激发大学生群体的创新创造活力;四是充分整合融媒体平台优势,上下联动,同步推进,开展大型社会宣传活动。

近年来天津市文联的文艺维权宣传工作成绩显著,一是每年以"全国知识产权宣传周"为重要节点,组织维权讲座;二是指导各协会在举办音乐、楹联、舞蹈、曲艺、书画等赛事、评奖、征文等活动时,将版权要求、正当授权等规定明确加入其中;三是主动关注和收集各协会文艺维权的成功案例,邀请维权者现身说法,为广大文艺工作者介绍经验;四是充分利用所主办的《天津文艺界》《文学自由谈》与官方网站等,定期推介知识产权的法律条文和经典案例;五是收集、编写文艺维权手册、相关法律单行本等,并赠送给协会成员。

(四)主动援助精准服务

近年来,天津市文联、天津市版权局、天津文交所(天津版权交易中心)等单位通过多种方式主动作为,为文艺群体提供精准服务。

天津市文联下属有11个文艺家协会,每个协会的文艺群体在文艺维权方面的诉求都不相同,遇到的困难和问题也五花八门。对此,天津市文联权保部采取主动援助和精准服务策略,一方面通过走访、调研等方式及时主动了解各协会的文艺维权情况,另一方面则组织力量针对不同问题提供差别化、精准化的维权服务,让成员在组织上更有归属、创作上更有动力。近年来,"两新组织"在文艺行业中的比重日益突出,也越来越受到全国文联系统的重视。天津市文联对于"两新组织",主动延伸服务手臂,积极扩大工作覆盖,从零基础开始，经过几年的开拓、探索，由自然发展到有效引导，使他们由疏离于文联变为融于文艺家之家。

自2019年8月1日起，天津市版权局对全市范围内符合《中华人民共和国著作权法实施条例》规定的十三类作品（不含计算机软件）著作权予以免费登记，申请登记的作品应具有独创性和一定的文学、艺术、科学价值并符合作品登记手续要求。凡户籍在天津市的公民及在天津市注册的法人或者非法人单位都可申请对其创作的作品著作权进行免费登记。凡违反宪法和法律、损害社会公共利益的作品不予登记。

目前最高人民法院和著作权管理部门在对著作权纠纷和侵权行为处罚时，将著作权登记证书作为有力证据，这就相当于为作品上了一个法律户口，可以在相当程度上避免或减少纠纷的发生。一是在天津版权交易中心做版权登记时，工作人员会对登记人有关著作权方面的问题进行详细的讲解，以及对著作权归属进行详细的审查，并对有关事项进行详细记录，同时按照规范、高效、专业的登记流程对作品进行著作权登记，并向著作权人或文化企事业单位授予版权登记证书。二是积极进行版权登记，充分实现版权的经济价值。在版权交易中，登记的内容可以作为拥有权利的证明，有利于版权交易的正规进行。三是积极进行版权登记，也能实现文化企事业单位无形资产的利用和转化。

（五）从严从重监督执法

“法律的生命力在于实施，法律的权威也在于实施。”近年来，天津市各级执法部门通过各种方式对知识产权方面的侵权行为加以严格监督和严厉执法。

一是加大了侵权行为惩处力度，开展了系列关键领域、重点环节、重点群体行政执法专项行动，加强对各类侵权行为的惩处力度。2022年，天津市文化市场行政执法总队联合天津市版权局等，深入重点市场、重点区域，开展了冬奥版权保护集中行动。通过开展联合集中行动，震慑了各类涉冬奥作品的侵权盗版行为，维护了奥运版权及相关权利，提高了冬奥版权保护的社会意识。

二是严格了规范证据标准。推进了知识产权民事、刑事、行政案件“三合一”审判机制改革,加强了知识产权审判信息化建设,统一裁判标准,落实了司法、行政执法、仲裁、调解等证据标准;围绕知识产权创造设立、运用流转、权利救济、纠纷解决等环节提供公证服务,实现知识产权事前、事中、事后全程保护;推进了行政执法和刑事司法立案标准协调衔接,完善了案件移送要求和证据标准,建立了激励当事人积极、主动提供证据的诉讼机制,严格执行知识产权民事诉讼证据规则,合理分配举证责任,减轻权利人举证责任负担。

三是强化了案件执行措施,建立了知识产权纠纷调解协议司法确认机制。健全了市场主体诚信档案“黑名单”制度,推进了市场主体信用分级分类监管,将重复侵权、故意侵权行为纳入社会信用体系,实施失信联合惩戒。加强了易发多发知识产权侵权案件研判,健全了知识产权保护典型案例发布和重大案件公开审理机制。

四是加强了新业态新领域知识产权保护。不仅特别加强了对传统文化、传统知识等领域的知识产权保护,而且不断规范文化、体育活动中的知识产权使用行为,强化体育赛事转播知识产权保护。此外,还将展会知识产权保护作为重要工作,及时处理展会现场知识产权侵权投诉,实现快速维权。

(六)以实以全预警防范

源头管控和事前预警是知识产权保护体系的重要组成部分。近年来,天津积极采取切实、全面的措施,着力源头治理,“打好提前量”“打好预防针”,制定了长效机制,大力推进文艺维权方面的预警和防范工作。

一是提前排查文艺侵权线索,及早发现侵权苗头。自2018年以来,天津市版权局牵头,联合天津融媒体中心等单位,通过“剑网行动”,主动开展执法检查,全面排查侵权线索,帮助建立版权管理制度,宣传著作权法相关内容,提高了各网站的版权意识。

二是强化报备环节,推送预警面单。近年来,影视业侵权处于高发状态。对此,天津市电影局在电影备案环节加强管理,尤其是对改编作品重点把关,必须提供原作品版权方的授权许可方可受理审查,把好入口关,消除版权风险隐患。同时,持续开展预警保护,提前防范,对电影院发出版权预警提示,指导电影院主动履行违法线索报告义务，不断加大监管排查力度。及时将国家电影局发布的重点电影作品版权保护预警名单推送至全市各影院，督促影院严格遵守版权保护规定。

三是密切与维权主体联系，提升自我防范能力。文艺群体实现知识产权的有效保护，需要将法律保护、行政保护和自我防范结合起来。近年来天津也是从这三方面同时着力。通过聘请法律顾问、强化行业监督等，大力培育提升重点群体的法律诚信和契约精神，敦促遵守有关知识产权保护的合同、承诺，做到既尊重他人的知识产权，也注重对自己知识产权的保护。天津市文联将建立法律顾问制度作为文艺维权的有效抓手，聘请知名的专业律师和法学专家，为依法治会、依法管理、依法经营、依法办事提供强有力的法律保证。通过签订承诺书等形式，明确要求侵权易发行业的相关人员在日常创作生产经营活动中，严格依法办事。不侵害他人的知识产权，不盗用他人的专利技术，不制造、不使用、不销售、不传播假冒产品，不盗用和仿造他人的商标、产品标识和外观设计等。

（七）自建自律行规行约

近年来，天津的文艺行业协会不断强化行业服务、行业管理、行业自律，深入推进行风建设，共同构建社会监督与政府监管同步的知识产权服务业监管体系。其中，武清区着力完善行业自律与行政执法、法律服务、社会监督等多元化的知识产权保护格局。依托京津冀执法协作平台，加强跨区域侵权案件情报交流、信息共享和执法协作，有力打击了知识产权侵权行为，形成了全社会共建共治共享的知识产权保护合力。

传统工艺美术在知识产权保护方面一直存在着侵权行为难认定、从业者法律意识不强等难以解决的问题。天津泥人张彩塑是天津市所产独具风格的民间艺术品。但是，自 1997 年起，“泥人张彩塑工作室”“泥人张塑古斋”“泥人张世家彩绘老作坊”等在知识产权、品牌使用等领域一直存在纠纷，导致难以进行规模化、系统化运营活动，从而束缚了这门艺术的发展。对此，天津市工艺美术学会立足于经济社会大发展、文化艺术大繁荣的历史新起点，进行了全面的战略思考,力求通过行业自律和行业约束的方式,探索一种解决之道。自2021年起,他们参与编制了《天津市传统工艺美术保护条例》(以下简称"《条例》"),以此完善配套法规,为全面推进天津工艺美术发展提供基本保障。学会以《条例》为依托,发掘和抢救传统工艺美术品种和技艺,征集收藏艺术精品,培养技艺人才,发挥工艺美术大师作用,促进传统工艺美术的保护、传承、创新、发展和繁荣,对推动工艺美术行业全面健康发展,促进行业转型升级作出全面安排。其中,对于署名权明确要求:"工艺美术大师在其作品上签署自己姓名、使用个人标识或者工艺美术大师称号,受法律保护。任何组织和个人不得冒用工艺美术大师的署名、个人标识或者称号"。同时,"工艺美术大师不得在没有参加创作的作品上署名、使用个人标识或者称号"。《条例》将知识产权保护纳入其中,细化了相关管理部门的责任义务,也规定了品牌认定行业标准。这必将进一步强化传统工艺美术的自主品牌培育和保护。

三　天津市文学艺术知识产权保护的难点和挑战

天津市文艺维权工作也面临一些难点、痛点和挑战。这些难点和挑战集中体现在以下几个方面。

(一)文艺知识产权侵权现象严重

天津市文艺群体的创作、传播平台以传统媒体为主,其次为互联网,移动新媒体位居第三。目前,天津涉及知识产权的侵权现象仍然呈现增长态势。一方面,传统的冒名、抄袭、仿制等侵犯著作权的现象时有发生;另一方面,利用新技术的知识产权侵权不断冒出。就天津的文艺群体而言,尤其是有名气的文艺家,他们所遭遇的侵权几乎与作品的创作、发表、传播如影随形、相伴而行,防不胜防。

课题组在调研中发现,几乎各个门类的协会成员遭遇过不同程度的侵权。较突出者,如剧作家的作品被一些小剧团未经授权即使用,且大多不予以署名。天津电视台的新闻素材由于制作精良,经常被其他电视台直接复制使用。

而随着自媒体发展的突飞猛进，网络上短视频类的侵权也不断增多。据2019年《中国网络版权监测报告》，新增短视频侵权链接为754万条，而到2020年《中国网络短视频版权监测报告》中统计的这一指标已经累计到了3009.52万条，逾90%的原创短视频内容被侵权。天津市电影协会的影视作品也遭遇了大量的网络侵权。

总的来说，近年来天津文艺侵权类诉讼案件具有几个明显的特点。一是受理审查起诉案件数和人数均呈现上升趋势。二是利用互联网实施的犯罪日益增多。随着网络信息技术的迅猛发展，利用互联网等现代科技手段实施犯罪逐渐增多，犯罪手段呈现专业化、智能化、链条化发展。侵犯著作权案件从传统的盗版图书，扩大到计算机软件、网络视听作品等，网络侵犯著作权案件持续增加，侵犯信息网络传播权案件时有发生。三是跨区域犯罪趋势明显。由于互联网、移动通信等信息化手段具有超时空特性，网络侵犯知识产权犯罪跨区域特征明显。例如，滨海新区检察院办理的一起制售假冒营养膳食商品案件中，被告人制造侵权产品后，在网络平台予以销售，涉及天津、北京、广东等多个地域。四是不正当竞争纠纷、垄断纠纷案件持续增加。

（二）文艺知识产权意识淡薄

“不了解相关法律”“不知道被侵权了”“没时间管这些”“都是同行、熟人”“不清楚找什么渠道”“不了解维权方法”“不想去追究”“爱面子、不想找麻烦”“无所谓”“当是给自己宣传了”……这是课题组在调研中遇到最多的回答。这也反映出，目前天津文艺群体大多数法律意识不强，对知识产权制度的重视程度不够高，知识产权意识不足，维权意识淡薄。从某种意义上可以说，当前相关单位或部门的宣传或服务与文艺群体之间存在着一个“隔热层”。

经调研发现，天津文艺群体对于保护文艺工作者权益的相关法律法规，非常了解者占5.88%、了解者占35.43%，而不太了解者占52.07%、没关注过者占6.62%；对于自己因文艺创作而依法享有的各种合法权益，非常了解者占9.05%、了解一部分者占45.69%，而不太了解者占37.91%、没关注过者占7.35%。不太了解和没关注的比例共占45.26%，这个比例还是非常高的。

与之相关,天津市文艺群体在被侵权后的应对和措施,最主要的是采取容忍,其次才是求助于单位的法务部门、聘请专业人士如律师等进行维权、向亲戚朋友咨询解决之策、找媒体进行曝光,或者找相关纪检部门、找主管领导、向其上传平台举报侵权删除、在发言或者评论区留言等。

天津市文联下属有11个协会,其中音乐家协会和摄影家协会以团体的形式,与中国音乐著作权协会、中国摄影著作权协会签订了著作权、与著作权有关的权利许可使用合同,一旦发现侵权,便由后者诉讼、仲裁等。但是,其他的协会都不太清楚这些著作权集体管理组织的存在和作用。

此外,文艺群体的维权意识淡薄,还体现为不注重版权登记和知识产权确权。这也导致大量的知识产权流失,而一旦发生诉讼,却往往遭遇举证困难。

(三)文艺知识产权侵权认定较难

文艺群体中,尤其是从事舞蹈、杂技、摄影和民间工艺者,在文艺侵权方面存在着界限不清、标准不明的情况,且相关的法律没有明确的规定,释法工作也比较滞后,这就导致文艺侵权认定比较困难。比如曲艺中的传统相声、杂技中的动作和道具等,因为历史传承性强,创作者、整理者、改编者、表演者的创新,很难加以明确的界定,因此一旦发生侵权,无法对侵权行为进行有效认定。

关于知识产权的法律法规,近年来出台较多。但是,就文艺群体而言,与之相关的释法工作,相对滞后和不足。例如《中华人民共和国著作权法》的作品类型中,只规定了摄影作品,而没有为那些无独创性摄影作品设定一项专门的邻接权加以保护。因此,在司法实践中,法院只能面临两种选择:一是采用英美法系的独创性标准,将这些无独创性摄影作品认定为“摄影作品”加以保护;二是认定该作品不具有独创性而不予保护。实际上,无独创性摄影作品未经授权就被他人使用,恰恰可以体现该照片具有一定的使用价值。所以,对这类劳动成果不加以保护,无法从经济学角度解释侵权人使用照片的事实。再如,《知识产权侵权惩罚性赔偿司法解释》细化了《民法典》第1185条关于侵权行为“情节严重”的要件。但是,现行司法解释所规定的知识产权侵权“情节”,包括侵权手段、次数,侵权行为的持续时间、地域范围、规模、后果等,都需要再做补充和细化解释。

四　天津市文学艺术知识产权保护的对策建议

（一）创新文艺知识产权保护体制机制

目前，知识产权保护已经上升为了国家战略，实施知识产权强国战略，构建大格局保护工作成为全社会的基本共识。

一是积极参与国家层面的知识产权战略部署和实施。以“十四五”开局、起步为契机，对照对标《知识产权强国建设纲要（2021—2035年）》《“十四五”国家知识产权保护和运用规划》《专利和商标审查“十四五”规划》《地理标志保护和运用“十四五”规划》《知识产权公共服务“十四五”规划》《知识产权人才“十四五”规划》《知识产权强国建设纲要和“十四五”规划实施年度推进计划》等，通过领导参与、专家推介、事项纳入、工程实施、任务承担、规划制定、意见指导等方式，在贯彻落实中央指示、精神和国家部署中彰显地方组织的作为和力量。

二是主动助推知识产权领域的大保护格局。知识产权的保护涉及所有人的切身利益，离不开政府、社会的多方参与，更需要法律、行政、经济、技术等手段的综合运用。各相关部门要主动发挥自身优势，充分结合行政保护、司法审判、多元调解、商事仲裁、法律服务等，推动构建知识产权的大保护格局。

三是自觉融入知识产权保护的全链条体系。知识产权的保护是一个系统工程，包括战略规划的编撰、政策法律的制定、制度体系的建设、作品成果的转化、服务援助的提供、组织合作的协调、环境氛围的营造、文化生态的涵养等众多环节。无论哪个环节，都与文艺群体息息相关。各相关单位要结合自身实际情况，通过调研访谈、理论研究、考核评价、激励奖励、细化补充、落地推进、转深向实等方式，把文艺群体维权的特殊性、实用性融入整个体系中，制定推出相应的指导方案、工作规划等“路线图”和“时间表”，形成步调一致、灵活有力的“全国一盘棋”。

(二)完善文艺知识产权保护组织体系

截至目前,全国、各省市的文艺维权组织体系已经逐步建立,而进一步加强文艺维权工作,需要各级部门主导助推,构建更加完善的组织管理体系。

一是发挥各单位各部门的职责作用,优化服务机制,加强统筹协调,加快构建布局合理、基础设施齐全、服务规范的版权服务工作站,不断延伸服务触角,实现上传下达、左右互通。

二是完善文艺维权公共服务,深化行政司法衔接机制,成立由行政部门、司法部门、社会团体等组成的维权援助中心,畅通受理渠道,让文艺群体省时省心,最大程度简化维权程序、提高维权效率,打破政府、社会及文艺群体之间的"隔热层"。

三是建立考核监督机制,推动各相关组织把文艺维权工作纳入重要议事日程,制定涵盖落实上级要求、推进队伍建设、提升服务质量、开拓维权手段、开展普法宣传、深化维权理论、组织干部培训、进行调查研究、强化成果转化等在内的可以量化的、科学合理的任务清单和业务标准。

(三)打造文艺知识产权保护示范基地

做好新时代文艺维权工作,既需要全面推进,也需要重点突破,首先打造维权示范基地或维权示范点,以充分发挥它们在全社会的引领作用和示范效应。

一是做好渠道示范。尽快设立文艺维权联络员,建立常态化的联络机制,主动深入文艺群体进行走访服务,及早及时、尽快尽好地帮助文艺群体解决维权方面的实际问题。

二是完善理论示范。由文联牵头成立理论研究共同体,成员包括文艺群体、法律学者、智库专家等,定期联合调研,召开研讨会,对文艺维权问题加以深度探讨和研究。加大理论研究成果的运用,切实做到以理论指导实践,提高文艺维权工作的科学化、规范化和制度化水平。同时,挂靠文联组织,创建国家级知识产权高端智库和特色智库,深化理论和政策研究,加强不同机构的学术交流。

三是强化工程示范。通过实施知识产权新业态新领域保护工程,加强文化传承、文化产业、新型文化业态等方面知识产权的保护,探索知识产权在文化活动中的保护新模式。通过实施维权试点创建工程,推动纠纷调解、行政裁决、执法办案和维权服务等知识产权纠纷多元化处理机制建设,进一步提升文艺维权的质量、效率和水平,营造尊重创新、严格保护、市区衔接、优良服务、诚实守信的文艺维权环境。

(四)凝聚文艺知识产权强大合力

文艺维权的特殊性决定了社会组织必须与政府、社会、企业等协作联动,凝聚成文艺维权的强大合力。

一是上下联动。进一步强化组织上下级之间的工作协同合作和政策协同联动,统筹推动区域知识产权共同发展,提高知识产权领域系统治理和服务能力。建立健全沟通协作机制,积极构建"大保护""全链条保护"工作格局,形成行业保护、行政保护和司法保护的多方合力。

二是同频共振。首先,充分利用社会有效资源,依托现有的行业协会、版权登记机构、律师事务所、知识产权代理机构等纠纷解决工作平台,建立健全知识产权维权援助对接机制,积极完善更加严密高效的保护体系,构建"行政执法、司法保护、多元调解、社会监督、行业自律"为主要内容的文艺维权格局。其次,与法律部门、执法部门、版权服务机构共同合作,建立协调会商机制,开展多种形式业务交流,建立信息及资源共享机制,强化行政执法与司法审判衔接,加强文艺侵权纠纷化解合作,实现同频共振,促进文艺维权各环节有效衔接。再次,充分发挥版权协会、版权服务站、行业版权联盟等版权社会组织的作用,加强对版权社会组织的支持和管理,同步规范作品登记、涉外著作权合同登记等工作,不断提升著作权登记的社会服务水平。最后,与文化执法、版权执法、网信管理等相关行政管理部门以及互联网和新媒体平台加强联络协调,密切配合,建立文艺维权协调合作机制,为文艺维权投诉举报和案件处理提供便利渠道,更加有力地打击和震慑文艺类侵权行为。

三是协同协作。京津冀三地文联发挥各自区位和资源优势,围绕版权保护、侵权判定、纠纷调解专家库建设、新领域新业态知识产权保护研究等方面,联动发力、互助共享。以此为支点,推进知识产权快速维权合作。同时,在知识产权对外交流、业务培训、政策宣讲等方面加强合作,推动京津冀成为全国跨区域文艺维权协同发展的示范标杆。

(五)强化文化知识产权保护文化建设

目前,天津在营造良好的人文氛围、推进文艺维权文化建设方面的主要工作,是发放普法宣传资料、举办法律知识专题讲座、现场咨询解答法律问题、针对需求提供维权建议、直接代理维权等。这也是广大文艺工作者认可度较高的几项工作。相对而言,文艺维权文化建设还是较弱,需要进一步强化。

一是构建内容新颖、形式多样、融合发展的文艺维权传播矩阵。充分整合融媒体平台优势,上下联动,同步推进,开展大型社会宣传活动。权保部门结合重要节点,充分发掘各协会在推动版权创造、保护、运用等方面的生动实践,重点挖掘各协会具有代表性文艺维权大案要案等典型事例,总结经验做法,宣讲创新举措和重点项目,为全面加强文艺维权工作凝聚奋进力量。

二是组织普法宣传活动,或者结合志愿服务、培训、研讨、会议、展览、评奖、比赛等活动,采取专门宣讲、嵌入课程、设置专题内容、张贴普法资料、发放普法书籍等多种形式,开展文艺维权普法宣传。

三是打造传统媒体和新兴媒体融合发展的文艺维权文化传播平台,拓展社交媒体、短视频、客户端等新媒体渠道。创新内容、形式和手段,形成全媒体传播格局,打造知识产权宣传品牌。统筹各类宣传载体,利用网站、公众号推送、期刊等,加大主流媒体宣传力度。充分整合多方资源,发挥整体优势,将文艺维权相关法律法规纳入普法宣传教育,鼓励学校、各类公共服务机构、社会组织等开展形式多样的知识产权宣传活动,打造知识产权宣传品牌,厚植尊重知识、崇尚创新、公平竞争的文化理念,营造文艺知识产权保护舆论氛围。

四是加强知识产权人才团队建设,制定本市知识产权人才培养规划,优化人才结构,激发人才活力,搭建高质量、多层级的人才梯队,充分发挥本地高校、科研院所在人才培养中的作用，在人员、资金、设备等方面给予充分保障。建立专业化、高层次人才培育交流基地，借助互联网、大数据、融媒体等技术手段，构建知识产权交流协作和共享机制，坚持需求导向，加强区域间的合作与交流，发挥天津比较优势，为京津冀乃至全国知识产权建设提供智力支撑。

（六）提升文艺知识产权保护服务水平

提升维权服务水平既需要组织保障、法律保障等，还需要科技助力，要充分利用现代科学技术手段，以提升文艺维权的服务能力和水平。

一是各组织联合打造“天津版权云”平台。基于大数据、云计算、5G、人工智能等前沿技术，提供 7×24 小时的全天候、全流程、全链条综合服务，包括但不限于音视频、图文、动漫、游戏等的数字版权确权、监测、取证、维权、交易，以及版权培训、版权评价、版权研究等。同时，开展文艺维权学术研究、版权指数排行研究、文艺维权发展报告、版权知识培训、版权论坛、版权展览等一系列活动。

二是广泛运用区块链技术。以区块链技术为基础，综合运用大数据、人工智能等技术，建立版权信任交易体系，促进文艺类版权产业发展。利用区块链技术建立数字作品溯源体系，实现数字权利的快速检索。利用区块链智能合约技术，建立点对点的可信交易体系，自动代扣，自动履约，打破信任壁垒，实现权利人与平台间的无接触在线交易。运用人工智能与区块链智能合同构建合同授权系统模型，自动生成符合法律要求的电子签名、可直达司法系统的授权文书，解决无人干预模式下版权交易后授权协议签署问题。

三是整合现有服务平台，构建网格化文艺维权管理服务体系。打造一站式服务的综合管理网络平台，推动知识产权服务移动端建设，将服务、监管纳入智慧化范畴，加快构建高效便捷的审核、确权、维权网络服务体系，以此推动文艺维权实现全覆盖。

（七）搭建文艺知识产权运用转化平台

文艺维权的一个重要目的就是保护广大文艺工作者的切身利益，而保护的目的是更好地去用。致用和发展才是维权的最终目的。这就需要提高战略站位、扩大视野,不断推动文艺群体将自主的知识产权实现成果运用和转化。

一是引导、扶持和培育与文艺群体相关的知识产权质押贷款、知识产权交易和专利技术产业化项目,鼓励社会资本投资专利流转中心、专利运营公司,开展知识产权收储、开发、组合、投资等服务,盘活知识产权资产。

二是探索创新与文艺群体相关的知识产权交易模式,完善知识产权交易信息服务网络,形成网上交易与现场交易相结合的知识产权运营服务平台,简化交易程序,降低交易成本。

三是不断完善版权登记平台中版权授权、版权评估、版权交易、版权投融资等全链条服务功能,实现“版权资源—版权资产—版权资本”的转化。

四是鼓励各个文艺协会系统整理拥有自主版权的成果,然后通过银行、担保公司、知识产权机构、交易服务平台等,开展知识产权质押融资。

本课题得到了天津市文学艺术界联合会的大力支持,在此表示感谢!